일상행전

일상행전

초판 1쇄 발행 2019년 3월 30일
초판 2쇄 발행 2019년 4월 15일

지은이 | 류호준
펴낸이 | 강인구

펴낸곳 | 세움북스
등 록 | 제2014-000144호
주 소 | 서울시 마포구 양화로 78, 502호(서교동, 서교빌딩)
전 화 | 02-3144-3500
팩 스 | 02-6008-5712
이메일 | cdgn@daum.net

교 정 | 이윤경
디자인 | 참디자인

ISBN 979-11-87025-41-2 (03230)

일상행전

| 류호준 지음 |

세움북스

Prologue
들어가는글

　일상(日常, daily life)은 반복적이다. 무료하다. 지루하기도 하다. 인생살이 대부분은 일상의 연속이다. 그러나 무료하기 그지없는 일상도 자세히 들여다보면 마치 『사막은 살아 있다!』(*The Living Desert*)라는 오래된 영화제목처럼 꿈틀대기도 한다. 모든 것이 죽은 듯 보이는 사막에도 생명체가 뜨거운 모래 속에서 꿈틀대듯 말이다. 뜨거운 모래사막을 이리저리 달리는 전갈과 불개미들과 이름 모를 생명체의 움직임은 한낮에 작렬하는 태양, 아득히 멀리서 불어오는 모래폭풍, 끝없이 펼쳐지는 사막 언덕으로 넘어가는 찬연한 석양만큼이나 장엄하고 위대하다. 일상은 결코 지루하지 않다. 신앙의 안경으로 일상을 관찰해 보라. 흥미로운 일들이 사방천지에서 일어나는 광경을 발견하게 된다. 마치 사면에 널려 있는 만나를 쉽게 거두어들이듯 말이다. 출애굽 후 광야에서 하나님의 백성들은 만나를 선물로 받는다. 먹을 것이 없는 땅 광야에서 하늘 먹거리를 선물로 받았으니 얼마나 놀라운 일인가. 어찌할 바 몰라 그저 감탄하였다. "만나! 만나!"라고 외쳤다. "이게 뭔가요!" "이게 무슨 은혜입니까!"라고 외쳤다. 히브리어 '만나'의 뜻이 그것이었다. 생전 처음 보는 신기한 것의 이름을 몰라서 물어본 질문이 아니라 놀람과 경탄과 경이의 외침이었다.

　우리의 일상적 삶을 들여다보자. 신앙의 눈으로 바라보기에 좋은 주제들이 사방에 널려 있다. 지난 여러 해 동안 나는 일상의 신학에 천착해 왔다. 먹는 일, 마시는 일, 대화하는 일, 세상 돌아가는 일, 여행하기, 교회 생활 등과 같은 평범한 일에서 배움을 추구해 왔다. 이 책에 실린 글들은 대부분 우리 주변에서 쉽사리 만나는 일상의 주제들—부모, 체력, 물 컵, 내비게이션, 남십자성, 빠삐용, 별과 달, 강대상, 몸매, 신라면, 한글, 해바라기, 비행, 퇴임, 헌금, 술 담배, 날짜, 종교행상인, 죽음, 유턴교습소, 회향병, 무덤과 중환자실, 육필원고, 회중찬송, 4대강, 복음, 사역, 사순절, 우정 등—에서 신앙적 의미를 찾아본 소박한 내용이다. 그것들에 대한 어떤 느낌을 적어봤다. 유감(有感)이다. 경이로운 느낌, 상큼한 느낌, 즐거운 느낌이다. 그러나 일그러진 일상을 보면 때론 마음에 차지 아니하여 섭섭하거나 불만스럽게 남아 있는 느낌도 있었다. 유감(遺憾)이다. 아쉽고 서운하고 눈살 찌푸리고 분노하고픈 일들이다. 이런 이유 때문에 이 책에는 유감 제목들이 많다. 어쨌든 이 책은 일상과 자연과 삶과 세상사를 신학의 프리즘으로 읽어내면서 떠오른 생각을 글로 적어 본 것이다. 그래서 부제도 "평범한 일상을 보석처럼 빛나게 하는 101가지 신앙 이야기"라 붙였다. 101개의 소재(素材)를 간단한 이야기로 풀어냈기 때문만은 아니다. 101이란 기초라는 뜻도 있기 때문이다. 즉, 다양한 일상적 주제에서 신앙의 기초를 발견해 본다는 뜻이다. 이 책에 실린 글들은 대부분 내 개인 블로그(무지개성서교실)에서 발췌한 것들이다.

이제 여러분들에게 고마움을 표하는 시간이다. 먼저 책으로 묶어 출판해 주는 호의를 베풀어 주신 세움북스의 강인구 대표에게 감사의 마음을 전한다. 또한 삼삼오오 모여 글에서 제기한 주제들을 토의할지도 모르는 장래의 독서클럽이나 개인 크리스천들에게 앞당겨 고마움을 표한다. 지난 25년간 백석대학교 신학대학원에서 가르친 수많은 제자들과 18년 동안 담임목사로 섬겼던 평촌무지개교회 교우들에게도 마음을 담아 "사랑합니다. 고마웠습니다"라고 말하고 싶다. 마지막으로 올해 초 결혼으로 부모를 떠나 독립된 인생을 출발하는 나의 사랑하는 막내아들 류성현과 나의 며느리가 된 윤소라에게 이 책을 헌정한다.

은퇴 후의 삶을 자비로운 하나님의 손에 맡기며
2019년 4월 1일(만우절)
류호준(다니엘 류)

Contents
차례

1
부모의 마음

오늘 미국에선 슈퍼볼 선데이(Super Boul Sunday)였습니다. 동부 볼티모어 팀과 서부 샌프란시스코 팀과의 결승전이었습니다. 무슨 운명인지 각 팀의 코치는 형제간이었습니다. 볼티모어 레이븐스(Ravens) 팀의 코치인 형 존 하버흐 (John Harbaugh, 62년생)와 샌프란시스코 포티나이너스(49ers)팀의 코치인 아우 짐 하버흐(Jim Harbaugh, 63년생)는 연년생 형제간입니다. 둘 다 제가 목회하며 살았던 미국 오하이오 주 톨레도 시에서 태어난 형제라서 오늘 경기가 더 흥미진진 했습니다. 4시간 이상 계속된 혈전 끝에 34:31로 볼티모어 레이븐스가 샌프란시스코 포티나이너스를 극적으로 누르고 슈퍼볼 우승을 일구어 냈습니다. 형이 동생을 누른 것입니다.

그들 부모의 심정은 어떠했을까요? 누가 이기기를 바랐을까요? 그들의 어머니는 한 인터뷰에서 제발 경기가 비겼으면 좋겠다고 말했습니다. 그러나 경기에는 승자와 패자가 있는 법입니다.

지난 추수감사절 정규시즌에도 형과 동생이 한번 붙었습니다. 그 경기를 전직 미식축구 코치 출신인 아버지가 관람했는데 동생 팀이 졌습니다. 그때의 심정을 아버지는 이렇게 말했습니다.

"경기 후 나는 큰아들 팀의 라커룸을 찾았습니다. 볼티모어 팀의 라커룸 문을 열었을 때, 선수들은 기뻐 날뛰고 있었습니다. 큰아들 존(John)의 얼굴에는 미소가 드리워져 있었습니다. 모두 황홀경 상태였습니다. 그러나 나는 '내가 필요한 곳은 여기가 아니구나'라는 생각을 하게 되었습니다. 그리고 반대편 복도에 위치한 샌프란시스코 팀의 라커룸으로 걸어갔습니다. 그리고 마침내 둘째 아들 짐(Jim)을 보게 되었습니다. 그는 테이블 하나와 의자 하나만 덩그러니 놓여 있는 텅 빈 라커룸에 혼자 앉아 있었습니다. 아직도 코치 복을 입은 채로였고 손으로 얼굴을 감싼 채 고개를 숙이고 있었습니다. 아들의 눈을 쳐다보았습니다. 그리고 깨달았습니다. '이곳이야말로 부모로서 내가 꼭 있어야 하는 곳이구나!' 하는 사실을 말입니다. 모든 부모들은 이 말에 절실하게 동의할 것입니다."

오늘 나는 슈퍼볼 경기 시청을 마치고 그들의 부모가 승리의 환희와 패배의 비애를 동시에 경험하였을 것이라고 생각했습니다. 그리고 아버지가 한 말이 가슴에 여운으로 남았습니다. "부모가 있어야 할 가장 절실한 장소는 경기에 진 아들과 함께 있는 곳일 것입니다."

아마 하나님의 마음도 이러하시리라 생각이 듭니다. 실패하고 패배하여 어깨가 축 처진 채로 울고 있는 자녀에게 오늘도 하나님 아버지는 함께 있겠다고 약속하십니다. 그분은 승리한 아들보다는 패배한 아들이 있는 곳에 있기를 원하실 것입니다. 부모의 심정이 이런 것이 아니겠습니까?

2
체력이 영력이다!

하나님의 종 모세는 오합지졸과 같은 이스라엘 백성들을 광야에서 40년간 훈련시키며 인도하였습니다. 지도자가 되기도 힘들지만 지도자 노릇하기도 여간 어려운 일이 아니었습니다. 모든 백성이 일사불란하게 움직여 준 것도 아니었습니다. 시시때때로 불평불만을 쏟아 내었습니다. 이른 아침부터 늦은 저녁까지 쏟아지는 공무는 산더미처럼 쌓여 갔습니다. 그에게는 영력과 지력이 필요했습니다. 혼란스러운 군중들의 자기주장들과 이해관계들을 해결하기 위해서는 필수적인 덕목이 영력과 지력이었기 때문입니다. 그러나 이러한 영적이고 지적인 힘 이전에 그에게는 강인한 체력이 더 중요했을 것입니다. 영력과 지력과 체력은 언제나 함께 해야 할 삼위일체입니다.

이미 이 사실을 아신 하나님은 이스라엘이 출애굽을 하여 시내산 산자락에 도착했을 때, 모세의 체력을 강하게 훈련시킬 계획을 하셨습니다. 하나님은 모세를 시내산으로 불러올리기로 작정하신 것입니다. 해발고도가 2,200미터나 되는 높은 산 정상으로 말입니다. 모세의 나이는 이미 80이 넘었으니 결코 젊은 나이는 아니었습니다. 출애굽기의 시내산 에피소드(출애굽기 19장 이후)에 따르면 하나님은 한두 번이 아니라 적어도 여덟 번 이상 모세를 산으로 불러올리셨습니다. 모세에게 시킬 것이 있으면 한두 번 정도 불러서 명령이나 지시

사항을 하달하시면 좋으련만 하나님은 8번 정도 모세를 시내산 위로 불러올리셨다가 다시 하산시키신 것입니다. 적지 않은 나이의 모세는 수도 없이 불러대는 하나님의 부르심에 아무 소리도 하지 않고 기꺼이 순종하였습니다. 그는 열심히 시내산으로 등정했습니다. 이렇게 하여 모세는 근력강화운동을 한 것입니다. 어느 저명한 구약학자(David Noel Freedman)는 유머러스하게 모세를 '산악 등정인'이라고까지 불렀습니다("The Nine Commandments"). 그가 베테랑 산악인이었다는 사실은 그가 느보산에 올라 비스가산 정상에서 죽었다는 것을 통해 알 수 있습니다. 시내산보다는 못하지만 느보산도 800미터나 되는 높은 산이었습니다. 그는 산사람이었습니다. 어쨌든 지도자 모세에게는 강력한 체력이 필요했습니다. 성경에 따르면 "모세가 죽을 때 나이 백이십 세였으나 그의 눈이 흐리지 아니하였고 기력이 쇠하지 아니하였더라"(신 34:7)고 합니다. 그는 철인이었습니다. 바다를 건너고 산에 오르고 광야를 횡단한 철인이었습니다.

어느 신학 교수님은 "체력은 영력이다"라고 주장합니다. 건강한 몸을 유지하는 것은 학문과 목회 사역을 위해 필수적입니다. 모세의 체력 보강은 자신만을 위한 것이 아니었습니다. 이스라엘 백성 전체를 위한 것이었습니다. 모세가 육체적으로 피곤하거나 과로하면 그가 이끄는 이스라엘 호(號)는 좌초하거나 방향을 잃을 수 있기 때문입니다. 맑은 영혼과 깨끗한 양심을 소유하기 위해 말씀과 기도 훈련이 필요하듯, 건강한 몸을 위해서는 기초체력을 증진하는 운동들을 규칙적으로 해야합니다. 그렇게 함으로써 여러분 자신의 유익뿐 아니라 여러분이 섬기는 신앙공동체를 위해서도 유익을 끼치게 되는 것입니다. 그리고 영육 간에 건강한 사람들이 공동체를 이룰 때 그 기상(氣像, spirit)은 하늘을 찌를 듯이 높아질 것입니다. 서로에게 활력 있는 '기'(氣, spirit)를 주고받아 더욱 건강하고 즐겁고 활기찬 신학 공동체를 만들어 가기를 소원합니다.

3
리더십 유감

리더십(Leadership)이란 뭘까? 영어 단어를 가지고 유희를 하자면 "배가 순항하도록 인도하는 자의 능력"입니다. 한편 리더(Leader)를 종종 한글로 '지도자'(指導者)라고 번역하는데, 이 단어에는 사실 어떤 권위적인 냄새는 거의 없습니다. '지도자'(指導者)라는 한자어를 풀이하자면 "손가락으로 가리키며 무리를 이끌어가는 사람"을 말합니다. 그러나 언제부터인지 우리 사회에서, 특별히 기독교계에서 '지도자'라는 용어는 매우 권위적이며 카리스마와 같은 특별한 능력을 갖고 있는 사람을 뜻하게 되었습니다.

국가나 교회나 교단에서 리더십을 이야기할 때마다, 그리고 그것을 말하는 당사자가 높은 사람들일 때 그들은 쉴 사이 없이 '섬김의 리더십', '종의 리더십', '하인의 리더십'을 말합니다. 그러나 아쉽게도 말로만 그렇게 합니다. 실제로는 정반대의 현상이 일어납니다. '받들림의 리더십', '권위의 리더십', '권력 행사의 리더십', '압도의 리더십', '상전의 리더십', '권좌의 리더십'입니다.

수없이 "고난 받는 여호와의 종"(이사야 53장)에 관한 이야기를 들먹이면서 실제로 그들은 왕권의 보좌에서 내려오기를 거부합니다. 성육신의 참뜻을 무시하는 것입니다. 고난을 받고 슬퍼하고 분노하는 백성과 민중의 실질적 삶에는 관심이 별로 없습니다. 자신을 '백성들 중에 하나'라는 생각을 하지 않습니다. 오히려 "너희들을 위해 내가 힘을 쓰고 노력한다"는 식입니다. "우리 가운데 거하시는" 예수 그리스도의 종의 리더십은 강단과 교단에서 가르치는 과목 이름은 되어도 정작 삶 속에서는 전혀 반영되지 않습니다.

'받들림'에서 '받듦'으로 가기 위해 우리의 주님 예수 그리스도는 하늘 꼭대기에서 우주를 가로질러 이 지구상까지 내려오셨습니다. 두 단어의 차이는 비록 한 끗 차이지만 동시에 하늘과 땅 차이입니다. 마치 왕과 종의 차이처럼 말입니다. '받드는 일', '죽는 일', '낮아지는 일', '지옥까지 하강하는 일', '세상으로 내려오신 일', '십자가에 달리신 일', '모진 고난을 당하신 일' – 이것이 '십자가의 신학'이고 '종의 신학'이며, '슬픔의 길(via dolorosa)의 신학'입니다.

우리나라의 문화가 바뀌어야 할 것 같습니다. 권위적, 관료적, 수직적, 위압적 통제와 조작의 문화가 변하여 수평적, 인간적, 민주적, 평등적이며 투명하고 배려하는 자유의 문화가 되어야 하지 않겠습니까? 더더욱 교회의 문화 역시 바뀌어야 합니다. 유교적인 직제의 권위와 불교적인 탈세상적 사상과 무속종교적인 기복과 번영은 권위적 사제(제사장)의 문화를 낳았습니다. 이것 역시 바꾸어야 할 과제입니다.

한 사진을 보았습니다. 최근 영국 수상인 데이비드 캐머런(David Cameron)이 런던 전철을 탔지만 자리를 잡지 못해서 서 있는 광경이 기사에 실렸습니다. 사람들은 그런 모습을 가리켜 '리더십의 아름다움'(Beauty of Leadership)이라 불렀습니다. 한국 같으면 어떠했을까 하는 생각에 잠깁니다. 아마 아랫것들이 알아서 자리를 잡아주었을 것 같습니다.

4
힘이 있어야

여러분은 '힘'(power)에 대해 어떤 생각을 갖고 있습니까? '힘'이라 하면 무엇이 떠오릅니까? 어린아이들에게 물어보면 '씨름', '싸움', '주먹'과 같은 것을 떠올릴 것입니다. 어른이 되면서 힘은 다양한 의미를 내포하는 단어가 됩니다. 어느 경우에 '힘'이란 말을 쓰고 있습니까? 육체적으로 건강할 때 '힘이 있다'고 합니다. 용기를 얻었을 때 '힘을 얻었다'고 합니다. 누군가 나의 어려움을 해결해 줄 때 '그에게 힘이 있다'고도 합니다. 만물에 깃든 어떤 신비로운 세력을 가리켜 말할 때 '보이지 않는 힘이 있다'고 말합니다.

힘을 가리키는 한자어 '력'(力)이 접미사 형태든 어떤 형태든 일부 명사의 끝 음절로 붙으면 수많은 '힘'들이 나타납니다. 저항력(抵抗力), 단결력(團結力), 인내력(忍耐力), 내구력(耐久力), 지구력(持久力), 지도력(指導力), 흡인력(吸引力), 친화력(親和力), 인화력(人和力)도 있지만, 매력(魅力), 마력(魔力), 능력(能力), 차력(借力), 인력(引力), 내력(內力), 중력(重力)도 있고, 재력(財力), 지력(知力), 금력(金力), 학력(學力), 권력(權力), 군사력(軍事力), 경제력(經濟力)도 있습니다. 모두 '힘'과 관계를 맺는 단어들입니다. 미모의 힘도 있습니다. 문화의 힘도 있습니다. 신앙의 힘도 있습니다. 이처럼 힘은 개인적 차원, 사회·정치적 차원, 국제적 차원에서 우주적 차원에 이르기까지 다양한 모습을 띄고 있습니다.

힘이 있으면 무엇인가를 통제하고 지배할 수 있어서 좋습니다. 누구나 다 '힘'을 원합니다. 사람은 누구도 타인이나 다른 어떤 것에 의해 지배되거나 통제를 받고 싶어 하지 않기 때문입니다. 그래서 사람들은 '힘'을 추구하고 숭상하기까지 합니다. '힘'의 정상에 서고 싶어 합니다. 일반적으로 이 세상에서는 '힘'이 있으면 자연스레 목에 힘이 들어가고 교만하게 됩니다. 힘깨나 쓰는 사람들 중에 겸손한 사람은 찾아보기 힘듭니다. 나라도 마찬가지입니다. '수퍼파워들'도 국제 관계에서 힘깨나 씁니다. 물론 이런 힘을 통제하고 절제할 수 있는 것 역시 또 다른 힘을 필요로 합니다.

원래 힘 자체는 중립적이었지만 창세기 3장 이후로부터 힘은 굴절되고 왜곡되어 잘못된 용도로 사용하게 되었습니다. 힘 자체에 문제가 있었다기 보다는 그것을 사용하는 '사람'이 잘못되었기 때문입니다. 제도나 조직을 개선하는 일에 앞서서 사람이 근본적으로 개조되거나 바뀌지 않으면, 힘은 언제나 악한 쪽으로 경도되어 사용되기 일쑤입니다. 우리는 우리 안에 있는 힘을 의지하여 힘을 제어하려다 보면 언제나 실패합니다.

사실 타인에 대한 두려움은, 상대방이 내가 갖지 못한 어떤 '힘', 다시 말해서 상대방만이 갖고 있는 어떤 '힘'으로 나를 통제하거나 조작하려 할 때 생겨납니다. 그는 갖고 있으나 나는 갖지 못한 '힘', 그리고 그 힘이 나를 향한 사랑으로 사용되지 않을 때, 그 '힘'은 나에게 두려움을 가져다 줄 것입니다. 결국 사랑이 없이 사용되는 그 어떠한 '힘'(권력, 지력, 재력 등)도 우리에게 두려움을 가져다 줄 것입니다.

그렇습니다. 사랑은 모든 두려움을 물리칠 것입니다. 사랑이야말로 최상의 힘입니다. 무엇보다도 사랑의 원형인 '하나님의 사랑'은 우리가 갖고 있는 모든 두려움을 물리칠 것입니다.

> 사랑 안에 두려움이 없고 온전한 사랑이 두려움을 내쫓나니 두려움에는 형벌이 있음이라. 두려워하는 자는 사랑 안에서 온전히 이루지 못하였느니라(요일 4:18).

그러므로 우리는 우리 바깥으로부터 오는 힘이 필요합니다. 성경은 이것을 가리켜 '성령의 힘', '성령의 능력'이라고 합니다. 그분의 인도와 지배와 통제를 받을 때만이 우리는 금수성(禽獸性)과 야만성(野蠻性)을 내려놓고 거듭난 사람으로 살아가게 되는 것입니다.

힘! 힘! 힘! 진정한 힘이 필요할 때입니다. '용서할 수 있는 힘', '고백할 수 있는 힘', '죄를 이길 수 있는 힘', '불의에 대해 "아니오!"라고 말할 수 있는 힘', '섬길 수 있는 힘', '사랑할 수 있는 힘'……. 이 모든 힘은 그분으로부터 오는 선물입니다. "성령님이시여, 우리에게 오셔서 이런 힘을 주시옵소서!" 힘 유감입니다.

5
고단했던 예배와 큐티

　나의 아버지는 평생 시골 버스 운전사로 사시다가 시골 버스 운전사로 세상을 떠나셨습니다. 42살이란 이른 나이에 하나님의 부르심으로 세상을 떠나셨습니다. 그래서 어린 나는 하나님께 너무 실망한 나머지 "하나님, 그럴 수 있습니까?"라고 대들었습니다. 그러나 선친은 내가 가장 존경하는 크리스천입니다. 아들인 나는 현직 목사이며 신학을 가르치는 교수입니다. 그러나 아버지는 비정규직 버스 운전사였고 교회에서는 서리 집사님이었습니다. 그러나 지금까지 내가 만나 본 크리스천들 가운데서 가장 신실한 크리스천이었습니다.

　무엇이 신실한 크리스천의 조건이며 자격일까? 신실한 크리스천이란 어떤 크리스천을 말하는 것일까? 신실한 크리스천의 특성은 무엇일까? 아버지께서 어린 네 자녀들에게 유산처럼 남기신 것은 가정예배와 성경 읽기였습니다. 1960년대 이른 아침 나는 당시 서울까지 시외버스를 타고 통학을 해야 하는 형편이었지만, 아버지는 나를 포함해 어린 자녀 네 명을 모두 일으켜 가정예배를 드렸습니다. 적지 않게 고달프고 싫었습니다. 방과 떨어져 있는 부엌에는 연탄불에 올려놓은 아침밥을 짓는 냄새가 방문 틈으로 진동하고 자칫 잘못하면 밥이 탈 지경이었지만, 방 안에서는 예배가 계속되었습니다. 어머니는 초조한 마음으로 언제 예배가 끝날까 하고 기다렸지만, 돌아가면서 읽는 성경 봉독은 계속되었습니다. 마치 끝도 없이 돌고 도는 회전목마처럼 우리 식구 6명이 성경을 읽고 또 읽었습니다. 무릎을 꿇고 경건하게 예배에 참석해야 하는 어린 우리들의 다리는 점점 저려왔습니다. 그래도 성경 읽기는 계속되었습니다. 성경 읽기가 끝난 다음에는 평신도 목사님(!)이신 아버지의 설교가 시작되었습니다. 그리고 설교의 끝 부분에는 언제나 다음의 성경 구절을 낭독하셨습니다. 아니 낭독하신 것이 아니라 아버지의 마음 깊은 곳에서부터 나오는 자녀들을 위한 유언적 고백과 같았습니다.

> 내가 어려서부터 늙기까지 의인이 버림을 당하거나 그의 자손이 걸식(乞食)함을
> 보지 못하였도다(시 37: 25).

물론 이 구절이 성경 어디에 있었는지 당시는 몰랐습니다. 그러나 아버지께서 돌아가신 후로 가정적으로 식구 모두가 광야적 삶에 내몰려 살게 된 이후부터 그 말씀은 내 머리와 마음에서 떠나지 않았습니다. 그리고 한참 후에 그 구절이 어디 있는지 찾기 시작했습니다. 지금처럼 인터넷이 있었던 시절도 아니었기에 그 구절을 '찾는' 일에는 상당한 시간이 걸렸습니다. 그리고 마침내 그 구절을 '발견'하였습니다. 발견의 기쁨이라는 것이 이렇게 즐겁고 기쁠 수가! 그 말씀은 약속이었으며 희망이었습니다. 넉넉지 못한 가정생활과 고단한 광야적 삶에서도 그 말씀은 하늘의 약속이었으며, 나의 지친 발걸음을 지탱해 주는 힘이었으며, 앞이 막막한 가운데 하늘에서 내려오는 한줄기 희망의 광선이었습니다. '맞아!' 하나님을 사모하고 그분의 말씀을 주야로 읊조리는 사람, 밝을 때든지 어둘 때든지, 성공할 때든지 실패할 때든지, 가난할 때든지 부요할 때든지, 건강할 때든지 병 들었을 때든지, 하나님의 말씀을 등불 삼아 걷는 사람의 자녀들은 결코 굶주리지 않는다는 약속의 말씀이 나로 앞으로 나아가게

한 것이었습니다. 광야에서 매일같이 일용할 양식을 하늘에서 내려주셨던 창조주 하나님, 구원자 하나님을 삶을 통해 배우게 한 것입니다.

이런 경험은 나로 하여금 하나님의 말씀을 정규적으로 먹는 일이 신앙의 여정에서 얼마나 중요한지를 가르쳐 주었습니다. 솔직히 나는 큐티(QT)라는 것이 뭔지 몰랐습니다. 1980년 초 미국 유학 중에 같이 공부하던 송인규 교수(합동신학대학원 은퇴교수)가 큐티인가 뭔가 하는 말을 지나가면서 여러 번 하기는 했지만 그것이 뭔지는 몰랐습니다. 창피했지만 용기를 내어 그에게 물어보니 Quiet Time의 약칭이라고 했습니다. "으음, 조용한 시간이군!" 이것이 내가 큐티라는 것을 알게 된 첫 경험이었습니다. 그러나 사실 나는 이미 상당히 오래전부터, 아니 아버지가 돌아가시기 전 어린 시절부터 큐티를 한 셈이었고 큐티가 나로 힘든 광야 여정에서 쓰러지지 않고 잘 견디게 했다는 사실을 알았습니다. 나는 큐티 이전에 이미 큐티와 함께 존재했었노라!

나에게는 큐티하는 일정한 원칙이 있습니다. 먼저 그 시간은 내가 본문에 대해 말하는 시간이 아니라 본문을 듣는 시간입니다. 달리 말해 본문이 나에게 말하고 있는 것을 귀담아들으려고 기다리는 시간입니다. 그렇다면 큐티가 추구하는 '조용함'이란 무엇일까? 조용한 시간이란 어떤 상태일까?

빈 방은 조용합니다. 사람들이 말하거나 움직이지 않는 방은 조용합니다. 침묵은 얻는 것이 아니라 주어지는 것입니다. 침묵은 조용한 선물입니다. 침묵은 여러 무의미한 소리가 없는 상태이며 그것들이 멈춘 적막의 상태입니다. 침묵은 조용할 수밖에 없습니다. 조용함은 소리가 없을 수밖에 없습니다. 그리고 침묵은 무엇인가를 듣기 위해 숨을 멈춥니다. 침묵은 기다립니다. 침묵은 적막(寂寞)입니다. 하나님은 예언자 이사야를 통해 말씀하시기를, "돌이켜 조용히 있어야지 구원을 얻을 것이요 잠잠하고 신뢰하여야 힘을 얻을 것이거늘"(사 30:15)이라고 하셨습니다. 풀어서 말하자면, "집으로 돌아오라. 잠잠히 조용히 있으라. 침묵하라. 무엇인가를 하려고 하지 마라. 고요한 중에 얻는 확신을 갖고 그분을 신뢰하라. 그러면 존재의 저 밑바닥에서 솟아오르는 힘과 쉼을 얻게 될 것이고, 바로 그것이 구원을 얻은 상태이다"입니다. 우리의 모든 실수와 잘못을 뒤로하고 조용히 돌아와 그분을 신뢰하고 의지할 때 비로소 참된 힘과 안식을 얻게 된다는 말입니다.

시끄러운 소리로 가득한 이 세상의 끝이 닿지 않는 저 너머에 어지럽혀지거나 방해받지 않은 채로 있는 고요함과 안식입니다. 이것이 구원을 받는다는 것이 무엇인지, 어떻게 구원을 받게 되는 것인지를 우리에게 조용히 들려줍니다. 이것이 참된 큐티입니다! 매일 정규적으로 하나님의 말씀을 "씹고 뜯고 맛보고 즐거워합니다." 그러면 충분히 하루 여정을 넉넉하게 걸어갈 수 있습니다. 지금까지 나를 인도하신 하나님의 약속이 앞으로 남은 인생 여정도 넉넉하게 견디고 걸어갈 수 있도록 하실 것이라고 확신합니다. "여호와의 가르침을 주야로 읊조리는 사람이 진짜로 행복한 사람입니다"(시 1:2 참고).

6
절반의 물컵

한 여성 심리학자가 강연장에 들어왔습니다. 스트레스를 어떻게 관리해야 하는지 청중들에게 가르쳐 주기 위해서였습니다. 잠시 후 물 컵 한 잔을 들어 올렸습니다. 물이 절반만 담겨 있는 물 컵이었습니다. 사람들은 그녀가 "물이 절반 정도 차 있습니까? 물이 절반 정도 비어 있습니까?"라는 질문을 하리라고 예상했습니다. 그런데 그녀는 미소를 지으면서 뜻밖에 이렇게 묻는 것이었습니다. "여러분, 이 물 잔이 얼마나 무거운 것 같습니까?" 청중석에서 수군수군 거리더니 8온스라는 대답에서부터 20온스라는 대답까지 나왔습니다.

그러자 그녀가 이렇게 대답했습니다. "무게가 얼마냐 하는 것은 별로 중요하지 않습니다. 문제는 내가 이 물 잔을 얼마나 오랫동안 들고 있느냐가 더 중요할 것입니다. 1분 동안 들고 있다면 별로 문제가 되지 않을 것입니다. 한 시간 동안 들고 있어야 한다면 아마 팔에 통증을 느낄 것입니다. 하루 종일 들고 있다면 팔에 감각이 없어지고 마비가 될지 모릅니다. 어느 경우든 물 잔의 무게는 전혀 변하지 않습니다. 그러나 오랫동안 들고 있을수록 물 잔은 더욱 무거워진다는 것입니다."

그리고는 이렇게 대답하였습니다. "살아가면서 여러분이 받게 되는 스트레스나 염려는 마치 이 물 잔과 같습니다. 스트레스나 염려에 대해 잠깐 생각해 보십시오. 그러면 아무 일도 일어나지 않을 것입니다. 그러나 스트레스나 염려에 대해 좀 더 오랫동안 생각해 보십시오. 그러면 점점 힘들어지기 시작할 것입니다. 하루 종일 염려나 근심하면서 스트레스를 받아 보십시오. 그러면 삶은 온통 마비가 될 것입니다. 아무것도 할 수 없게 될 것입니다.

기억하십시오. 물 잔을 내려놓는 것을 잊지 마세요! 근심걱정을 내려놓으세요.

너희 중에 누가 염려함으로 그 키를 한 자라도 더할 수 있겠느냐?(마 6:27).

7
진짜 귀머거리

한 중풍병자를 사람들이 침상에 메고 와서 예수 앞에 들여놓고자 하였으나 무리 때문에 메고 들어갈 길을 얻지 못한지라(눅 5:18-19; 참고 마 9:1-8; 막 2:1-12).

"길 좀 비켜주세요!" 빵빵, 사이렌 소리가 들립니다. 계속해서 경적 소리를 냅니다. 구급차가 비상등을 켜고 옵니다. 그런데 아무리 큰 사이렌 소리를 내어도 못 들은 체 합니다. 구급차 안에 누워 있는 사람은 촌각을 다투며 목숨을 이어갑니다. 그러나 도로 위의 차량들은 버젓이 아랑곳하지 않습니다. 차 안에서 이어폰을 끼고 음악을 듣는 사람, 담배를 빼물고 거울을 쳐다보는 사람, 허겁지겁 집에서 싸 온 토스트를 먹는 사람, 느리게 가는 차 안에서 눈 화장을 하느라 턱을 치켜드는 사람, 비좁은 틈새로 비집고 들어가려는 악바리 등 천태만상의 인간 군상입니다. 그럴 수도 있겠습니다. 그러나 이런 경우 이것은 아닙니다. 지금 구급차의 사이렌 소리가 안 들립니까? 어떻게 해서라도 길을 내주어야 하지 않습니까? 도로 한쪽 편으로라도 차를 비켜 세워야 하지 않습니까? 지금 사람의 목숨이 위태합니다! 당신의 부모나 자식이 그런 처지에 놓여 있다면 그렇게 뻔뻔스럽게 옴짝달싹하지 않고 길 한가운데 서 있을 겁니까? 도대체 귀가 먹었습니까? 귀가 있어도 듣지 못한다면 진짜 귀머거리가 아닙니까? 다른 사람들의 신음 소리가 들리지 않는다면 진짜 귀머거리 아닙니까?

"길 좀 비켜 주세요!" "조금만이라도 길을 내주세요." 이 외침은 이미 오래 전 예수님 당시에도 있었습니다. 가버나움에 중풍병자 친구를 둔 네 명의 친구들의 이야기입니다. 그 중풍병자를 네 사람이 메고서 예수님께로 왔는데 무리들 때문에 들어갈 길을 얻지 못했습니다. 예수님이 어떤 집에 계시다는 소문을 듣고 사람들이 몰린 것입니다. 왜 몰렸을까요? 예수님의 말씀을 들으려고? 그분이 행하는 기적을 경험하려고? 병 고침을 받기 위해서? 유명 인사라는 소문을 듣고 얼굴을 보러? 물론 예수님이 하는 말과 행동에 트집을 잡으려는 사람들도 있었습니다. 어쨌건 사람들로 꽉 찼습니다. 그런데 구급차 사이렌 소리가 들린 것입니다. 병자를 침상에 실은 채로 예수님께 데리고 온 구급차였습니다. 그러나 아무도 비켜 주지 않았습니다. 들어갈 길을 얻지 못한 것입니다. 사람들은 자기가 앉아 있는 좋은 자리를 빼앗길 것 같아서, 아니면 지금 안락하게 말씀을 듣는 일이 방해를 받을 것 같아서, 또는 자기도 꼼짝 못하고 군중 속에 갇혀서 그 자리에 그대로 앉아 있었던 것입니다.

"길을 비켜 주세요. 구급차 사이렌 소리가 들리거든 차를 옆으로 빼주세요. 개화된 사람이라면, 양식이 있는 국민들이라면 제발 길을 내주세요. 귀머거리처럼 살지 마세요. 자기 편의대로 귀를 열고 닫고 하지 마세요. 남의 고통받는 소리를 들을 수 있는 귀이기를 바랍니다. 하나님은 '우리의 작은 신음 소리에도 귀를 기울여 들으시는 분이라'고 고백하며 노래하는 그리스도인들이잖아요. 그렇다면 일상에서 들려오는 사람들의 신음 소리를 들어보세요. 신음 소리가 아닌 사이렌 소리라면 더 잘 들어야 하지 않겠어요? 이제 진짜 귀머거리가 누구인 줄 아시겠지요?"

8
아다지오 소스테누토

한국인의 습성 중 전 세계적으로 널리 알려진 습성이 있습니다. '빨리빨리'입니다. 단체 여행지에서도, 식당에서도, 학교에서도, 병원에서도, 정거장에서도, 야구 경기장 입구에서도, 경제성장도, 자녀 교육에서도, 스마트폰도, 사람과의 만남과 헤어짐도 모두 광속의 '빨리빨리'입니다. 그러다 보니 우리의 무의식 세계 안에서 '천천히'는 언제나 '뒤쳐짐'을 뜻하게 되었고 '느리게'는 언제나 '꼴찌들의 행진'으로 치부(置簿)하게 되었습니다. 그러다 보니 천천히는 견딜 수 없어 합니다.

물론 다그치고 몰아가고 끌어가서라도 빨리빨리 감으로써 목적지에 빨리 도착할 수는 있을 것입니다. 그러나 빨리 가다 보니 가는 과정으로서의 여정(旅程, journey)은 아무런 중요성을 지니지 못합니다. 지나가면서 만나는 사람들과 풍광들을 놓치고 그저 속력을 내어 달리기만 한다면 이것보다 더 비인간적이 되는 일이 어디 있겠습니까? 여정은 지나가는 과정일 뿐 아무런 의미도 없다고 생각한다는 자체가 스스로를 비인간화하는 일이 아니고 뭐겠습니까? 한 박자 느리게 가는 법도 배워 보십시오. 계곡을 흘러내리는 시냇물 소리도 듣고, 지저귀는 종달새의 노래도 듣고, 광활한 대자연의 신비로움과 광대함에 경탄도 해 보고, 스쳐가는 사람들과 한 잔의 커피도 나눠 마셔 보고, 사랑의 묘

약을 들으며 숨이 멎는 경험을 해 보는 것도 과히 나쁘지는 않을 것입니다. 아니 이런 일들이야말로 비로소 인간성의 발견으로 가는 길목의 이정표들이라 할 수 있을 것입니다.

인생 여정을 음악용어로 표현하자면 다양하게 설명할 수 있겠습니다. 아마 한국적 성격을 잘 대변하는 용어는 '프레스토'(presto, 매우 빠르게)와 '포르테'(forte, 강하게)가 있을 것입니다. 물론 그것을 사용해야 할 때가 없는 것은 아니지만, 그와는 다른 표현도 있어야 하지 않을까 합니다. 삶의 여정에서 우리가 연주해야 할, (1) 음악적 속도를 나타내는 용어로는 때로는 천천히(largo, 라르고), 조금 느리게(andante, 안단테), 때로는 보통으로(moderato, 모데라토), 때로는 조금 빠르게(allegretto, 알레그레토), 빠르게(allegro, 알레그로) 등이, (2) 음악적 표현 방식의 용어로는 때로는 조용히(calmato, 칼마토), 우아하게(elegante, 엘레간테), 때로는 부드럽게(dolce, 돌체), 정열적으로(appassionato, 아파시오나토), 때로는 슬픈 듯이(doloroso, 돌로로소), 탄식하여(sospirando, 소스피란토), 때로는 날아가듯(volante, 볼란테), 활기 있게(con brio, 콘 브리오), 감동적으로(콘모토) 등도 있을 것입니다. 이외에도 섬세하고 다양한 삶의 얼굴들을 연주해야 할 것입니다.

음악에서 빠르기와 표현 방식을 합성한 용어 가운데 '아다지오 소스테누토'(Adagio Sostenuto)라는 것이 있습니다. 번역하면 "느리게, 한 음 한 음을 꾹꾹 깊게 눌러서"라는 뜻입니다. 베토벤의 피아노 소나타 14번 월광의 첫째 악장을 칠 땐 '아다지오 소스테누토'로 치라고 권합니다. 빨리빨리 문화에 익숙한 한국 사회에서 삶의 질에 대해 이야기하려면 반드시 생각해 보아야 할 문구인 것 같습니다. 더욱이 양적 성장을 위해서라면 사람을 도구화시켜 몰아치는 바로와 같은 종교 지도자들은 잠시 멈추어 아다지오 소스테누토를 외쳐 보기 바랍니다. 또한 신앙생활의 정수를 배우기 위해 성경을 제대로 읽고 싶다면, 아다지오 소스테누토를 묵상해 보기 바랍니다.

성경을 얼마나 많이 읽었느냐가 중요한 것이 아니라, 제대로 음미하면서 읽었느냐가 중요합니다. "씹고 뜯고 맛보고 즐기는" 성경 읽기를 음악적 용어로 표현한다면 역시 "느리게, 한 절 한 절을 깊이 있게" 해야 할 것입니다. "빨리 빨리!"를 좋아하는 한국 사람에게 이것은 매우 힘든 요구이겠습니까? 아다지오 소스테누토!

9
상인 하나님과 흥정하시오!

그런즉 너희가 어떻게 행할지를 자세히 주의하여 지혜 없는 자같이 하지 말고 오
직 지혜 있는 자같이 하여 세월을 아끼라 때가 악하니라(엡 5:15-16).

시간과 세월은 하나님의 것입니다. 하나님이 만드신 피조물이기 때문입니다. 시간과 세월은 우리 것이 아니라 하나님의 것이기 때문에 시간을 사용하려면 그분에게서 구입해야 합니다. "하나님의 시간을 구매하십시오." 바울이 에베소의 교인들에게 했던 말씀 가운데 한 구절입니다. 옛날 번역으로 하자면 (KJV) "세월을 구속(救贖)하라"(Redeeming the time)는 것입니다. 한자어 '구속'(救贖)이란 돈을 주고 사 온다는 신학적 용어입니다. 여기서 어떤 그림이 떠오르지 않습니까? 시간(세월)이라는 물건을 판매하는 상인으로 하나님의 모습이 그려집니까? 아주 품질 좋은 '인생-시간' '인생-세월'(life time)을 파시는 상인 하나님 말입니다. 어느 상인도 팔지 못한 물건을 다시 집으로 가져오면서 기뻐하지 않습니다. 하나님도 마찬가지입니다. 그래서 그분도 시간과 세월을 시장에 내어 놓고 사람들에게 사 가라고 외치십니다. "물건이 다 떨어지기 전에 사 가세요. 이 상품은 아주 질이 좋은 상품입니다. 곧 물건이 떨어질지 모르니 빨리 사 가세요!"라고 말입니다.

상인 하나님! 하나님에 대한 아주 멋진 그림 아닙니까? "너희들을 위해 아주 좋은 시간(세월)을 갖고 있다"고 외치는 상인 말입니다. 시간(세월)을 사라는 것은 동시에 물건을 놓고 흥정하라는 소리이기도 합니다. 시간을 파는 상인 하나님께 흥정을 하라는 것입니다. 감히 하나님과 협상을 하고 흥정도 하다니! 시장의 상인과 흥정하듯이 말입니다. 이것이야말로 기독교 신앙의 유머와 재밋거리입니다.

하나님을 믿는다는 것은 종종 그분과 흥정하는 일이기도 합니다. 무엇에 대해 흥정하고 협상한다는 말입니까? 아마도 인생에 대해, 즉 여러분의 인생과 여러분의 삶의 가격에 대해 협상하는 것입니다. 하나님을 믿는 일은 여러분의 미래에 대해, 즉 우리가 흘리는 눈물과 희망과 근심과 걱정과 의심에 대해 하나님과 흥정하고 협상하는 것을 가리킵니다. 밀고 당기고, 왜 비싸냐고 따지기도 하고, 내게는 그것을 살 만한 충분한 돈이 없다고 투정 부리기도 합니다. 왜 내 인생은 이렇게 비참하냐고 소리 지르기도 하고, 당신이 팔고 있는 인생-세월은 가짜일지도 모른다고 다그치기도 합니다. 이처럼 하나님을 믿는 일은 우리의 삶, 우리의 인생의 세월과 함께 무르익어 갑니다.

신앙은 아무것이나 손에 닿는 대로 덮어놓고 사는 것이 아닙니다. 우리의 신앙은 하나님과의 성숙한 관계를 이루어 가는 과정입니다. 비록 우리가 어린 아이처럼 인생길을 걸어가면서 철없이 하나님의 손을 붙잡고 걸어가면서 짜증 부리고 이것저것 달라고 졸라댄다 하더라고 세월이 흐르면서 하나님과의 관계가 점점 성숙해 가는 것이 신앙의 모습입니다.

하나님은 우리를 처음부터 어른으로 만들지 않으셨습니다. 서서히 자라 가는 어린아이로 만드셨습니다. 응석도 부리고, 배고프다고 짜증도 부리고, 더우면 덥다고 추우면 춥다고 까칠하게 말대꾸하기도 하고, 때로는 깊은 의심에 빠지기도 하고, 다른 것에 눈을 돌리는 사춘기를 지나기도 합니다.

이런 과정에서 우리는 하나님과 흥정하거나 협상하게 됩니다. 이것 역시 신앙의 과정입니다. 하나님과 흥정하고 협상한다는 것은 지금 직면하고 있는 문제가 무엇인지, 고통과 괴로움이 어디에 있는지를 하나님께 보고하는 것입니다. 이런 과정에서 우리는 우리가 자라 갈 수 있는 공간이 있는지, 성숙해질 수 있는 여지가 있는지에 대해 고민하고 생각하게 됩니다. 또한 하나님과 협상한다는 것은 서로를 어떻게 대해야 하는지, 아니면 내 자신을 어떻게 대해야 하는지에 대해 변화된 태도를 가져야 한다는 것을 의미하기도 합니다.

하나님께서는 우리를 위해 여기에 계십니다. 시간이라는 망태기를 들고 우리를 잡아먹기 위해 입을 벌리고 기다리는 악마가 아니라, 시간(세월)이라는 최고급 상품을 들고 우리에게 미소를 지으면서 이 시간(세월)을 사라고 흥정을 붙이는 상인으로 우리 앞에 서 계십니다. 삶에 대해, 시간에 대해, 세월에 대해 우리 자신과 협상하는 법을 가르치기를 바라십니다. 하나님은 우리가 시간 속에서 삶의 공간을 찾기를 바라시며, 인생 항해에서 안정감을 주는 평형수가 있기를 원하십니다.

모슬렘들은 툭하면 "인샬라"(Inshallah)라고 합니다. "하나님이 원하신다면"(God willing!)이라는 뜻입니다. 그러나 유대인들과 구약의 족장들은 그런 말을 쓰지 않았습니다. 그들은 그들의 삶에 대해, 그들의 시간과 세월에 대해 지속적으로 하나님과 논쟁하고 협상하고 흥정하였습니다. 노래를 통해, 시를 통해, 기도를 통해 하나님과 협상하였고, 그들의 머리와 가슴은 서로에게 큰 소리로 논쟁하기도 하였습니다. 때로는 하나님과 사람 사이의 협상 소리가 크게 들리기도 하였습니다. 왜냐하면 인생이란 공중을 향해 큰 소리로 외치는 것이며, 때로는 억울함에 서러워 천상의 법정에 기소하는 일과 별반 다르지 않기 때문입니다. 그러므로 무엇이든지 소리쳐 부르짖어 보십시오. 그러나 때로는 침묵하고 조용하여 신뢰와 의지를 다시 배우기도 하십시오. 하나님과 우리 자신을 대하는 법을 말입니다.

10
하나님의 선택과 우리의 믿음

시간을 내어 시편 139편을 읽어 보십시오. 그 가운데 이런 내용이 있습니다. 하나님의 눈은 어머니의 태속에서 아직 사람의 모양을 갖추지 않은 우리의 모습을 보고 계셨다고 말합니다. 우리에게 할당된 날들이 우리에게 오기 이전에 그 날들이 하나님의 책에 기록되어 있다고 말합니다. 다른 말로, 여러분과 나는 그저 어쩌다 우연히 생겨난 존재들이 아니라는 것입니다. 비록 우리가 우리의 부모님으로부터 태어나기는 했지만, 실제로 우리는 영원으로부터 온 존재라는 것입니다. 우리는 하나님의 생각과 뜻에서부터 나온 존재라는 것입니다. 우리는 이미 하나님의 마음 안에 있었다는 것입니다.

마치 "야경꾼"(Night Watcher)이란 대작이 이미 렘브란트의 마음속에 있었던 것처럼 말입니다. 그가 캔버스에 그의 대작을 그리기 전에 이미 그의 마음속에 그 그림이 있었던 것처럼, 여러분과 내가 이 세상에 태어나기 오래전 이미 우리는 하나님의 마음속에 있었다는 것입니다.

그렇다면 우리가 숨을 죽여 들어야 할 말씀은 이것입니다. 그런 하나님께서 어찌 여러분과 나를 생각하지 않으시고, 어찌 사랑하지 않으시겠느냐 하는 말입니다. 그렇습니다. 하나님은 영원부터 영원까지 우리를 사랑하십니다! 이것이 하나님이 우리를 선택하셨다는 뜻입니다. 몇 명을 지옥에 보내고 몇 명을 천국에 보낼 것이라는 것이 하나님의 선택과 예정이라고 생각한다면 그것은 사실도 진실도 아닙니다.

하나님의 선택과 예정에 관한 좋은 이야기가 누가복음에 기록되어 있습니다. 자신만만한 베드로, 모든 사람이 주님을 버리더라도 자기만은 끝까지 주님을 따르겠노라고 호언장담했던 베드로 스스로에게 감동을 받았던 베드로, 그에게 예수께서 하신 말씀을 기억해보십시오.

시몬아, 시몬아, 사탄이 너를 밀 까부르듯이 까부르려고 너를 청구했단다. 그러나 나는 네 믿음이 떨어지지 않도록 해달라고 너를 위해 기도해왔다(눅 22:31~32).

예수를 향한 베드로의 격정적인 헌신과 열정 때문이 아니라 베드로를 향한 예수님의 끊임없는 헌신과 애정 때문에 베드로의 믿음이 떨어지지 않게 된다는 것입니다. 달리 말해, 베드로가 예수님을 붙잡고 있었던 것이 아니라 예수님이 오래전부터 베드로를 붙잡고 있었다는 것입니다.

이 예는 하나님의 선택("하나님이 나를 붙잡으셨다")이 무엇인지를 가르쳐 주는 이야기입니다. 그러므로 '선택 교리'를 믿는다는 것은 다음과 같이 신앙을 고백하는 것입니다.

- 하나님이 나를 붙들고 계시기 때문에 나는 결코 떨어지지 않는다.
- 하나님이 나를 영원부터 사랑하고 계시기 때문에 나는 결코 무시되거나 경멸받지 않는 것이다.

• 하나님이 먼저 나를 아시고 내 이름을 생명책에 기록해 놓으셨기 때문에 나는 결코 버림받지 않을 것이다.

이 사실을 알 때, 다시 말해 우리의 이름이 생명책이자 선택의 책에 기록되었다는 것을 알 때, 우리는 모든 인간적인 이해를 넘어서는 진정한 평화(샬롬)를 경험하게 될 것입니다.

이처럼 믿음이란 내가 그분을 붙잡으려고 애를 쓰는 것이 아니라, 그분이 나를 붙잡고 있다는 사실을 받아들이는 것입니다. 그분이 우리를 점지하시고 우리의 이름을 부르시고 우리를 붙들고 계시다는 성경의 가르침―이것이 하나님의 선택과 예정을 풀어 설명한 것입니다―은 우리에게 가장 강력한 용기와 희망을 주며, 또한 이 세상에서 우리의 삶과 인생이 흔들리거나 요동치지 않게 하는 영혼의 닻(anchor)입니다.

11
하나님의 경륜

신앙의 언어 가운데 이해하기 좀 어려운 용어가 있습니다. 그중에 하나가 '하나님의 경륜'라는 용어입니다. 경륜이 뭘까요? 한자어인 '경륜'(經綸)은 봉건 제도 하의 중세적 왕궁에서 사용하던 용어처럼 들립니다. 예를 들어, 국가를 이끌어 가고 다스리는 데 필요한 능력과 경험을 갖춘 왕을 경륜이 있는 왕이 라고 합니다. "그는 경륜이 있는 사람이야"라고 말할 때 노련한 지혜와 탁월한 계획을 갖고 조직을 이끌어 가는 능력과 경험이 있는 사람을 가리킵니다.

따라서 '하나님의 경륜'이라고 할 때는, 하나님께서 갖고 계신 계획을 말하 는 것입니다. 그렇다면 무엇에 대한 계획이란 말입니까? 나와 여러분에 대한 계획을 포함하여 인류의 역사에 대한 계획, 이 세상에 대한 계획, 피조세계에 대한 계획 모두를 말합니다. 또한 과거와 현재와 미래를 통하여 이루어져 가는 피조세계 전체에 대한 '큰 그림'을 말하기도 합니다. 혹시 수천수만의 퍼즐 조 각들을 하나씩 꿰어 맞추어 큰 그림을 완성해야 하는 일이 여러분에게 주어졌 다면 너무 힘들고 고단한 숙제가 될 것입니다. 이 세상을 운영해가는 하나님 의 입장에서도 그럴 것 같습니다. 수천수만의 일들이 서로 충돌하지 않고 잘 맞아 떨어지도록 신경을 쓰는 것도 힘들고 고될 텐데 말썽 부리는 '인간 퍼즐 들' 때문에 애로 사항이 많을 것 같습니다. 예를 들어, 이 인간 퍼즐과 저 인간

퍼즐을 한 쌍으로 맞추는 것이 오리지널 계획인데 처음에는 잘 붙어 있다가 하나님이 다른 곳에 신경을 쓰는 사이에 서로 떨어져 등을 돌려대고 서 있을 때입니다.

어쨌든 하나님은 자신이 만든 세상(피조세계)이 엉망진창 뒤죽박죽되기를 바라지 않습니다. 창조 시 그분이 그토록 좋아하시면서 "와우, 이보다 더 좋을 수는 없을 거야!"라고 경탄했던 그 세상이 형편없이 깨지고 일그러지기를 바라지는 않으실 것입니다. 적어도 하나님은 자기가 만든 이 세상(시간과 공간은 물론 과거와 현재와 미래를 포함한 세상)이 질서 있고 평화로운 곳이 되기를 바라셨습니다. 그리고 사람에게 집 관리인으로서의 사명을 맡기신 것입니다. 예를 들어, 집을 건축한 이가 그 집을 누군가에게 공짜로 세를 주어 살게 해 주었다고 합시다. 세 들어 사는 사람에게 주어진 조건은 간단했습니다. 집을 잘 관리하고 집안을 깨끗하고 깔끔하게 정리정돈을 하고 살라는 것입니다. 집 안의 가구들도 배치를 잘 해서 조화를 이루어 아름다운 삶의 공간을 만들어 살라는 부탁을 했습니다. 한마디로 규모 있게 살림살이를 하라는 것이었습니다.

여기서 '살림살이'라는 말을 잠시 생각해 보십시오. 살림살이를 잘한다는 것이 무슨 뜻일까요? 소극적으로 말해서, 살림을 헤프게 하지 않는 것이 살림살이를 잘하는 것일 것입니다. 집 안에서 모든 것들(집안 식구들을 포함해서)이 있어야 할 곳에 잘 있게 해 주는 것이 살림살이를 잘하는 것일 것입니다. 적극적으로 말하면, '살리는 일'에 모든 에너지를 다 쏟는 것이 살림살이를 잘하는 것입니다. 가정과 집 안에 생기(생명)가 돌게끔 하는 것이 살림살이를 잘하는 것입니다.

하나님께서 최초의 인류에게 맡기신 사명이 바로 '살림살이'를 잘하라는 것이었습니다. 하나님의 집으로서 이 피조세계를 맡아 관리하는 사람의 사명은 온 피조세계가 생명과 생기와 활력으로 가득하게 하는 것이었습니다. 여기에는 조정, 화합, 화목, 조화, 일치, 규모, 질서, 행복, 우애, 협동 등과 같은 것들이 필수적인 요소가 됩니다. 하나님이 자기 '집'(피조세계)을 규모 있고 아름답게 만들어 가기 위해 인간에게 하신 살림살이 부탁이었습니다.

그러나 사람들은 살림살이를 제대로 하지 못하고 하나님의 집을 엉망으로 만들어 놓았습니다. 집은 더럽고 오염되었고, 집 안에 부착된 각종 장치들은 제 기능을 하지 못하고 망가지게 된 것입니다. 그러나 관리인으로 부름 받은 사람은 – 피조세계를 관리하는 매니저 역할이, 사람이 부르심을 받은 최초 최고의 직업(vocation)이었습니다! – 고장 난 것들을 고치거나 집을 가꿀 생각을 하지는 않고 오히려 집을 더 망가뜨렸습니다. 집은 버려진 상태에 이르렀습니다. 벽에는 온통 낙서들과 그을린 자국들로 얼룩졌으며, 수도는 녹물을 쏟아내고 역겨운 악취를 풍겼습니다. 푸른 잔디와 각종 꽃들로 아름답게 장식되었던 화단과 정원에는 엉겅퀴와 잡초가 무성했습니다. 폐가(廢家)가 된 것입니다.

이런 상태를 집주인이 그냥 보고만 있을까요? 물론 엄청나게 속이 상하셨습니다. 그래도 화를 참으시고 망가진 집을 고치기로 작정하셨습니다. 일종의 '회복 프로젝트'(restoration project)를 세우신 것입니다. 성부, 성자, 성령 하나님(삼위일체)께서 회복 프로젝트에 참여하기로 작정하시고 서로에게 헌신하십니다. 이것을 신학에서는 '경륜적 삼위일체'라 부릅니다. 삼위일체 하나님께서 망가지고 더러워지고 추하게 된 자기의 집(피조세계)을 고치고 손질하고 정리하여 새롭게 하려는 계획을 세우신 것입니다. 이 '회복 프로젝트'를 다른 말로 '구원 계획' 혹은 '구원 경륜'이라고 부릅니다. 이처럼 '구원'(redemption)은 매우 포괄적이고 장대한 회복의 개념입니다. 단순히 하나님과 나 사이의 개인적 관계 회복만을 가리키지 않습니다. 물론 죄로 더럽혀지고 악의 진흙탕 속에서 허덕이던 나를 구출해 주신 것을 구원이라고 합니다. 그러나 구원은 그 이상입니다. 개인적 차원을 넘어 사회성과 우주적 차원을 갖고 있는 포괄적 개념입니다. 하나님께서 자기가 만든 '집'(창조 세계 전체)과 그 안에 살고 있는 모든 것(사람을 포함한 만물[萬物])을 원래의 상태로 회복시키실 뿐만 아니라 그 안에 생명과 활력과 빛과 질서와 행복과 즐거움과 아름다움을 불어넣어 충만한 상태(헬, 플레로마[pleroma], 예, 엡 1:23, 3:19; 골 1:19, 2:9 등)에 이르게 하시겠다는 것이 하나님의 회복 프로젝트의 목표입니다. 물론 회복 프로젝트에 예수님과 성령님의 역할은 지대하고 필수적임을 말할 것도 없습니다. 그래서 우리는 예수님을 구원자, 구속자, 회복자라고 부르며, 성령님은 예수님이 이루신 구원의 일들을 각 개인과 모든 피조세계에 배달해 주는 역할을 하는 분이십니다.

다시금 '하나님의 경륜'이란 용어로 돌아가 보겠습니다. 보통 하나님의 '구원 경륜'을 영어로 'Economy of Salvation'이라고 부릅니다. 영어에는 자신이 있지만 신학을 잘 모르는 사람들 가운데는 당당하게 '구원의 경제(학)'라고 번역하는 사람들이 있습니다. 그러나 '구원 경륜'이라고 해야 맞는 번역입니다. 여기서 영어 '이코노미'(economy)는 헬라어 '오이코노모스'(oikonomos)에서 유래된 용어입니다. 헬라어 '오이코노모스'는 보다시피 '오이코스'(oikos, 집)와 '노모스'(nomos, 규칙)의 합성어입니다. 법도가 있는 집, 규모 있게 살림하는 집, 살림살이 잘하는 집, 질서가 있는 집, 이런 집을 만들어 가는 것이 경륜이며 현대적으로 경제라고 합니다. 실제로 경제가 '가사(家事, 집안 살림)경제'에서 출발했다는 것은 웬만한 사람도 다 아는 상식입니다. 이것이 영어 이코노미(economy)의 원래의 뜻입니다.

이처럼 하나님이 자기의 집인 이 세상(피조세계)을 정의와 공의로 운영해 가시고 마침내 온전한 샬롬으로 가득한 세상으로 회복하시겠다는 것을 우리는 '하나님의 경륜'이라고 부릅니다. 그러므로 성경의 맨 마지막에 그려지고 있는 '새 하늘과 새 땅'(New Heaven and the Earth, 한자어로 '신천지')이야말로 최종적 구원의 결정체이며 회복의 실체입니다. 아쉽게도 저 아주 나쁜 이단이 '신천지'(新天地)란 용어를 빼앗아갔지만 그리스도의 교회는 처음부터 하나님의 구원 경륜이 완성될 날을 기다리며 신천지를 소망했던 '종말론적 공동체'였습니다. "아멘. 주 예수여, 오시옵소서!"(계 22:20) '하나님의 경륜' 용어 유감(有感)이었습니다.

12
성경과 신자

    성경, 다른 책들과 달리 성경은 기독교인들에게 특별한 의미를 갖습니다. 특별히 개신교인(프로테스탄트)들에게 성경은 그들의 영혼이라 말해도 과언이 아닐 것입니다. 오죽하면 개신교인들을 가리켜 "그 책의 사람들"이라고 부르겠습니까? 한국의 개신교 전통은 성경 중심의 신앙, 성경 사랑의 신앙을 높이 평가해왔습니다. 한국 교회의 초기 역사를 대충 훑어봐도, 성경이 한국의 근대화에 직접적으로 간접적으로 커다란 영향을 끼쳤다는 것을 알게 될 것입니다.

    19세기 말부터 20세기 초, 봉건적 한국 사회에서 배움의 기회조차 없던 여성들이 기독교 신앙을 가지므로 배움의 길이 열리게 되었습니다. 온갖 핍박과 질타 속에서 가진 신앙이었습니다. 성경을 통해 시골의 수많은 여성들은 한글을 학습했고 그 속에 들어 있는 한자도 배우며, 그들의 교양과 신앙과 세계관을 넓혀 갔습니다. 하기야 성경에는 우주와 인류 역사의 이야기, 시와 우화, 경구 모음과 예언 등 다양한 장르의 문학적(!) 글들을 담고 있으니 어찌 그들의 교양과 배움의 폭이 넓어지지 않았겠습니까?

    6.25전쟁 직후인 1950년대에서 산업화가 진행되고 있던 1970년대 초까지

만 해도 시골의 겨울은 한가했습니다. 겨울은 농한기(農閑期)라 특별히 논이나 밭에 나가 할 일이 없었기에 종종 남자들은 술 먹고 노름하는 일에 빠지곤 하였습니다. 그러나 그 당시 마을에서 손가락질의 대상이었던 예수쟁이들은 겨울철이 되면 교회에서 열리는 '사경회'(查經會)에 다녔습니다. 사경회란, 일정한 기간 동안 성경을 집중적으로 공부하는 집회였습니다. 겨울철이면 시골 읍내에서 약간 떨어진 개울가에 자리 잡은 교회당으로 삼삼오오 모여듭니다. 눈 덮인 산야와 개울을 가로질러 검정 치마를 입은 아낙네들이, 두루마기를 입은 노인 장로님들이, 열정적으로 뭔가를 배우고 싶어 하는 젊은 남자 집사님들이 모여듭니다. 보통 새벽부터, 오전 10시 성경공부, 오후 2시 성경공부, 그리고 저녁집회까지 하루 종일 닷새를 했습니다. 순박했던 시골 사람들의 성경 사랑은 대단했습니다.

내 기억으로도 당시 교회에 가는 사람들의 외형적 모습에서 빠질 수 없는 것이 닳고 닳아 너덜해진 성경책을 옆구리에 끼고 교회에 가는 모습이었습니다. 또한 밤에 호롱불 밑에서 성경을 읽는 모습은 성실한 신자들의 가족 풍경이었습니다. 그들은 성경의 옛 이야기들 속으로 들어가, 그 책 속에 거주하고 있던 주민들을 만나면서 때로는 호기심 어린 눈초리를 보내기도, 때로는 그들과 한없이 슬퍼하기도, 때로는 호탕하게 그들과 웃으며 즐거워하기도 했습니다. 그 책에서 아담과 하와, 방랑하는 족장들과 이스라엘의 판관들, 그 후에 이어서 나오는 나쁜 왕들, 못돼 먹은 왕들, 착한 왕들, 소심한 왕들을 만납니다. 그뿐 아니라 예언자들과 시인들의 외침, 시와 노랫가락에 귀를 기울여 보기도 합니다. 신약성경에서는 예수님이라는 분과 그분의 떠돌이 생활, 바울 사도와 복음 전도자들, 그리고 히브리서의 위대한 가르침들과 계시록의 충격적인 환상들을 만납니다.

이처럼 성경에는 살과 피와 숨소리가 들리는 살아 있는 사람들, 흙과 먼지, 바람과 비와 강들과 별들, 미움과 사랑, 배신과 증오, 울음과 웃음, 통곡과 아쉬움, 절망과 희망, 살아가야 할 이유와 걸어가야 할 길들이 있었습니다. 그것은 언제라도 책 밖으로 뛰어나올 법한 것들이었습니다. 숲길을 걷는 청소년에게 나침반이 있듯이, 깜깜한 바다를 항해하는 선장에게 북극성이 있듯이, 방황하고 방랑하는 크리스천들에게 성경은 길을 안내하는 여행 가이드와 같았습니다. 성경이 이러했습니다. 적어도 순박한 신자들에게는 그러했습니다.

그러나 우리가 살고 있는 지금 세상은 내 어렸을 적과 같지 않습니다. 살 만큼 살게 된 풍요로운 세상입니다. 배운 사람도 많고 똑똑한 사람도 많은 세상입니다. 학식이 있는 사람들, 전문직에 종사하는 사람들, 다들 자기 목소리를 낼 줄 아는 민주사회에 살고 있습니다. 게다가 우주과학의 발달과 첨단 학문의 진보가 확연하게 이루어졌습니다. 인터넷의 발달로 인해 누구나 원하기만 한다면 웬만한 전문 지식이나 정보를 손쉽게 얻을 수 있게 되었습니다. 고대인들의 우주관은 이미 사라진 지 오래되었고, 고대나 중세의 국가체제는 이미 박물관이나 책에서 알아볼 수 있는 화석이 되었습니다. 지금 우리는 다양해진 사회 윤리와 경제구조 속에 살고 있습니다. 이런 세상에 사는 현대인들의 눈에 성경은 어떻게 비춰질까 궁금하기 그지없습니다.

주후 4세기부터 시작된 서구사회의 "기독교 시대"(Christendom)가 "기독교 후시대"(Post-Christendom)에 그 왕좌를 내어주는 데 천 년 이상의 시간이 필요했지만 한국에서는 몇 십 년밖에 걸리지 않을 것 같습니다. 그러니 현금의 한국 기독교회는 이 사실을 직시해야 합니다. 종교다원주의, 상대주의, 실증주의, 현대과학의 급속한 발전, 계몽주의의 지속적인 영향력, 개인주의와 천민자본주의, 세속주의 등 온갖 다양하고 서로 상충하는 시대정신들이 군웅할거(群雄割據)하며 한껏 춘추전국시대를 이루고 있습니다. 이런 시대에 비기독교인들에게는 말할 것도 없거니와 기독교인들에게 도대체 '성경'은 무슨 의미가 있고 어떤 의미가 있을까 하는 생각이 듭니다.

먼저 매주일 설교를 하는 목사들에게 '성경'은 어떤 의미를 갖는지 궁금합니다. 종교적 경전에 불과한가? 자기가 하고 싶은 말이나 이루고 싶은 야망을 성경 구절에 걸어서 사용하는 것은 아닌지. 성경이 목회자 자신을 만들어가고 그의 성품과 덕성을 형성하고 변혁시키는 절대적 동인이 되도록 하고 있는지. 또한 평신도들은 어떠한가? 귀가 닳도록 목회자들로부터 성경 중심의 신앙을 세뇌 받아온 한국의 기독교 신자들에게 도대체 '성경'은 어떤 의미를 갖고 있는지 자못 궁금합니다. 목사들이나 신학생들이 일반적으로 갖고 있는 '성경관'은 무엇이며, 또한 일반 신자들은 성경을 어떤 책으로 생각하고 있는가? 아마 그들의 공통된 대답은 공식을 말하는 식의 암송일 것입니다. "성경은 하나님의 말씀이다!"

물론 맞는 말입니다. 그러나 문제는 여기서부터 시작됩니다. 그 말을 아무 생각 없이 자랑스럽게 외치는 '성경주의자들'이 있습니다. 이들이 현금 한국 교회 문제들의 상당 부분을 차지하고 있다는 것이 내 추측입니다. 그들은 자신도 모르게 '성경우상주의자'(biblicist)가 되어갑니다. 그들의 무의식 세계에서 성경은 경배의 대상이 됩니다. 소위 성경에 대한 근본주의자들의 위험함이 이것입니다. 그러나 성경은 신앙을 위한 도구이지 결코 신앙의 대상일 수 없다는 사실을 기억하십시오. 성경은 필요할 때 찾아보는 전화번호부가 아닙니다. 성경은 하나님의 계명들을 순서대로 열거해놓은 육법전서도 아닙니다. 어떤 문제가 생길 때마다 "성경이 답이다!"라고 외치며, 그 해답을 얻기 위해 열어보는 인생 문제의 정답 모음집도 아닙니다.

성경은 스스로 성경의 존재 목적을 여러 곳에서 분명한 어조로 밝힌 바 있습니다.

> 주의 말씀을 열면 빛이 비치어 우둔한 사람들을 깨닫게 하나이다(시 119:130).
> 주의 말씀은 내 발에 등이요 내 길에 빛이니이다(시 119:105).

신약성경 로마서에서도 성경의 목적을 이렇게 말하고 있습니다.

> 무엇이든지 전에 기록된 바는 우리의 교훈을 위하여 기록된 것이니 우리로 하여금 인내로 또는 성경의 위로로 소망을 가지게 함이니라(롬 15:4).

이상의 가르침에 따르면, 성경은 우리가 결코 거절하거나 물리칠 수 없는 하나님의 장엄하고 숭고한 구원을 이루기 위해 주어진 신적(神的) 도구(divine instrument)라는 것입니다. 다시금 말하지만, 성경은 결코 신앙의 대상도 경배의 목적도 아닙니다. 성경의 목적을 알지 못하고 덮어놓고 성경을 강조하는 것은 성경우상주의로 가는 지름길입니다.

왜 '성경', 즉 '거룩한 경전'이라고 부릅니까? 왜 우리는 특정한 고대 중동의 문서를 '거룩하다'고 하는 것입니까? 성경을 거룩하다 하는 이유는 그 안에 담겨 있는 가르침들과 훈계들과 모범들을 가지고 우리의 마음과 정신과 기상과 영을 하나님의 마음과 기상과 영을 향하도록 인도하는 안내서이기 때문입니다. 이것이 말하는 바는, 진정한 신앙과 헌신은 성경을 덮을 때 비로소 시작된다는 것입니다. 즉, 말씀이 신자들의 마음과 가슴과 삶 속에 깊이 뿌리를 내릴때, 신앙은 활력 있고 살아 있는 말씀이 되는 것입니다. 이처럼 성경은 하나님께서 우리에게 주셨던 약속들과 우리에게 보여 주신 그분의 인도하심이 신실하고 신뢰할 만하다는 희망에 우리를 확고하게 붙들어 매는 강력한 도구인 셈입니다.

이런 이유 때문에 우리는 성경을 자세하게 조사하고 연구하고 공부해야 합니다. 어떤 사람들에게는 성경을 학문적으로 공부하는 것이 사람들의 머리만 크게 만드는 일처럼 보입니다. 그래서 그들은 성경연구를 가지고 권위 있는 하나님의 말씀에 이성적인 잣대를 대며 판단하는 매우 불경스런 일이라고 질타합니다. 물론 단순히 학문적 호기심 때문이 성경연구를 좋아한다면, 그 또한 또 다른 성경우상주의자가 될 것입니다. 비록 그가 탁월한 학자일지라도 위에서 말한 성경의 목적이 무엇인지 명심하지 않는다면, 그는 천하에 가장 어리석은 사람입니다. 성경은 자체에 목적이 있는 것이 아니라 신자들의 신앙을 위한 도구일 뿐입니다. 하나님께로 이끌어 가고, 그 구원의 길을 보여 주고, 신자들의 삶 속에 하나님의 구원과 통치가 온전히 회복되어지도록 안내하고 때로는 인내하게 하는 강력한 신적 도구입니다.

이런 의미에서 성경은 목사들이나 신학자들만을 위한 전문 종교서적이 아닙니다. 신자들과 교회를 위한 책이 성경입니다. 그러나 아쉽게도, 아니 개탄스럽게도 현실은 성경이 신자들의 삶에서 자리를 잃어가고 신자들의 삶에 동력을 제공하는 역할을 더 이상 하지 못하게 되었습니다. 주지하다시피 교단 정치에 목을 매고 이리저리 돌아다니며 명예욕과 물욕에 함몰된 몰지각한 정치

목사들, 지역 교회 내의 크고 작은 권력 다툼들과 교회를 빌미로 한 이권에 개입, 사회적 신분의 확보를 위한 기지 조성, 형식화되고 계급적인 교회의 직제와 문화, 신적 권력을 마음대로 휘두르는 일부 목회자들의 횡포, 기업형태의 교회 운영 등은 말할 것도 없고, 성경에 대한 무관심과 세속적 가치관으로 무력하기 그지없는 평신도의 행태를 보아도 한국 교회의 희망과 미래는 시계 제로입니다. 머리카락을 잘리고 힘을 상실한 채 들릴라의 육감적인 무릎에 머리를 파묻고 있는 불쌍한 거인 삼손처럼 말입니다.

한국 교회가 성경을 잃어버리면 – 크리스천의 삶 속에 성경 실종 현상이 심각하다는 것이 내 판단입니다 – 스스로 교회이기를 포기하는 것입니다. 성경이 무엇입니까? 사람이라는 도구들과 그들의 예표적인 삶들을 통하여 하나님께서 이 세상을 위한 자신의 뜻을 드러내시기 위해 선택한 도구들 중의 하나가 성경입니다. 성경에는 너무도 인간적인 모습을 드러내고 있는 허술하고 연약한 사람들이 하나님을 찾아가고, 때로는 뭔가를 발견하고 기뻐하기도 하고 혹은 길을 잃어 방황하기도 하고, 그리고 마침내 하나님에 의해 발견되어진 일들에 대한 생생한 기록들이 담겨 있습니다. 성경은 생생한 증언의 말씀입니다. 이 증언의 말씀을 읽으면서 우리는 "아하, 그런 일들이 그래서 일어난 것이구나!"라고 하면서 우리의 현재의 삶에 대한 일들을 지속적으로 되돌아보게 됩니다. 또한 장차 오게 될 일들에 대해 희망을 가지면서 현재의 온갖 고난과 역경을 인내하며 기다리는 것입니다. 이처럼 성경은 신앙의 길을 걸으면서 때로는 고군분투(孤軍奮鬪)하는 신자들에게 하늘의 희망과 위안을 주는 위대한 신적 선물입니다.

그렇다면 성경은 학문의 전당에서 연구되어지는 전문서적이 아니라 신앙공동체의 책이며 신자들의 책입니다. 아니 신자들의 책이어야만 합니다. 누군가 멋지게 말했듯이, "성경은 빼기를 하는 역사가 아니라 더하기 하는 시"(The Bible is not history minus but poetry plus)입니다. 설명하자면 역사실증주의에 빠져, 고대 문헌 연구자처럼 성경의 역사적 층들을 발굴하는 것을 성경 연구의 목적인 양 생각하지 말라는 것입니다. 그와는 반대로 성경은 거룩한 상상력을 통하여 하나님을 노래하고, 그가 행하시려는 놀라운 계획들을 시인의 감수성을 갖고 읊조리고 있는 시라는 것입니다. 여러분과 내가 읊조리고 암송해야 하는 시라는 것입니다.

신앙을 가리켜 순례의 길에 들어선 것이라고 말합니다. 적절한 비유입니다. 신자들이 순례의 여정을 걸어가면서 끊임없이 성경을 읽고 묵상하는 이유는, 성경을 통해 우리가 우리 앞서 신앙의 길을 걸어갔던 사람들의 역사 너머의 역사를 듣기 위함이며, 그들이 걸어갔던 그 길들 너머의 길을 바라보기 위함입니다. 단지 우리 앞서 걸어갔던 사람들의 삶을 본받거나 생각 없는 '따라쟁이'가 되기 위함이 아닙니다. 우리가 성경을 읽고 묵상하는 이유는 성경 안에 기록된 사람들의 삶을 향해 말씀했던 그 능력의 말씀이 동일하게 지금 우리에게 말씀하고 있다고 믿기 때문입니다. 성경은 "우리를 만드신 하나님의 뜻을 두렵고 떨리는 심정으로 신실하게 찾는 삶을 살아야 한다" "우리를 구원하신 그리스도의 사랑을 두렵고 떨리는 심정으로 신실하게 추구하는 삶을 살아야만 한다"고 강력하게 말씀하는 책입니다. 그러므로 성경을 가졌다고 해서 모든 것이 끝난 것이 아니라, 성경을 가졌기 때문에 모든 것이 이제 시작일 뿐입니다. 삶의 구석구석을 뚫고 비추는 빛의 인도를 따라, 우리는 두려움과 떨림으로 우리의 구원을 이루어 가야 하는 것입니다.

성경과 함께 신앙이 시작됩니다. 신자를 위해 성경이 있는 것이지 성경을 위해 신자가 있는 것은 아닙니다. 불굴의 투지로 끝까지 지치지 않고 순례의 길을 완주하려는 신자들에게 희망과 인내와 위로를 주기 위해 주어진 신적 선물이 성경입니다. 이런 의미에서 한국 교회는 다시금 성경으로 돌아가야 합니다. 그리고 성경을 읽고 묵상하고 곱씹고 되새김질해야 합니다. 그런 후에 성경을 덮습니다. 놀랍게도 성경을 덮는 순간 진정한 신앙의 여정이 시작되는 것입니다. 올해에는 한국 교회의 신자들이 성경이 내뿜고 있는 강력한 기상을 온 몸과 마음과 삶 속으로 흡입하고, 우리 앞에 먼저 천성을 향해 가신 선구자 예수 그리스도를 바라보고 정진한다면 더 바랄 것이 없습니다.

주님의 말씀으로 돌아가는 길만이 각종 분쟁과 다툼과 싸움으로 일그러지고 상처투성이가 된 한국 교회가 온전한 회복으로 가는 유일한 길입니다. "주님의 말씀은 우리가 가는 신앙의 순례길을 비춰 주는 영원한 등불이기 때문입니다."

13
아합 밑에서 오바댜로 산다는 것
악한 세상 살아내기

오바댜는 북이스라엘의 어리석은 왕 아합 왕 밑에서 궁내 대신을 지낸 인물입니다. 오바댜는 이스라엘 왕국에서 2인자였습니다. 한편 당시 이스라엘의 북쪽에는 페니키아 제국이 있었습니다. 페니키아 제국은 바알 종교의 본산이었습니다. 두로와 시돈은 페니키아 제국의 대표적 도시 국가들이었습니다. 아합은 페니키아 제국의 왕 엣바알의 딸 이세벨과 정략(政略)결혼을 합니다. 이렇게 하여 아합은 북이스라엘의 영적 지형도를 근본적으로 흔들어 놓은 아주 나쁜 사람이 되어 갔습니다. 아합 왕은 이스라엘의 여호와 신앙을 이교적 바알 신앙으로 바꾸어 놓은 장본인이었습니다. 바알 종교는 근본적으로 번영과 건강을 추구하는 자연주의 기복종교이며, 그래서 바알 종교를 보통 풍산(豐産) 종교라고 부릅니다. 현대적 용어로 표현하자면 '건강과 번영의 복음'(gospel of wealth and health)을 핵심적 신학 내용으로 갖고 있었던 종교였습니다. 아합은 바알 제사장들을 동원하여 여호와 신앙의 엘리야와 그의 제자 엘리사와의 대결을 서슴지 않았으며, 왕후 이세벨의 간교한 간청에 넘어가 선량한 시민 나봇의 포도원을 강탈한 악질적인 왕이었습니다(왕상 21장 참고).

그런 왕 아래서 오바댜는 궁내 대신을 하고 있었던 것입니다. 그러니 얼마나 힘들고 괴로웠겠습니까? 품 안에 지니고 있던 사직서를 하루에도 수없이 내려고 했을 것입니다. 아마 그에게는 심적 고민이 컸을 것입니다.

우리는 모순투성이의 세상에서 살면서 하나님을 경외하는 사람들의 전형을 오바댜에게서 발견할 수 있을 것입니다. 그는 매일같이 궁중에서 일어나는 더럽고 불의한 일들을 보면서 말할 수 없는 심적 고통을 느꼈을 것입니다. 이럴 경우 크리스천들이 취해야 할 태도는 어떠해야 합니까? 모형적으로 말하자면 세 가지 옵션이 가능합니다.

이민 가다!

첫째, 다른 나라로 이민을 떠나는 것입니다. 더 이상 악한 왕 아합 밑에서 살지 않으려면 이 길이 제일 수월한 선택일 것 같습니다. 그러나 곰곰이 생각해 보면 이 선택도 그 나름대로 더 큰 문제를 품고 있습니다. 어느 나라로 이민 갈 것인가 하는 것입니다. 사실 주변국을 둘러보아도 이민 갈 만한 마땅한 나라가 보이지 않는다는 것입니다. 이스라엘보다 더 악하면 악했지 덜한 나라가 없다는 사실입니다. 그러니 이 옵션은 접어야 할 것 같습니다.

우리가 사는 이 세상은 정말로 악합니다. 우리가 사는 이 시대는 정말로 악합니다. 약육강식(弱肉强食)의, 세상이며 정글의 법칙이 유통되는 통화입니다. 정의보다는 불의를 통해서만 성공의 정상에 오르기 십상인 모순투성이 세상입니다. 이런 악한 세상에서 크리스천들이 취해야 할 태도는 어떤 것입니까? 아마 제일 쉽게 떠오르는 옵션이 하루 속히 이 세상을 떠나는 것입니다. 그래서 종종 단순한 크리스천들은 하루 빨리 하나님 나라(천국)에 가고 싶다고 합니다. 이 썩어질 세상에 더 이상 있고 싶지 않다는 생각에 '저 천국'을 사모하고 바라봅니다. 이 세상이야 멸망할 세상이니 가능하면 빨리 세상을 탈출하고 싶다는 것입니다. 빨리 죽고 싶다는 것입니다. 그래야 주님을 만나 본다는 것입니다. 그런 사람에게 "오늘 빨리 천국으로 보내드릴까요?" 하면 펄쩍 뜁니다. 그래도 이 세상에서 더 살겠다는 것입니다. 얼마나 자기모순입니까? 많은 경우, 이런 사람들은 이원론적 사고방식의 신앙을 갖고 있습니다. 이 세상은 악하니 빨리 떠나야 할 곳이라고 합니다. 그들에게 이 세상은 존 번연(John Bunyan)의 『천로역정』에 나오는 장망성(將亡城, 장차 망할 성, city of destruction)입니다. 그러나 이것이 이 세상에 대한 성경적 가르침에 충실한 생각입니까? 어디선가 하나님께서 이렇게 말씀하지 않으셨습니까? "하나님이 세상을 이처럼 사랑하사 독생자를 주셨으니"(요 3:16)라고 말입니다. 아무리 썩고 불의하다 하더라도 이 세상은 아직도 구속받아야 할 하나님의 세상입니다. 그러니 악한 왕 아합이 다스리고 있다 하더라도 결코 이민 떠나야 할 나라는 아닙니다.

혁명을 꿈꾸라!

둘째 옵션은 악한 왕 아합을 제거하는 것입니다. 아합이 얼마나 못된 왕입니까? 여호와 신앙을 버리고 버젓이 바알 종교를 도입하고 바알 제사장들을 적극적으로 후원하는 왕이 아닙니까? 앞서 말한 것처럼, 나봇을 살해하고 그의 포도원을 왕실 재산으로 귀속시킨 악랄한 통치자가 아닙니까? 이런 왕 밑에서 2인자 자리에 앉아 있는 오바댜는 분명 고통스런 날들을 보내지 않았겠습니까? 아합을 제거하면 좀 더 평화로운 나라가 되지 않겠습니까? 그런데 이럴 경우 아합을 제거하려면 궁중 음모를 통해 혁명을 일으켜야 합니다. 무혈 쿠데타가 될지 유혈 쿠데타가 될지 아무도 모릅니다. 분명 피를 흘려야 함에 틀림없습니다.

어떤 크리스천들은 악한 왕 아합을 무력으로라도 제거해야 한다고 주장합니다. 한번은 본회퍼(Dietrich Bonhoeffer)가 이런 말을 했다고 합니다. "사람을 가득 태운 버스가 미친 듯이 거리를 질주합니다. 그 안에 여러분이 타고 있다고 합시다. 그런데 운전사가 미친놈입니다. 수많은 사람들의 목숨이 이 미친놈의 운전대에 달려 있습니다. 이럴 경우 여러분이라면 어떻게 하겠습니까? 미친 운전수가 계속 운전하도록 내버려둘 것입니까, 아니면 목숨을 걸고라도 운전수를 제거해야 합니까?" 그가 이런 말을 한 것은 미친 히틀러를 두고 한 말이라고 합니다. 히틀러는 600만 명이나 되는 유대인을 학살했습니다. 히틀러는 제2차 세계 대전을 일으킨 전범이었고 그로 인해 상상을 초월하는 수많은 사람들이 전쟁에서 목숨을 잃었습니다. 매우 극단적인 경우입니다. 본회퍼의 말은 결코 틀린 말은 아닙니다. 용기가 있다면 나라도 미친 운전수를 끄집어 내렸을 것입니다. 그래야만 합니다. 그러나 이런 경우는 매우 드문 경우일 것입니다.

비록 아합이 악하고 못된 왕이었다 하더라도 그는 히틀러와 같은 범주에는 들어가지 않을 것입니다. 오바댜의 이야기를 읽어 보면 아합은 국가적인 가뭄을 극복하기 위해 오바댜와 함께 전국을 순회하기도 합니다. 이런 것을 보아도 그는 혁명을 통해 제거되어야 할 인물은 아닌 것 같습니다. 그러므로 오바댜의 고민 해소 방법에서 아합을 제거하는 혁명 방법은 정당한 옵션은 아닌 것 같습니다. 오늘날 우리 크리스천들이 이 세상의 악에 대해—그것이 악덕 사업주이든, 못된 사장이든, 교묘한 울트라 수퍼 갑들이든—그 악이 개인적 악이든 구조적 악이든 상관없이 피를 흘리는 혁명을 통해서는 결코 해결이 될 수는 없을 것입니다. 칼은 또 다른 칼을 불러올 것이며, 피는 피를 불러오기 때문입니다.

한계 내에서 살라!

마지막 옵션은 한계 내에서 살아가는 법을 배우는 것입니다. 아합의 악정(惡政) 밑에서 2인자로 살아가는 경건한 오바댜는 자신의 신앙적 고민을 극복하는 방식으로 다른 나라로 이민 가는 방법도, 아합을 제거하는 혁명의 방법도 적절하지 않다는 사실을 알게 됩니다. 죽으나 사나 주어진 삶의 한계 내에서 살아가는 법을 배워야 하는 것입니다. 아합과 함께 살되 자신의 신앙의 길에서 벗어나지는 않아야 한다는 것이었습니다. 이것이야말로 앞의 두 가지 옵션보다 훨씬 어려운 일입니다. 악과 함께 살아가는 것은 마치 불치의 암에 걸린 사람이 암과 함께 살아가는 법을 배우는 것과 같습니다. 오바댜는 이 방식을 택했습니다. 그리고 이 방법으로 살아가는 사람은 하나님이 인간 역사의 궁극적 타(舵)를 잡고 있다고 믿는 '섭리 신앙'을 갖고 사는 사람입니다. 그는 혁명이 아니라 누룩과 같은 개혁을 믿는 사람입니다. 고통과 핍박을 감수하면서도 하나님의 나라가 반드시 이 악한 세상 속으로 돌입하고 있다는 것을 믿는 사람입니다. 그가 이런 인생관과 세계관을 갖게 된 것을 성경은 "오바댜는 여호와를 지극히 경외하는 자라"(왕상 18:3)는 말로 설명합니다. 그뿐 아니라 오바댜도 엘리야에게 자신의 삶을 간증하는 자리에서 이렇게 말한 적이 있습니다.

당신의 종은 어려서부터 여호와를 경외하는 자라(왕상 18:12).

그는 자신의 한계와 권한 내에서 그가 할 수 있는 일을 다 했습니다. 아합의 서슬 퍼런 여호와 선지자 박해 명령에도 불구하고 여호와의 선지자 백 명을 오십 명씩 나눠 광야의 굴속에 숨기고 매일같이 떡과 물을 공급해 주었습니다. 얼마나 위험천만한 작전이었겠습니까? 상당한 비용을 지불해야 했던 드라마틱한 작전이었습니다. 아합의 철저한 감시를 따돌리면서 펼쳐야만 했던 목숨 건 하나님의 일이었습니다. 발각이 되면 목숨을 부지할 수 없는 위험천만한 일이었습니다. 그는 자신의 힘과 권한과 한계 안에서 최선을 다해서 살았던 사람입니다. 그리고 그는 이 모든 일들을 이끌어 가시는 분이 하늘의 하나님이라는 것을 믿었습니다. 이것이 여호와를 경외하는 삶이었습니다. 그는 악한 왕 아합 밑에서 가장 선하게 사는 법을 우리에게 알려 준 경건한 크리스천이었던 것입니다. 오바댜! 그의 이름의 뜻은 '여호와의 종'입니다. 역시 그는 하나님을 제대로 섬기고 제대로 예배하는 경건한 사람이었습니다. 이름값을 하는 크리스천입니다. 그렇습니다. 참 크리스천들은 이 세상에 살지만 이 세상에 속하여 사는 사람들은 아닙니다. 오바댜 크리스천들이여! 힘을 내라! 용기를 잃지 말라. 끝까지 견디는(버티지 말고!) 자가 구원을 얻을 것이로다! 아멘. 참고로 이 글은 열왕기상 18장 1~19절을 읽은 후에 떠오른 단상이었습니다.

14
예기치 않은 방문

상속 문제로 아버지를 속이고 쌍둥이 형을 기만했던 치사하기 그지없는 인간, 양손에 무엇인가 움켜잡고 있지 않으면 허전해서 어쩔 줄 모르는 인간, 기어코 성공의 사닥다리 맨 위쪽에 걸터앉아야 속이 후련해지는 인간, '남이 어떻게 되든 내 알 바가 아니야'라고 내심 외치는 인간, 그래서 사람들은 그를 "야곱"이라 불렀습니다. 야곱이란 이름의 뜻은 '움켜잡다'입니다.

참으로 불쌍한 사람입니다. 왜 그러고 사는지 모르겠습니다. 그래도 그는 그렇게 사는 것이 인생이라 생각했을 것입니다. 마치 우리들이 그런 것처럼 말입니다. 그런 그가 어느 날 하나님을 만났습니다. 엄밀하게 말하자면 그가 하나님을 만난 것이 아니라, 하나님이 그를 만나러 나타나셨습니다. 그것도 꿈속에서 그를 찾아오신 것입니다. 하나님의 예기치 않은 방문이었습니다. 그리고 야곱의 일생은 하나님의 예기치 않은 방문으로 급선회하기 시작했습니다.

어떤 방문이기에 야곱의 일생의 전환점이 되었을까요? 치사한 집안의 도둑놈은 형의 분노의 칼을 피하여 도망자가 됩니다. 한 번도 가 보지 않은 머나먼 곳으로 도망합니다. 도망 중에 '한 곳'에 이릅니다. 낯선 곳 들판입니다. 뒤에서 두려움이 쫓아오고 앞에서도 두려움이 몰려옵니다. 과거의 수치심과 미래의 두려움이 낯선 곳 들판에서 하룻밤을 지내야 하는, 도망자인 나그네 야곱의 영혼을 무섭게 둘러싸고 있습니다. 그는 '아득한' 땅에 있었던 것입니다. 마치 훗날 그의 자손들이 애굽에서 탈출하여 나왔지만 그들의 앞길을 막고 있는 홍해 앞에서 망연자실하였던 것과 같았습니다. 바로가 말한대로 "그들이 그 땅에서 '아득하여'(멀리 떠나) 광야에 갇힌 바 되었다"(출 14:3)는 것입니다. 이처럼 야곱도 아득하여 광야에 갇혀 있게 된 것입니다. 수치스런 과거와 미래의 두려움에 둘러싸여 오도 가도 못할 처지에 놓이게 된 것입니다.

그날 밤에 하나님이 낯선 나그네에게 찾아오셨습니다. 꿈과 환상 가운데 하나님의 방문이 이루어진 것입니다. 왜 하나님께서 야곱을 찾아오셨습니까? 우리가 알고 있는 전통적인 하나님은 인과응보(因果應報)의 신이며, 심은 대로 거두게 하시는 하나님입니다. 그렇다면 야곱이 낯선 밤에 만난 하나님은 그런 하나님이어야 했습니다. 야곱이 저지른 나쁜 짓에 대해 반드시 처벌하러 오셔야 하는 그런 하나님이어야 했습니다. 그래야만 정의로운 하나님이 아니겠습니까? 야곱이 밤새도록 악몽에 시달리는 꿈을 꾸도록 해야 하는 것 아닙니까? 죄책감에 시달려 초췌해지도록 밤새 그를 들볶아야 하는 것 아닙니까? 그렇게 해서라도 회개하고 반성한 후에 다시 집으로 돌아가 아버지와 형에게 용서를 구해야 하는 것 아닙니까?

그런데 이게 웬 말입니까? 하나님께서 그런 치졸한 인간에게 상상을 초월하는 기막힌 환상을 보여 주시다니 말이 됩니까? 우주만큼이나 길고 긴 사닥다리가 하늘 꼭대기까지 닿았는데 그 위에서 천사들이 오르락내리락 하는 광경을 보여주신 것입니다. 게다가 사닥다리 맨 꼭대기 위에 계신 하나님께서 도무지 상상치도 못할 황홀한 약속까지 해 주신 것입니다.

"내가 너와 함께 있어 네가 어디로 가든지 너를 지키며 너를 이끌어 이 땅으로 돌아오게 할지라 내가 네게 허락한 것을 다 이루기까지 너를 떠나지 아니하리라 하신지라"(창 28:15)

이게 말이 되는 소리입니까? 어떻게 이럴 수가 있습니까? 어쨌든 하나님은 그런 하나님이었습니다. 우리의 예상과 기대와 전혀 다른 하나님이었습니다. 현란하기 그지없는 하늘 환상은 우리의 기존 생각의 틀을 완전히 부셔버리고 있습니다. 이때 야곱은 탄성(歎聲)을 지릅니다. 그렇습니다. 경탄과 탄성 외에 다른 방식으로는 반응할 수 없는 것이 하나님의 은혜입니다. 그는 하나님의 불가항력적 은혜에 대해 이렇게 소리를 질렀습니다.

야곱이 잠이 깨어 이르되 여호와께서 과연 여기 계시거늘 내가 알지 못하였도다 (창 28:16).

이곳이 어디입니까? 하나님이 계시다고 한 이곳이 어디입니까? 교회입니까? 성전입니까? 기도원입니까? 종교적 장소입니까? 영성 훈련 센터입니까? 24시 기도의 집입니까? 그 어느 곳도 아닙니다. 야곱이 과연 하나님께서 계시다고 한 그곳은 그럴듯한 장소가 아니었습니다. 그가 말하고 있는 '이곳'은 도망자의 신세로 불안한 심정을 가지고 긴 밤을 지새워야 하는 곳이었습니다. 그곳은 지금 중환자실일 수도, 가정 파탄의 벼랑일 수도, 사업 실패로 인한 도피자의 은둔지일 수도, 아득한 미래 때문에 눈물로 밤을 지새워야 하는 골방일 수도 있을 것입니다.

"정녕 하나님께서 이곳에 계십니다! 내가 이것을 알지 못했습니다."라는 야곱의 소스라치는 고백은 오랫동안 내 머리를 떠나지 않았습니다. 즉 하나님은 우리가 처해 있는 곳은 어디든지 그곳을 택하여 자기의 거주지로 삼아 사실 수 있다는 사실을 상기시켜주었기 때문입니다.

야곱은 베개를 삼았던 돌을 세워 제단을 쌓고 그곳을 성소(聖所, sanctuary)로 삼았습니다. 장차 이곳을 지나는 외로운 나그네들에게 남겨두어 그들로 이곳이 거룩한 곳, 하나님이 거하시는 장소임을 알게 하려 했을 것입니다. 거친 들판에 세워진 초라한 돌기둥이 벧엘(하나님의집)이 된 것은 야곱처럼 그곳을 지나야만 했던 후대의 야곱(사람)들로 하여금, 야곱이 말했던 '이곳'이 어디든 하나님이 그곳에 우리와 함께 계시다는 것을 알게 하려는 것입니다. 오늘 우리가 어디에 있을지라도, 자신이 너무 멀리 도망해 왔다고 생각하고 있는 곳일지라도 말입니다.

하나님의 예기치 않은 방문은 현란한 복음이며, 은혜의 정수인 것입니다. 그리고 현란한 복음, 거절할 수 없는 은혜에 격정적으로 반응하고 응답하는 것이 예배입니다. 하나님의 집(벧엘)은 그렇게 시작되었습니다. 하나님의 방문, 유감(有感)입니다. 참고로 창세기 28장을 읽어 보십시오.

15
하나님의 동역자들?

    히브리어에서도 그렇고 헬라어에서도 그렇고 한글에서도 그렇듯이 '소유격 문구'는 조심스레 해석해야 합니다. 한 가지 예를 들어보겠습니다.

    초대교회 당시 교회 내 분쟁과 분파로 몸살을 앓고 있었던 대표적 교회가 고린도교회였습니다. 교회 내에 일종의 주도권 싸움이 있었습니다. 자연히 교인들은 자기들의 성향과 취향에 맞는 지도자를 중심으로 갈라졌습니다. 베드로를 추종하는 사람들, 바울을 추종하는 사람들, 아볼로 따르는 사람들 등으로 나눠졌습니다. 그래서 사도 바울은 고린도전서 3장 9절에서 다음과 같이 말합니다.

    우리는 하나님의 동역자들이요, 너희는 하나님의 밭이요, 하나님의 집이니라.

    앞의 문맥(1-8절)을 살펴보면 여기서 말하는 '우리'는 바울과 아볼로가 분명합니다. 그리고 '너희'는 고린도교회의 교인들을 가리킵니다.

    문제는 '우리는 하나님의 동역자'라는 문구에 있습니다. 대부분의 사람들은 아무런 생각 없이 바울과 아볼로를 하나님과 함께 일하는 사람(co-worker)으로 생각합니다. 달리 말해 바울과 아볼로는 하나님을 도와 하나님과 함께 하나님의 일을 하는 사람이라고 생각한다는 것입니다. 그러나 이것은 완전히 잘못된 이해입니다. 이유는 다음과 같습니다.

인용문에서 '하나님의 동역자들'은 '하나님의 밭'과 '하나님의 집'과 함께 문법적으로 나란히 병렬적으로 사용되고 있습니다. 세 문구는 모두 소유격 구문입니다. 그리고 소유격을 나타내는 '~의'(of)는 모두 주격소유격으로 해석해야 한다는 것입니다. 즉, 하나님께서 소유하고 있는 동역자들, 하나님께서 소유하고 있는 밭, 하나님께서 소유하고 있는 집이란 말입니다. '동역자들', '밭', '집' 모두 하나님의 소유물입니다. 그러므로 '하나님의 동역자들'은 하나님과 함께 일하는 사람들이라는 뜻이 아니라, 하나님의 소유물이라는 뜻입니다. 하나님께서 시키시는 일(복음전도사역)을 바울과 아볼로는 힘을 합쳐 동지애를 갖고 동역하는 마음으로 함께 일하는 사람들이라는 말입니다. 따라서 여기서 '동역자들'이란 용어는 바울과 아볼로가 서로 함께 일하는 자들이라는 뜻이지, 그들이 하나님과 함께 일하는 동역자들이라는 뜻은 아니라는 말입니다. 물론 그들은 하나님께 속한 종과 하인들이니 하나님의 일을 충성스럽게 해야 하는 자들임에는 틀림없습니다.

교회는 특정한 사람들을 중심으로 파당을 짓거나 분열하면 안 됩니다. 목사파, 장로파, 권사파, 설립자파, 지식인파, 봉사파, 노래파 등등 자기들의 성향에 따라서 파당을 짓는 일은 그리스도의 몸을 자르고 상처 내고 죽이는 일입니다. 무슨 바울파가 있고, 무슨 아볼로파가 있단 말입니까? 무슨 전라도 사람들만 모이는 교회가 있으며, 경상도 사람들만 모이는 교회가 있단 말입니까? 교회는 지연과 학연과 신분상으로 갈라지거나 나뉘어서는 안 됩니다. 그리고 보니 하나님의 동역자라는 문구를 설명하다가 잠시 곁길로 갔습니다.

　다시 오늘의 주제로 돌아오자면, 혹시 성경을 읽다가 '소유격 표현'을 만나거든 반드시 물어보십시오. 주격소유격인가 목적소유격인가 아니면 동격소유격인가 아니면 형용사적 소유격인가 하고 말입니다. 특별히 구약에서는 예언서와 시편에, 신약에서는 서신서(특히 바울서신)에 많이 사용됩니다. 공통점은 모두 이야기체가 아닌 경우입니다. 소유격 문구를 잘 이해하면 본문의 의미를 파악하는 데 많은 도움이 될 것입니다.

16
시편과 내비게이션 그리고 크로커스

요즘 출시되는 대부분의 차량에는 내비게이션(Navigation)이 장착되어 있습니다. 영어나 독일어, 프랑스어로 'Navigation'은 "배의 항해나 비행기의 비행"을 가리키는 단어입니다. 한국어로 내비게이션은 "지도를 보이거나 지름길을 찾아 주어 자동차 운전을 도와주는 장치나 프로그램"입니다. 새로운 주소를 찾아가기 위해 우리는 종종 내비게이션(Navigation)을 사용합니다. 내비게이션과 구약의 기도가 관련이 있다고 한다면 지나친 연결일까요? 그러나 그렇지 않습니다. 들어보기 바랍니다.

구약의 대표적 기도문이라면 "시편"이 떠오를 것입니다. 시편은 수많은 기도와 찬양을 모아 둔 '기도와 찬양집'입니다. 특별히 시편의 기도문들을 자세히 살펴보면 크게 세 가지 유형으로 나눌 수 있습니다. 첫째로, 모든 것이 평온할 때 하나님께 드리는 찬양이 있습니다. 일들이 잘되어 갑니다. 순풍에 돛을 단 배처럼 순항합니다. 인간관계도 좋습니다. 건강도 좋습니다. 사업도 잘되어 갑니다. 자녀들의 앞길도 잘 풀려 갑니다. 그러나 둘째 단계가 있습니다. 이 경우는 갑작스레 예기치 못한 어려운 일들을 만나게 될 때입니다. 혼미해지고 혼란스럽습니다. 멘붕(멘탈 붕괴)에 빠지게 됩니다. 모든 것이 캄캄하고 어둡습니다. 길을 잃어버린 미아의 심정입니다. 죽을 것만 같습니다. 이때는 어찌할 바를 모르고 큰 소리를 내어 울부짖습니다. 세 번째 단계가 있습니다. 다시 정신을 차리게 되는 경우입니다. 새로운 힘을 얻고 다시 트랙 위로 올라가 달립니다.

미국의 저명한 구약학자인 월터 부르그만(Walter Brueggemann) 박사는 이상의 세 가지로 시편의 기도문들을 분류할 수 있다고 주장한 바 있습니다. 영어로 그는 이 세 단계를 'orientation, disorientation, reorientation'이란 용어를 사용합니다. 이 단어를 어떻게 이해하고 번역하면 좋을까요? 좋은 방법이 바로 위에서 말한 내비게이션(Navigation)과 연관을 짓는 것입니다.

내비게이션을 작동할 때 제일 먼저 하는 일이 목적지를 설정하는 것입니다. 일종의 '방향설정' 혹은 '경로설정'입니다. 이것을 영어로 'orientation'이라고 부르는 것입니다. 오리엔테이션이란 방향설정이며 경로설정입니다. 대학에 입학한 새내기들을 위해 오리엔테이션이 있습니다. 일명 오티(OT)라고 부릅니다. 앞으로 4년 동안의 대학생활을 어떻게 해야 할지 그들에게 '방향설정'을 해 주는 것이 오리엔테이션입니다. 일단 방향설정을 하고 나면 모든 것이 순조롭게 운행됩니다. 순풍에 돛을 달고 순항하는 배와 같습니다. 아니면 비행기 조종사가 자동항법장치에 따라 일정한 고도와 속도를 설정해 놓고 비행이 시작되는 것과 같습니다. 이것이 오리엔테이션입니다. 오리엔테이션에 속한 기도는 대부분 찬양이며 감사입니다. 푸른 하늘을 보면서 마음 깊은 곳에서 용솟음치는 기쁨이 흘러나옵니다. 친구를 만나도 즐겁고 행복합니다.

그런데 운전을 하다가 내비게이션에서 눈을 떼고 한눈 팔다가 길을 놓치거나 잘못 들어서는 경우가 있습니다. 경로를 이탈하면서부터 방향 감각을 상실하고 정신이 혼미하여 갈피를 잡지 못하게 됩니다. 이것을 'disorientation'이라 합니다. 디스오리엔테이션을 내비게이션 용어로 번역하자면 '방향감각상실'입니다. 따라서 '혼미, 혼돈, 멘붕'이라 할 수 있습니다. 항해 용어로 바꾸어 말하자면 폭풍과 풍랑 때문에 항로를 이탈하게 된 것입니다. 혼미하고 혼란스럽고 혼돈한 상태에 멘붕 현상이 오게 됩니다. 고공비행하던 비행기가 갑자기 난기류를 만나 심하게 흔들리고 풍전등화처럼 혼미하게 됩니다. 그러나 놀라운 사실은 이런 단계에서 기도는 비로소 제대로 된 '동력'을 얻게 되는 것입니다. 탄식하고 애걸하고 소리치고 눈물 흘리게 됩니다. 낮이면 낮마다 밤이면 밤마다 눈물로 침대를 적십니다. 눈물이 영혼의 양식이 되는 때입니다. 마치 여리고의 걸인 바디매오처럼 "다윗의 자손 예수여, 나를 불쌍히 여기소서!"(막 10:47)라고 울부짖는 시간입니다. 어쨌든 경로에서 벗어날 때, 그래서 모든 것이 혼란스럽고 혼미하여 어찌할 바를 모를 때, 기도는 비로소 기도가 되는 것입니다. 시편의 탄식시가 시작되는 순간입니다.

길에서 벗어나 헤맬 때 내비게이션이 묻습니다. "경로를 재설정하시겠습니까?" "길을 다시 찾으시겠습니까?"라고 묻습니다. 그리고 방향을 재설정하게 됩니다. 이것을 'reorientation'이라 합니다. '방향 재설정', 혹은 '방향전환', '궤도 재진입'입니다. 트랙 위로 재진입하는 과정입니다. 이때는 고마움과 감사로 눈물을 흘리며 순항을 계속하게 되는 것입니다.

이처럼 우리의 삶도 이 세 가지 경우를 거치게 됩니다.

- orientation(방향설정, 순풍에 항해)
- disorientation(방향감각상실, 폭풍과 풍랑으로 인한 혼미와 혼돈)

• reorientation(방향 재설정, 잠잠해지고 다시 운항)

여러분은 지금 어느 상태에 있습니까? 아마 많은 사람들이 두 번째 유형에 속할지 모릅니다. 그러나 절망하지 마십시오. 그때야말로 하나님께 가장 가까이 나아갈 기회입니다. 신앙은 혼돈과 의심과 혼미 속에서 잉태되기 때문입니다. 네덜란드에는 이른 봄이 되면 여기저기에 피어나는 꽃이 있습니다. 크로커스(crocus)라는 꽃입니다. 크로커스는 봄의 도래를 알리는 보라색 전령입니다 신앙은 절망 속에서 피어나는 '크로커스'입니다.

17
모든 것을 다 할 수 있다고?

· 내게 능력 주시는 자 안에서 내가 모든 것을 할 수 있느니라(빌 4:13).

지난 몇 십 년 동안 한국 교회에서 가장 잘 팔리는 종교 상표들이 있습니다. '적극적 사고', '가능성 개발', '기복 신앙', '긍정의 힘', '삼박자 구원', '건강과 번영과 복음' 등이 있습니다. 이것들 중 어떤 것들은 외국에서 수입해서 들여온 것들이 또 어떤 것들은 재래종이기도 합니다. 그런데 이들 모두의 공통점은 예수님을 믿으면 잘 먹고 잘 살고 행복해진다는 것입니다.

이런 풍조가 교회에 깊게 영향을 미치게 된 것을 사회학적으로 설명할 수 있습니다. 6.25전쟁 이후 우리나라는 전쟁으로 폐허가 된 사회와 국가를 재건하고 복구해야만 했습니다. 민주주의도 확립이 안 된 상태에서 가난에서 벗어나기 위해 온갖 몸부림을 쳐야 했습니다. 6.25전쟁이 끝난 지 채 10년도 안 되어서 5.16군사 쿠데타가 일어났고, 쿠데타로 정권을 잡은 박정희 정권은 "잘사는 조국 건설"을 표방하며 경제 부흥에 총력을 기울였습니다. 경제 성장을 무엇보다 우선시하면서 여러 차례 경제개발계획을 시도했습니다. 민주주의와 같은 국가적 중요 가치는 언제나 경제발전 계획의 뒷전으로 밀려났습니다. 먼저 잘 먹고 잘살아야 그 후에 인권과 같은 민주주의 가치를 논할 수 있다는 철학이었습니다. 어쨌든 이른 아침이 되면 전국 어디서든지 "새마을 노래"가 들려왔습니다. 개발독재시대의 이른 아침 마을 풍경이었습니다. 개발은 곧 경제적 발전을 의미했고, 사람들은 "잘 살아 보세~"라는 노래에 맞춰 성공을 꿈꾸기 시작했습니다.

1970년대는 국가 발전과 함께 한국 기독교회의 부흥기였습니다. 여의도에서 열린 빌리 그래함(Billy Graham) 전도 집회(1973년)는 100만 명을 동원하였고, 고(故) 김준곤 목사가 이끌었던 대학생선교회(CCC) 역시 "그리스도의 푸른 계절이 오게 하자"라는 구호를 내세우며 30만여 명을 동원하는 대중 집회(엑스플로 74)를 열었습니다. 교회마다 전도 열기가 뜨거웠고 수적 부흥은 현저했습니다. 이러한 과정에서 사람들의 마음에는 "하면 된다"는 생각이 각인되기 시작했습니다. 물론 미국에서 들여온 놀만 빈센트 필(Norman Vincent Pearel) 박사의 '적극적 생각', 그의 정신적 후계자인 로버트 슐러 목사의 '잠재적 능력에 대한 생각', 그리고 풀러 신학교의 도날드 맥가브란(Donald Anderson McGavran) 교수의 '교회 성장학파'의 영향력은 대단했습니다.

당시에 교회에서 흔히 사용되던 말 중에 "'할 수 있거든'이란 말이 무슨 말이냐?"는 말이 있었습니다. "할 수 있거든"이란 말은 신앙인에게는 적합하지 않는 문구라는 뜻이었습니다. 달리 말해 조금의 의심이라도 들어 있는 확신은 믿음이 있는 사람들에게는 온당치 않는 말이라는 뜻이었습니다. 이런 분위기 가운데서 즐겨 인용되었던 성경 구절이 바로 "내게 능력 주시는 자 안에서 내가 모든 것을 할 수 있느니라"(빌 4:13)는 말씀이었습니다. 신앙지상주의자들에게는 이 문구의 앞 구절("내게 능력 주시는 자 안에서")은 형식적으로만 따라 붙어 있는 구절이었지 실제로는 없어도 관계없는 문구였습니다. 그들에게 중요한 구절은 "내가 모든 것을 할 수 있다!"는 확신에 찬 외침이었습니다. 이렇게 하여 슬프게도 이 구절은 한국 교회에서 가장 잘못 사용되는 성경 구절의 표본이 되었습니다.

그러나 이 구절이 들어 있는 전후문맥만 조금만 살펴봐도 이 구절이 단순히 "하면 된다!"는 긍정적 사고방식을 지원하는 구절이 아니라는 사실을 발견하게 됩니다. 오히려 이 구절은 '긍정의 힘', '적극적 사고방식'과 같은 매우 인본주의적인 생각을 강력하게 물리치는 구절입니다.

사도 바울은 그의 생애의 말년에 로마의 감옥에 갇혀 있었습니다. 그곳에서 바울은 자신의 과거를 되돌아볼 수 있는 시간을 갖게 됩니다. 여러 해 전 어느 날인가 그리스의 빌립보 지역에서 만났던 몇몇 여성 신자(루디아를 포함하여)들에게 설교했던 사건을 떠올렸습니다. 그렇게 해서 탄생한 것이 빌립보교회였습니다. 아마 바울은 로마의 옥중에서 빌립보에서 섬유 무역업을 하던 루디아 권사님의 주소로 편지를 보내지 않았을까 추측합니다. 그 편지에서 사도 바울은 자신의 삶의 여정을 뒤돌아보면서 담담한 심정으로 이렇게 고백합니다.

> 내가 궁핍하므로 말하는 것이 아니니라 어떠한 형편에든지 나는 자족하기를 배웠노니 나는 비천에 처할 줄도 알고 풍부에 처할 줄도 알아 모든 일 곧 배부름과 배고픔과 풍부와 궁핍에도 처할 줄 아는 일체의 비결을 배웠노라(빌 4:11-12).

그가 살아왔던 삶의 비밀이 무엇이라는 말입니까? '자족'(content)하는 것이라는 고백입니다. 그런데 그런 자족(自足)이 어떻게 가능했다는 말입니까? 이런 질문에 대해 바울은 다음과 같은 말로 스스로에게 대답합니다.

"내게 능력 주시는 자 안에서 내가 모든 것을 할 수 있느니라!"

보다시피 바울이 "내가 모든 것을 할 수 있다"고 했을 때의 '모든 것'은 분명히 앞에서 말하고 있는 '모든 형편과 처지'를 가리킵니다. 가난하든 잘살든, 건강하든 병들든, 즐거울 때든 슬플 때든, 어떤 형편과 어떤 처지에도 자족하며 복음을 전파할 수 있었던 것이 그에게는 '모든 것'이었습니다. 그리고 모든 역경과 난관과 시련의 기간들을 넉넉히 이겨 나갈 수 있었던 것은 전적으로 하나님의 은혜였다고 고백하는 것입니다. 달리 말해 그런 난관과 역경을 이겨낼 수 있는 힘과 능력을 주신 분은 다름 아닌 내게 능력 주시는 하나님이었고 그 하나님의 은혜였다는 고백입니다.

그러므로 이 구절("내가 모든 것을 할 수 있느니라")을 자기 확신이나 자기 긍정을 부추기는 구호로 전락시키지 마십시오. 이 구절은 하나님의 은혜에 대한 숭고한 신앙고백입니다.

18
만나: 이게 뭡니까?

　기적적으로 갈라진 홍해를 가로질러 건너간 후에, 이스라엘 사람들은 홍해 언덕에 서서 하나님께 격정적인 찬양의 노래를 불렀습니다. 일명 "모세의 노래"(출 15:1–18)로 알려진 찬양으로, 모세가 이스라엘 사람들에게 가르쳐 부르게 한 찬양이었습니다. 홍해를 건넌 이스라엘 군중들은 모세의 가르침에 따라 기적을 베푸사 강한 손과 편 팔로 이스라엘을 홍해의 물속에서 건져내신 하나님을 소리 높여 찬양하였습니다. 평생 잊지 못할 감격의 순간이었을 것입니다. 아론의 누이 미리암이 손에 탬버린을 들자 모든 여인들도 탬버린을 들고 흥에 겨워 춤을 추며 "모세의 노래"에 화답하였습니다. 그러나 이러한 찬양과 감사의 축제도 그리 길지 못했습니다. 며칠 가지 못해 그들은 척박한 광야 현실에 직면하게 되었기 때문입니다. 광야의 행군은 목마름과 배고픔을 동반하였고 지도자 모세에 대해 불평과 불만의 말들이 사방에서 빗발치듯 쏟아지기 시작하였습니다. 물 부족으로 인한 불만이 간신히 '마라'('쓴 맛'이란 의미)라는 곳에서 물을 발견하면서 잠시 가라앉는 듯했지만, 물이 얼마나 쓴지 도무지 마실 수가 없었습니다. 하나님께서 다시 자그만 기적을 베푸시면서 모세에게 나무 조각을 물에 던지라고 하자 곧 물이 달게 되었습니다.

　문제는 척박한 광야에서 생존하는 것이었습니다. 밭도 논도 없고, 곡물상도 가게도 없는 황량한 광야에서 먹을 양식을 찾는 것은 불가능 그 자체였습니다. 하나님의 지속적인 기적이 없이는 이스라엘 사람들의 40년간의 광야 여정은 파멸로 끝장을 보게 되었을 것입니다. 배고픔과 굶주림으로 허덕이게 되자, 사람들은 모세와 아론을 향하여 대들기 시작하였습니다. "왜 우리를 광야로 끌고 나와 굶어 죽이려 하느냐?"는 것이었습니다. "우리에겐 자유고 독립이고 뭐고 다 필요 없다. 먹을 것만 있으면 된다"는 식이었습니다. 그때 하나님은 모세를 통해 이렇게 말씀하셨습니다.

> 그 때에 여호와께서 모세에게 이르시되 보라 내가 너희를 위하여 하늘에서 양식을 비 같이 내리리니 백성이 나가서 일용할 것을 날마다 거둘 것이라 이같이 하여 그들이 내 율법을 준행하나 아니하나 내가 시험하리라(16:4).

그리고 하나님은 매 금요일 아침에는 두 배로 양식을 내려겠다고 약속하였습니다. 안식일에 양식을 거두려 수고하지 않게 하기 위해서였습니다.

그다음 날 아침, 이스라엘인들이 진을 치고 있던 곳에 이슬이 내렸습니다. 이슬이 마른 후에 "지면에 작고 둥글며 서리같이 가는 것"(출 16:14)이 남아 있었습니다. 이상히 여긴 이스라엘 사람들이 서로에게 물었습니다. "만-후?"("이것이 무엇인가?", 이 히브리어 '만-후'에서 지금 우리가 사용하는 '만나'라는 단어가 나온 것입니다) 모세는 그것이 하나님께서 그들에게 약속했던 양식이라고 설명했습니다.

그때부터 이스라엘 사람들이 가나안에 들어가 그 땅의 식물을 먹을 때까지 만나는 하루도 거르지 않고 매일같이 하늘에서 내렸습니다(수 5:12 참고). 광야에서 하늘의 양식을 먹었던 것입니다. 천사의 음식을 먹었던 것입니다.

만나는 기적적인 하늘의 양식이었습니다. 첫째로, 만나는 매일 하늘에서 내렸고 안식일을 제외하고는 40년 동안 하루도 거르지 않고 내렸습니다. 둘째로, 이스라엘 각 사람에게 필요한 만큼 더도 말고 덜도 말고 꼭 맞는 양의 만나가 공급되었습니다. 그래서 자기 가족의 양보다 더 많이 거두어들인 사람들은 거둔 만나의 양이 줄어드는 것을 발견하게 되었고 적게 거둔 사람도 결코 부족함이 없었다는 것입니다. 셋째로, 과욕 때문에 정해진 양보다 더 많이 거둔 만나는 밤사이 냄새가 나고 상하게 되었고 좀 벌레 같은 것이 생겼습니다(출 16:20 참고). 그러나 하나님의 명령에 따라 보통 때보다 두 배나 거둔 금요일의 만나는 안식일에도 신선했습니다.

성경에 따르면, 만나는 깟씨처럼 보였는데 모양은 흰 색깔에 맛은 꿀에 묻힌 과자와 같았습니다(출 16:31 참고). 이스라엘 사람들은 다양한 방식으로 만나를 요리해서 먹는 법을 배우게 됩니다. 맷돌에 갈기도 하고 절구에 찧기도 하며 솥에 삶기도 하여 과자를 만들었으니 그 맛이 기름 섞은 과자 맛 같았습니다.

만나를 먹는 얼마 동안 이스라엘 사람들은 너무도 행복했습니다. 먹을 것을 구할 수 없는 광야에서 매일같이 먹을 것을 공급받는다는 사실에 행복감을 느꼈습니다. 게다가 생전 처음 먹어 보는 만나의 맛은 어떻게 표현할 수가 없었습니다. 그러나 시간이 흐르면서 만나가 지겨워졌습니다. 문득 옛날 애굽에서 살면서 먹었던 음식들이 생각났습니다.

누가 우리에게 고기를 주어 먹게 하랴? 우리가 애굽에 있을 때에는 값없이 생선과 오이와 참외와 부추와 파와 마늘들을 먹은 것이 생각나거늘 이제는 우리의 기력이 다하여 이 만나 외에는 보이는 것이 아무것도 없도다(민 11:4-6).

이렇게 이스라엘 사람들은 지속적으로 징징대고 푸념을 늘어놓았습니다. 매일같이 똑같은 맛의 만나를 먹다 보니 지겨워졌다는 것은 어느 정도 이해할 만했지만, 그래도 그렇지 더 이상 노예가 아니게 되었다는 사실에 그리고 비록 광야에서 떠돌이 생활을 하기는 하지만 먹을 양식이 풍족하다는 사실에 감사할 줄 모르는 사람이 되었다는 것은 참으로 안타까운 일입니다. 감사를 잃어버리기 시작하면서 삶의 불행과 비극의 그림자가 깊게 드리우기 시작하는 것입니다.

계속적인 그들의 불평과 불만은 마침내 하나님을 몹시 화나게 하였습니다. 게다가 모세 역시 감사할 줄 모르는 이런 인간들을 이끌고 광야 길을 가야 하는 일에 절망하였습니다. 그래서 모세는 하나님을 향해 가장 침통하고 어두운 기도를 드리게 됩니다.

주께서 내게 이같이 행하실진대 구하옵나니 내게 은혜를 베푸사 즉시 나를 죽여 내가 고난 당함을 내가 보지 않게 하옵소서(민 11:15).

분노하신 하나님은 만나를 지겨워하며 고기를 달라고 짜증내는 한심한 이스라엘 사람들의 요구를 제대로 갚아 주시기로 결심하셨습니다. "그래, 고기를 먹고 싶다고? 고기를 실컷 먹여 주마. 내일 고기 먹기를 기다리라. 너희가 울며 이르기를 '누가 우리에게 고기를 주어서 먹게 하랴? 애굽에 있을 때가 우리에게 좋았다 하는 말이 내게 들렸으므로 내가 너희에게 고기를 주어서 먹게 하리라. 하루나 이틀이나 닷새나 열흘이나 스무 날만 먹을 뿐 아니라 냄새도

싫어하기까지 한 달 동안 먹게 해 주리라"(민 11:18-20 참고) 구역질이 나기까지 그들에게 고기를 먹이신 것입니다.

그 후로 이스라엘 사람들은 찍소리도 못하고 만나를 먹었습니다. 물론 무슨 마음으로 먹었는지는 아무도 모릅니다. 자신들의 불평과 불만을 회개하고 다시금 하나님께 감사하며 만나를 먹은 사람들도 있겠지만, 속으로 계속해서 짜증을 내며 마지못해 만나를 먹은 사람들도 있었을 것입니다. 우리들의 이야기를 듣는 듯합니다.

19
신학박사 학위 표기

신학대학원에서 일하다 보니 학생들의 향학열이 대단하다는 것을 알게 되었습니다. 특별히 배움에 대한 열정은 종종 나이 든 학생들의 경우가 더 많습니다. 철이 들었다고나 할까? 늦바람이 난 셈입니다. 뭔가를 알아가는 즐거움, 발견의 즐거움, 그리고 놓았던 공부를 다시 하게 되었다는 설렘으로 늦은 밤까지 머리를 싸매고서 대학생 자녀들과 함께 경쟁하며 공부합니다.

신학 분야에서 가장 힘들고 고단하지만, 가장 중요한 과정이 목회학 석사(M.Div)과정입니다. 보통 3년인데 신학 전반을 다 배우는 과정이므로, 신학으로는 학부과정에 해당합니다. 이미 대학을 마치고 신학대학원에 들어왔기 때문에 석사학위를 수여하기는 하지만 신학으로는 학부과정의 고단한 단계입니다. 신학의 기초를 놓는 아주 중요한 과정입니다. 신학의 다양한 분야를 다 섭렵해야 하니 3년도 짧습니다. 구약학 · 신약학 · 조직신학 · 교회역사를 비롯하여, 실천신학 분야의 예배 · 설교 · 교회교육 · 목회상담 · 선교 등 이외에도 배울 것이 너무 많습니다. 이렇게 3년을 공부하면 비로소 목회자가 될 수 있는 기본적 틀을 갖추게 되었다는 뜻입니다. 물론 제대로 성실하게 이 과정을 마쳤다는 것을 전제로 합니다. 개인적으로 나는 내가 이수한 M.Div과정을 가장 자랑스럽게 생각합니다. 기초와 골격과 틀을 세우는 과정이기 때문입니다. 이것이 허술한 사람들은 그 이상의 학위를 덕지덕지 많이 붙여도 모래 위에 세운 집과 같습니다. 그러하기에 특별히 한국에서 각 신학대학원은 M.Div과정을 철저하게 교육시켜야 한다고 생각합니다.

내가 생각할 때 목회학 석사(M.Div) 이상의 학위는 목회할 때 필수적이지 않습니다. 그런데 요즘 많은 학생들이 목회학 석사 이상의 학위 프로그램에 진학하려고 합니다. 배움에 대한 열정은 다시금 찬사 받아야 합니다. 그런데 선생으로서 걱정스러울 때가 많습니다. 신학석사(Th.M)나 신학박사(Ph.D&Th.D)의 학비가 만만치 않기 때문입니다. 물론 재정적 능력이 있어서 공부를 더 하겠다고 하면야 말릴 이유는 없지만, 그래도 선생으로서 제자들에 대한 미안함이 있기 때문입니다. 그래도 하겠다면 할 수 없는 것입니다.

재정적 문제는 차치하고서라도 지적 연구능력의 문제는 그대로 남아 있습니다. 박사학위 프로그램에 들어가겠다는 것은 전공하려는 분야의 특정한 주제를 심도 있게 파고들어 다른 사람들이 가지 않은 길로 들어서겠다는 뜻이기 때문입니다. 열정적이고도 치밀한 학문적·지적 추구심이 없이는 가지 않는 것이 좋을 것입니다. 단순히 강의만 듣는 것이 아니라 나름 전공 분야의 학문적 방법론을 터득하고 그에 따라 연구할 수 있는 능력을 가졌느냐를 점검해야 합니다. 이것이 아카데믹 학위(Academic degree)입니다. 그렇지 못할 경우에는 좀 더 실용적이고 실제적인 전문가 학위(Professional degree)를 시도하는 것이 좋으리라 생각합니다. 아카데믹 학위는 특정 분야에서 학문적 업적을 남기고 교수 요원으로서 한평생 그 길로 걸어가려는 사람들에게 필요한 학위입니다. 배움 자체가 좋아서 공부하겠다면야 누가 뭐라지 않겠지만, 교수나 전문적 학자가 될 생각이 없다면 굳이 아카데믹 학위 프로그램에 진학할 이유는 없다고 봅니다.

신학의 경우를 놓고 보자면, 목회학 석사를 마친 사람들에게 굳이 상급 학위 프로그램을 추천한다면 나는 전문가 학위 프로그램을 추천합니다. 목회학 석사를 마친 학생들은 바로 목회 현장에 나가서 일하는 것이 옳다고 보지만, 혹시라도 목회 사역을 위해 더 공부하겠다면 전문가 학위 프로그램을 추천한다는 말입니다. 신학에서 아카데믹 학위는 종종 영어로 Ph.D학위를 수여하고, 전문가 학위는 종종 Th.D학위를 수여합니다. 이런 학위 구분은 영어권, 특히 미국식 전통입니다. Ph.D는 'Doctor of Philosophy'의 약어인데 문자적 번역은 '철학박사'입니다. 그러나 그런 뜻은 아닙니다! Ph.D는 박사에 대한 일반적 호칭(generic term)일 뿐입니다. 따라서 Ph.D는 한국어로 학문적 '박사'라는 뜻일 뿐입니다. 이것을 '철학박사'라고 하는 것은 무지의 소치입니다. 예를 들어, 생물학으로 박사를 취득했을 경우 'Ph.D in Biology'라고 하고 종교학으로 박사를 취득한 경우도 'Ph.D in Religion'이라고 합니다. 따라서 누군가 Ph.D를 취득했다면 그저 '박사'가 되었다는 뜻이고, 그가 전공한 분야의 박사라는 뜻입니다.

한편 미국식 전통으로 Th.D가 있습니다. 말 그대로 'Doctor of Theology'입니다. 신학박사입니다. 매우 구체적인 학위 명칭입니다. 그런데 미국에서는 많은 경우 이 학위가 신학 분야의 전문 학위입니다. 예를 들어, 하버드 신학대학원에서 전문 분야로 학위를 했을 경우 Th.D를 수여합니다. 그러나 그렇다고 그 학위가 다른 대학에서 수여하는 Ph.D보다 낮다는 말은 아닙니다. 오히려 더 쳐줍니다. 하버드 학위이기 때문입니다. 매우 학문적인 학위입니다. 한편 미국에서는 일반적으로 Th.D는 전공 분야를 하나만 하는 것이 아니라 다른 분야와 접목시켜서 융합적으로 공부하게 하는 경우가 많습니다. 예를 들어, 구약이나 신약이나 조직신학을 실천신학과 함께 연결하여 박사학위 논문을 쓰면 Th.D를 수여합니다. 어찌 보면 한 분야만을 파고 들었다는 뜻에서 Ph.D 는 아니지만 두 학문간 융합을 했기 때문에 Th.D를 수여하는 것입니다. 어쨌든 한국에서는 미국식 학제의 과도한 영향 때문에 Th.D를 Ph.D보다 낮게 평가하는 경향이 많습니다.

그러나 유럽으로 가면(남아공도 포함) 상황은 전혀 달라집니다. 유럽에서는 Th.D를 Ph.D보다 더 상위 학위처럼 높게 평가합니다. 매우 위엄이 있는 학위입니다. Th.D는 말 그대로 신학박사입니다. 하나님에 관한 학문을 전공해서 받은 학위니 얼마나 압권입니까! 한편 유럽에서는 Ph.D는 말 그대로 '철학박사'입니다. 특정한 학문 분야인 철학을 전공해서 박사학위를 받았다는 뜻입니다. 영미권에서 Ph.D가 일반적인 의미의 '학문박사'라는 뜻이라면, 유럽에서 Ph.D는 말 그대로 '철학박사'입니다. 반면에 유럽에서 Th.D는 신학을 학문적으로 심도 있게 공부하여 취득한 학위를 뜻하며, 자랑스럽게 '신학박사'라고 부릅니다.

그래서 신학 교수들 가운데, 영어권에서 학위를 한 사람들은 Ph.D라고 적습니다. 이 학위는 철학박사가 아니라 신학박사라는 뜻입니다. 한편 유럽이나 남아공에서 학위를 한 사람들은 Th.D 혹은 D.Th.라고 적고 신학박사라고 읽습니다. 어쨌든 한국에서 외래식(영어) 학위 표기 때문에 혼란스럽거나 마음에 갈등하고 있는 사람들이 있다면, 이 글을 통해 약간의 위로가 있기를 바랍니다.

20
남십자성

내가 지구에 도착한 이후로 평생 북반구에만 살다 보니 지구의 다른 반쪽 남반구가 있다는 사실을 완전히 잊고 살았습니다. 물론 초등학교에 다니면서 세계지도를 공부하기도 했고 내 연구실에도 지구본이 있기는 하지만, 이론으로 아는 것과 경험하고 느끼는 것 사이에는 하늘과 땅의 차이가 있는 것 같습니다. 아마 머리와 가슴 사이의 거리는 수십 광년(光年)인가 봅니다.

남반구에 다녀왔습니다. 세계 삼대 미항(美港) 중의 하나인 호주의 시드니(Sydney)를 방문하였습니다. 한국은 여름 무더위로 전국이 온통 찜질방이겠지만 남반구는 겨울입니다. 물론 온화한 기후 탓에 그리 춥지 않습니다. 하늘이 얼마나 청명하고 푸르던지 마치 코발트색 물감을 뿌려 놓은 것 같았습니다. 특히 블루마운틴(Blue Mountains)의 하늘이 그러했습니다.

사진을 찍는 사람들에게 '하늘불패'라는 말이 있다고 하지 않습니까? 하늘을 배경으로 사진을 찍으면 결코 실패하지 않는다는 말이라고 합니다. 그 하늘이 푸르디푸른 하늘이라면 더욱 그러할 것입니다. 특히 육안으로 밤하늘의 별을 볼 때면 더욱 '하늘불패'라는 말이 실감이 납니다.

이곳에 있으면서 북반구 사람인 나에게 생소하고 재미있게 들리는 몇 가지 말들이 있습니다. 집을 사려면 북향집을 사라는 말이 그것입니다. 또한 북한에서 남한으로 귀순한 사람들이 자주 사용하는 말인 "따스한 남쪽 나라"가 이곳 남반구에서는 "따스한 북쪽 나라를 찾아 왔습니다"라고 해야 말이 됩니다. 별을 좋아하는 사람으로서 나는 시편 강의 시간(시 8편)에 종종 별과 달에 대해 말하곤 합니다. 북반구에 살면서 별에 관해 이야기하면 빠질 수 없는 것이 '북극성'(Polar Star)일 것입니다. 항로를 잃어버린 항해사나 깊은 산중에서 방황하는 탐험가에게 북극성은 생명의 빛과 같을 것입니다. 방향을 알려 주거나 위도(緯度)를 찾게 해주는 고정별(Pointer)이기 때문입니다. 그런데 남반구 대부분에서는 북극성을 볼 수 없습니다. 그러니 남반구 사람들에게 북극성이라는 별의 상징성은 거의 없다고 봐야 할 것입니다. 하기야 이곳 시드니 사람들에게 북극성에 대해 이야기하면 금방 기능적 번역을 하면서 "우리에겐 남십자성이 있어요!"라고 합니다.

'남십자성'(Southern Cross)이라! 문득 그리 멀지 않은 옛날 우리나라가 월남에 파병할 때 군수물자를 지원했던 부대의 이름, '십자성'부대가 떠오릅니다. 또 이제는 고인이 되신 현인 씨가 부른 "고향만리"라는 흘러간 노래 가운데 "남쪽 나라 십자성은 어머니 얼굴"이란 가사 첫 줄도 떠오릅니다. 그런데 그 '남십자성'을 실제로 육안으로 볼 수 있게 되었으니 얼마나 황홀하고 소름끼치는 경험이었겠습니까! 옛날 옛적 남반구의 남태평양에서 항해를 하다 풍랑을 만나 표류한다면 선장은 나침판을 사용하였을 것이고, 그 나침판의 방향은 다른 곳이 아니라 남십자성을 향했을 것입니다. 남십자성이 보이는 쪽이 남극이었기 때문입니다.

일반적인 용어인 '남십자성'은 4개의 대표적인 별들이 모여 십자가 모양을 이루었기 때문에 붙여진 이름인데, 알파별(Alpha Crucis), 베타별(Beta Crucis), 감마별(Gamma Crucis), 델타별(Delta Crucis)이 남십자성의 멤버들입니다.

알다시피 빛의 속도를 말할 때 우리는 보통 "빛은 1초에 지구 7바퀴 반을 달린다"고 합니다. 며칠 전 시드니의 찬란한 밤하늘에서 보았던 남십자성의 별빛이 그렇게 찬란하고 애련하게 느껴진 것은 적어도 그 빛들이 각각의 별들의 고향에서 먼 거리를 떠나왔다는 사실 때문이었습니다. 각각 321광년, 353광년, 87.9광년, 600광년의 거리를 날아서 지구 시드니의 내 눈에 도착했기 때문입니다. 이 사실을 생각하니 남반구 시드니의 밤하늘을 바라보며 경탄을 금할 수 없었던 것입니다. 북반구에서 보는 북극성(Polaris)이 434광년을 달려 오늘밤 우리의 눈에 도착하듯이, 먼 거리를 달려와 나를 맞이해 주는 남십자성이 그렇게도 정겹게 보일 수가 없었습니다. 별을 잊고 사는 현대인들에게 이렇게 외치고 싶습니다. "별을 본 지 얼마나 되었습니까? 별 볼 일이 없으신가요? 그래서 요즘 보는 것이 없군요?"라고 말입니다. 오늘따라 떠나온 남반구의 남십자성이 유난히도 그립습니다. 남십자성, 유감(有感)입니다!

옛적 시인의 찬양을 들어 보십시오.

주의 손가락으로 만드신 주의 하늘과 주께서 베풀어 두신 달과 별들을 내가 보오니 사람이 무엇이기에 주께서 그를 생각하시며 인자가 무엇이기에 주께서 그를 돌보시나이까(시 8:3-4).

21
영화 빠삐용 촬영지

지구의 남반구에 있는 오스트레일리아의 시드니에 왔습니다. 이탈리아의 나폴리, 브라질의 리우데자네이루와 함께 세계 삼대 미항(美港)의 하나인 시드니입니다. 시드니의 아이콘이라면 시드니 항구의 유명한 다리(Sydney Harbour Bridge)와 함께 오페라하우스(Opera House)를 떠올릴 것입니다.

아는 분의 안내로 시드니의 또 다른 명소를 가 보았습니다. 영화 빠삐용('나비'라는 뜻의 프랑스어)의 마지막 장면에서 주인공 스티브 맥퀸이 절해고도(絶海孤島)의 감옥에서 자유를 찾아 남태평양을 마주보고 있는 깎아지른 절벽 위에서 뛰어내렸다는 그 장소입니다. 그의 말에 따라, 그의 안내로 방문한 그곳은 광활한 남태평양에서 시드니 항만으로 들어가는 양쪽 대문과도 같은 입구 중 북쪽에 위치한 노스헤드(North Head)라고 불리는 지역입니다. 다른 하나는 남쪽에 위치한 사우스헤드(South Head)로 이곳에 갭 파크(Gap Park)가 있습니다. 이 두 대문 사이로, 대형 선박이 시드니 항구로 들어오는데 항구는 마치 어머니의 품처럼 둥글고 포근한 형태입니다.

내가 본 노스헤드는 제주도의 주상절리를 연상케 했고, 그보다 몇 배나 큰 절벽이었습니다. 듣던 대로 과연 장관이었습니다. 그런데 문제는 시드니를 찾는 한국 사람들에게 영화 속 **빠삐용**의 절벽에 대한 설이 구구하다는 것입니다. 많은 사람들은 시드니의 사우스헤드에 있는 갭 파크가 그곳이라고 합니다. 인터넷에 들어가도 '영화 바삐용의 마지막 장면 촬영지'가 대부분 시드니 항의 'South Head의 Gap Park'라고 하는 블로거들을 만나게 됩니다. 그런데 나를 데리고 간 사람은 시드니에 거주한 지 25년이 된 교민인데, 그는 자기가 데리고 간 곳이 진짜 그 영화 촬영지라고 했습니다.

관광을 마치고 숙소로 돌아와 인터넷을 검색하였습니다. "**빠삐용**"(Papillon–film)을 치니 영화에 대한 자세한 정보와 자료 출처까지 나와 있습니다. 영화 촬영에 관한 항목을 보고 놀랐습니다. 그 영화의 절벽 점프 촬영지는 호주의 시드니가 아니라는 것입니다. 위키피디아(wikipedia)는 이렇게 말합니다.

> "영화의 마지막 장면에서 스티브 맥퀸이 절벽 아래로 뛰어내리는 그 유명한 점프 장면은 하와이의 마우이(Maui)에서 찍은 것이다. 스티브 맥퀸은 절벽에서 점프하는 장면을 찍을 때 대역을 세우는 대신에 자신이 직접 하겠다고 강력하게 주장하였다. 그리고 훗날 그는 그것을 '내 일생에 가장 현란한 경험들 중의 하나'였다고 회고하였다."

하와이의 마우이라! 시드니의 노스헤드를 방문하면서 여기가 스티브 맥퀸이 뛰어내린 장소라 하며 흥분을 금치 못하고 즐거워했는데, 그런 흥분이 순식간에 사라진 것입니다. 얼마나 허망했는지 모릅니다. 그러나 이런 생각도 잠시였습니다. 영화 **빠삐용**을 생각해 보았습니다. '영화 촬영지를 찾는 것이 정말로 그 영화를 이해하는 데 없어서는 안 될 중요한 일일까?' 하고 말입니다. 사람들이 호주 시드니에서 **빠삐용**이 점프했던 곳을 찾아보며 "여기가 빠삐용이 뛰어내린 곳이야. 내가 이 역사적인 현장을 방문했어!" 하면서 흡족한 마음으로 돌아가는 모습이 떠오릅니다. 하기야 나도 그랬습니다! 그러나 그것은 그다지 중요하지 않았습니다. 내게 중요한 것은 영화 속 빠삐용이 말하고 있는 것이었습니다. "자유라는 것이 얼마나 소중한가!" "그 자유를 얻기 위해 죽음도 불사하는 용기가 얼마나 위대하고 멋진가!" 하는 것입니다.

달리 말해 영화의 그 마지막 장면의 촬영지가 어디인지는 결코 중요한 문제가 아니라는 것입니다. 영화를 감상하는 데 그 촬영지의 정확한 위치와 장소를 아는 것이 결정적이지 않다는 것입니다. 몰라도 되는 것입니다. 성서학적으로 말하자면 촬영지가 어딘지를 찾는 것은 성경을 연구하면서 그 일이 발생했던 역사적 장소와 시간을 정확하게 찾아내야 본문의 의미를 확실하게 알 수 있다고 생각하는 것과 별로 다를 바가 없다는 것입니다. 성지순례에 목숨을 건 한국 교회의 일부 사람들의 맹목적 열정도 이와 비슷하지 않겠습니까? 물론 주인공인 스티브 맥퀸이 영화에서 절벽을 뛰어내린 것은 사실이지만, 영화에 나오는 그 절벽의 실제적인 장소를 아는 것은 영화를 이해하는 데 전혀 중요하지 않습니다. 시드니 항만의 북쪽 입구면 어떻고, 남쪽 입구면 어떻고, 하와이의 마우이면 어떻습니까? 다만 자유를 찾아 절벽을 뛰어내린 스티브 맥퀸의 자유에 대한 갈망과 열정이 마음 깊은 곳에 자리 잡는 것으로 충분할 것입니다. 영화는 우리에게 우리가 들어야 할 메시지를 주는 도구입니다. 그러나 아쉽게도 때때로 그 영화가 어디에서 촬영되었는지를 찾아나서는 일에 목숨을 거는 역사비평주의자들이 성서신학계에도 있다는 사실에 놀라움을 금할 수 없습니다. 성경을 역사 비평적 안목으로 읽는 대신 신학적 메시지로 읽어야 한다는 뜻입니다. 영화로서 빠삐용을 감상해야 하는 것과 같은 이치입니다. 그래서 영화 빠삐용 촬영지, 유감(有感)입니다. 그리고 유감(遺憾)입니다!

22
반짝반짝작은별

　한여름 밤 청명한 밤하늘을 수놓는 별들을 쳐다보며 부르는 서양 동요(童謠)가 있습니다. "twinkle, twinkle, little star"입니다. 우리나라 말로는 "반짝 반짝 작은 별"입니다. 이 동요는 영국 런던에 살았던 제인 테일러(Jane Taylor, 1783 – 1824)가 지은 "별"(The Star)이란 시에 당시에 널리 알려진 멜로디를 붙인 자장가입니다. 영어 원문은 5절로 되어 있는데 우리에게는 보통 1절만 알려져 있습니다. 먼저 영어 원문 5절을 싣고 그 옆에 한글로 번역을 싣습니다. 한 절 한 절 시의 내용을 음미해 보면 깊은 산속 맑은 샘에서 솟아 흘러내리는 시냇물처럼 맑디맑은 영혼의 노래를 듣게 될 것입니다.

[1]

Twinkle, twinkle, little star,　　　　반짝 반짝 작은 별,

How I wonder what you are.　　　　나는 네 모습에 그저 놀랄 뿐이야!

Up above the world so high,　　　　너는 이 세상 저 위, 저 높은 곳,

Like a diamond in the sky.　　　　하늘에 박힌 다이아몬드로구나.

(Twinkle, twinkle, little star,　　　　(반짝 반짝 작은 별,

How I wonder what you are!)　　　　나는 네 모습에 그저 놀랄 뿐이야!)

[2]

When the blazing sun is gone,	작렬하던 태양도 저물고,
When there's nothing he shines upon,	아무것도 비출 것이 없을 때,
Then you show your little light.	너는 네 작은 불빛을 비추고 있었지.
Twinkle, twinkle, through the night.	반짝 반짝 밤이 맞도록.
(Twinkle, twinkle, little star,	(반짝 반짝 작은 별,
How I wonder what you are!)	너는 정말 놀라운 존재로구나!)

[3]

Then the traveller in the dark,	어둠 가운데 지나던 여행자 있었는데,
Thanks you for your tiny spark,	고마워, 너의 작은 불빛 덕분이었어,
He could not see which way to go,	어느 길로 가야 할지 망설이고 있었을 때
If you did not twinkle so.	너는 네 작은 불빛을 반짝거렸지.
(Twinkle, twinkle, little star,	(반짝 반짝 작은 별,
How I wonder what you are!)	너는 정말 놀라운 존재구나!)

[4]

In the dark blue sky you keep,	네가 살고 있는 청명한 밤하늘에서,
And often through my curtains peep.	너는 종종 내 방 커튼 새로 살짝 비추었지.
For you never shut your eye,	밤새도록 잠 한숨 자지 않고 비추다,
'Till the sun is in the sky.	아침 하늘에 태양이 뜨면 물러갔지.
(Twinkle, twinkle, little star,	(반짝 반짝 작은 별,
How I wonder what you are!)	너는 정말 놀라운 존재구나!)

[5]

As your bright and tiny spark,	너의 해맑고 작은 불꽃이,
Lights the traveller in the dark,	어둠 속의 여행자를 비추네.

Though I know not what you are,	나는 네가 누구인줄 모르지만,
Twinkle, twinkle, little star.	반짝 반짝 작은 별.
(Twinkle, twinkle, little star,	(반짝 반짝 작은 별,
How I wonder what you are!)	너는 정말 놀라운 존재구나!)

Twinkle, twinkle, little star,	반짝 반짝 작은 별,
How I wonder what you are	나는 네 모습에 그저 놀랄 뿐이야!
Up above the world so high,	너는 이 세상 저 위, 저 높은 곳,
Like a diamond in the sky.	하늘에 박힌 다이아몬드로구나.

Twinkle, twinkle, little star,	반짝 반짝 작은 별,
How I wonder what you are.	너는 정말 놀라운 존재구나!
How I wonder what you are.	너는 정말 놀라운 존재구나!

이 동요를 영어 원문으로, 그리고 우리가 사용하는 한글번역으로 비교해 보면 한 가지 독특한 사실이 눈에 들어옵니다. 특별히 이 시에 반복되는 후렴구를 원문과 한글 번역문으로 비교해 보면 서양 사람들과 동양 사람들의 세계관이 각기 다르게 반영되어 있는 것을 발견할 수 있습니다.

시의 영문 후렴구는 다음과 같습니다. "Twinkle, twinkle, little star, How I wonder what you are!"(반짝 반짝 작은 별, 나는 네가 누구인지 궁금하구나) 반면에 우리가 부르는 한글 번역은 "반짝 반짝 작은 별, 아름답게 비추네"로 되어 있습니다. 달라도 한참 다릅니다.

영문 후렴구는 다음 두 가지를 말하고 있습니다. 첫째로 이 시는 '별이라는 존재'("what you are")에 대한 시인의 궁금함으로부터 시작되었다는 것입니다. '하늘의 별이라는 것이 무엇일까?' '별들은 언제 태어날까?' '별들은 어떻게 태어날까?' '왜 저기에 달려 있는 것일까?' '저 별들은 운동을 할까?' '운동 방향은 일정할까?' '서로 오고 가며 부대끼거나 부딪히는 일은 없을까?' '혹시 외로운 별은 없을까?' '별들의 수명은 얼마나 될까?' '늙은 별들과 죽는 별들이 있을까?' '별들에게도 이름이 있을까?' 이처럼 별에 대한 호기심과 궁금증이 시인에게 생겼다는 것입니다.

둘째로, 이 시는 그러한 궁금증과 호기심이 결국 경탄과 경이로 연결되고 있음을 보여 줍니다. 시인은 광활하고 광대한 우주에 달려 있는 수많은 작은 별들을 보고 '경탄'(wonder)하고 있는 것입니다. 그는 놀람과 경탄과 경이를 드러내며 탄성을 지르고 있는 것입니다("How I wonder").

크리스천으로서 우리가 하나님이 지으신 우주를 관찰하는 이유는 '별의 존재'에 대한 궁금증 때문입니다. 달리 말해, 천문학은 '별이 누구인지?' '별이 무엇인지?'("what you are")에 대한 궁금증으로부터 시작합니다. 그러나 기독교인으로서 우리는 천문학을 전공한 학자이든, 아니면 여름밤의 별들을 그냥 보는 일반인이든지 하늘의 별을 관찰하는 궁극적 결과는 경탄과 찬양입니다. 천문학자들은 우주의 신비를 밝혀내는 과정을 통하여 창조주 하나님의 위대하심과 그분의 지혜에 대해 입을 다물지 못하고 경탄하게 될 것입니다. 무궁무진한 창조세계의 신비에 대해 놀람과 경이와 경탄과 찬양으로 이어진다는 것입니다.

천문학을 비롯한 과학은 창조세계의 신비를 밝히려는 궁금증과 호기심에서 시작합니다. 그러나 그러한 연구는 결국 그들로 하여금 바람의 무게를 정해 놓으신 분, 물의 분량을 정하신 분, 비 내리는 법칙을 정하신 분, 비구름의 길과 우레의 법칙을 만드신 분, 별자리들을 각각 제때에 이끌어 내시는 분, 북두성(北斗星)을 다른 별들에게 이끌어 갈 수 있게 하시는 분, 하늘에 물주머니를 달아 놓으신 분, 구름의 수를 세시는 분, 우주의 기초를 놓으시며 도량법을 정하신 분, 천체의 모든 것들에 일정한 운동방향이 있게 하신 분을 찬양하고 경배하게 합니다(욥 28장, 38-39장).

오래전 구약성경의 시인들도 별들에 대해 노래하면서 창조주 하나님의 위대하심과 신실하심을 다음과 같이 찬송한 적이 있었습니다.

그가 별들의 수효를 세시고 그것들을 다 이름대로 부르시는도다(시 147:4).
주의 손가락으로 만드신 주의 하늘과 주께서 베풀어 두신 달과 별들을 내가 보오니(시 8:3).
너희는 눈을 높이 들어 누가 이 모든 것을 창조하였나 보라 주께서는 수효대로 만상을 이끌어 내시고 그들의 모든 이름을 부르시나니 그의 권세가 크고 그의 능력이 강하므로 하나도 빠짐이 없느니라(사 40:26).

우리도 찬양의 대열에 합류하여 함께 찬양해 봅시다.

23
성탄절의 두 이야기

크리스마스 시즌에 일어나는 성탄절 이야기의 변모 과정은 놀라울 만큼 충격적이지만 아무도 눈치 채지 못하고 있는 것 같습니다. 동방에서 온 점성가들의 이야기나 들녘에서 양을 치던 목자들의 이야기는 오랜 세월을 지나며 상호 화학반응을 일으키며 변모하기 시작했습니다. 모두 함께 낭만적이고 따스한 크리스마스의 동화 속 이야기로 변모해 갔던 것입니다.

어렸을 적 시골교회 주일학교에 다녀 본 경험이 있는 세대들은 성탄절 연극을 무대 위에 올릴 즈음이면 한 번쯤 해 보고 싶은 배역들이 있었을 것입니다. 여자의 경우 제1순위는 갓난아기 인형인 예수님을 안고 있는 마리아 역일 것이고, 남자의 경우는 그 곁에 아무 말 없이 서서 아기와 아내 마리아를 지켜보는 요셉 역일 것입니다. 그나마 동방박사 역할이라도 맡겨지면 특채입니다. 그것도 안 되면 허름한 누더기 천을 몸에 둘러 입은 목자들 역할도 좋습니다. 이렇게 해서 성탄절 예수의 탄생 이야기는 눈 내리는 겨울밤에 두루뭉술한 추억의 동화 이야기로 변모해 오게 된 것입니다.

자그마한 교회당의 위쪽 강단에 자리 잡은 성탄절 성극 무대는 매우 재미있고 낭만적인 분위기를 연출하기는 하지만 곰곰이 생각해 보면 아주 우스꽝스런 뒤섞기 연극입니다. 일명 비빔밥 · 짬뽕 · 섞어찌개 연극입니다. 그렇게 별명 짓는 이유는 서로 다른 두 가지 연극 시나리오를 하나의 그릇에 넣어 뒤섞었기 때문입니다. 이유는 이렇습니다. 동방에서 온 점성가들의 이야기는 마태복음에 기록되어 있고, 어둡고 습습한 밤 들녘에 있었던 목자들의 이야기는 누가복음에 기록되어 있습니다. 비록 두 이야기 모두 아기 예수님의 탄생과 관련이 있는 사건들이기는 하지만, 한 무대에 올릴 정도로 동시에 함께 일어난 이야기는 아니기 때문입니다.

성탄절에 누가는 목자들의 이야기를 들려주고 있고, 마태는 동방의 점성가들의 이야기를 들려주고 있는 것입니다. 두 사람 모두 각각 특색 있게 크리스마스 이야기를 각자의 청중들에게 들려주고 있는 셈입니다. 두 이야기를 한꺼번에 섞어찌개를 만들어서는 안 된다는 말입니다. 그렇지 않으면 각각의 독특한 복음의 맛이 드러나지 않게 될 것입니다. 그렇다면 어떻게 제맛을 내는 개별 단품 요리로 성탄절 이야기의 맛을 볼 수 있을까요? 먼저 따로 맛을 보아야 합니다. 누가의 성탄절 이야기(목자 이야기)와 마태의 성탄절 이야기(동방의 점성가들 이야기)를 따로국밥으로 먹어야 한다는 말입니다. 이것이 설교자와 성경학자들의 몫입니다. 평신도들 역시 교회에서 볶음밥을 준비하는 듯이 보이면 빨리 가서 말리고 제발 정갈한 단품 음식으로 만들어 달라고 요청하십시오. 그러면 마태의 복음과 누가의 복음이 각기 선명하게 드러나게 될 것입니다.

24
강대상 유감

얼마 전 설교 부탁을 받고 모 교회 여전도회 헌신예배에 참석했습니다. 예배 사회를 비롯하여 여러 가지 순서를 맡은 담당자들은 모두 한복으로 곱게 차려입은 여전도회 회원들이었습니다. 그분들이 사회와 기도와 헌금 순서와 광고까지 맡아 인도했습니다. 예배가 시작될 즈음에 강단으로 올라갔습니다. 예배를 위해 잠깐 머리를 숙이고 기도를 드렸습니다. 그리고 시간을 보니 시작할 시간이 되었습니다. 기다렸습니다. 사회를 볼 여전도회 회장이 강단에 올라올 것을 기다린 것입니다. 그러나 그런 일은 일어나지 않았습니다. 이상하다 생각하고 두리번거렸습니다. 한참 후에 어디선가 예배의 시작을 알리는 낭랑한 목소리가 들려왔습니다. 강대상 옆으로 고개를 내밀었습니다. 그런데 기다렸던 권사님이 강단 아래쪽에 있는 것이 아닙니까? 그곳 작은 강단에서 예배 사회를 보는 것이었습니다.

요즈음 새로운 교회당을 건축하면서 공연장처럼 짓는 경우가 있습니다. 강단은 꽤나 높은 곳에 위치해 있습니다. 전통적으로 그곳을 '윗강단'이라 불렀습니다. 없는 경우도 있지만 대부분 아래에는 '아랫강단'이 있습니다. 사실 아랫강단이 아니라 헌금바구니를 거나 혹은 평신도들이 나와 광고를 하거나 사회를 보는 장소로 사용되는 곳입니다.

어디선가 이 문제를 논한 일이 있지만 교회당 안에는 원래 '윗강단', '아랫강단'이란 개념이 없습니다. 굳이 설명하자면 두 개의 강단은 각각 설교단(Pulpit)과 성찬상(Lord's Table)을 지칭하는 말이었습니다. 따라서 '아랫강단'이라고 부르는 곳은 여성이나 평신도와 같은 이류급 사회자(!)들이 서서 예배를 인도하는 장소가 아닙니다. 또한 그곳은 찬양 사역자들이 찬양을 인도하는 곳도 아닙니다. 그곳은 성찬의 떡과 포도주를 놓는 곳입니다. 이런 점에서 우리나라의 장로교회들이 자기들의 오랜 신학적 예배 전통에 무지한 것 같아 안타깝기 그지없습니다. 개혁교회의 전통에는 소위 '은혜의 방편'이라는 것이 있습니다. 하나님께서 그의 자녀들에게 은혜를 베푸시는 방편으로 '설교'와 '성찬'과 '세례'를 두셨다는 것입니다. 설교단은 모든 교회에 있지만 성찬상(Lord's Table)이나 세례단(baptismal pont)을 두는 곳은 드뭅니다. 성찬상의 경우는 있어도 그곳이 성찬상인 줄 모르는 경우가 대부분이고 그저 헌금 바구니를 올려놓는 책상 정도로 알고 있는 경우가 허다합니다.

여전도회 헌신예배 때 여전도회 임원들이 한복을 곱게 차려입은 것을 가지고 뭐라고 할 의도는 전혀 없습니다. 그러나 여성이기 때문에 혹은 평신도이기 때문에 강단에 올라서서 사회를 볼 수 없다고 생각하였다면 너무 시대착오적이지 않은가 하는 생각이 듭니다. 아직도 '윗강단'은 구약의 지성소에 해당하고 목사는 구약의 제사장이라고 생각하는 사람들이 있다면, 그래서 목사만 '윗강단'에 올라갈 수 있다고 한다면 그것은 매우 심각한 신학적 오류임에 틀림없습니다. 강대상 유감(遺憾)입니다.

25
교회 쇼핑을 다니시려면

개신교회의 다양한 교단들이 서로에게 으르렁거리거나 자만하거나 경쟁하지 않고 서로 힘을 합하여 그리스도의 몸인 우주적 교회를 만들어 가기 위해서는 서로 화합하고 조화를 이룰 뿐 아니라 각자의 좋은 전통과 특색을 살려내야 합니다. 나는 각 교파의 장점만을 브랜드(brand)화 하자는 제안을 해 봅니다. 어떤 사람이 크리스천이 되기 위해서 다음과 같은 순서로 교회들을 거쳐 오면 가장 이상적이라고 생각합니다. 제일 먼저 이동원 목사님의 침례교회를 나가십시오. 그리고 중간에는 여러 교회들을 거치다가 마지막에는 류호준 목사의 장로교회로 나오십시오!

교회 순례 순서를 구원의 서정으로 생각해 보십시오. 그리고 다음과 같은 순서로 교회 순례를 시작해 보십시오. 여러분의 신앙에 도움이 될 것입니다. 침례교회 → 루터교회 → 감리교회 → 성결교회 → 오순절교회 → 장로교회.

이런 순서로 순례 일정을 만든 이유는 각 교회의 특징들을 살펴보면 분명해질 것입니다.

(1) **침례교회** – 빌리 그래함 목사님처럼 하나님의 사랑과 십자가의 복음을 제

시하여 개인의 회심과 중생을 강조하는 교회로 성경을 문자적으로 믿으려는 순박한 크리스천들이 많은 교회입니다.

(2) 루터교회 – 루터(Martin Luther)의 정신과 기상으로 옷을 입고 믿음으로 의롭다 함을 받는다는 '이신칭의'(以信稱義) 교리를 굳게 붙잡는 튼튼한 신앙 전통입니다.

(3) 감리교회 – 요한 웨슬리(John Wesley)의 전통을 살려 열정적인 기도 운동과 복음을 전도하는 일과 회중 찬송을 잘 부르는 교회적 전통입니다.

(4) 성결교회 – 말 그대로 성결한 생활을 강조하고 세상의 소금과 빛의 역할을 잘 하는 교회로서 순수성을 유지하는 교회적 전통입니다.

(5) 오순절교회 – 오산리 기도원으로 대표되는 신앙적 전통을 강조하고, 열정적으로 신앙생활을 하려고 애쓰며, 단순하고 소박한 믿음과 기도를 강조하며, 다른 어떤 교회보다도 금식과 영적 은사를 사모하는 교회입니다.

(6) 장로교회 – 요한 칼빈(John Calvin)의 모토 "내 심장을 주님께 바칩니다. 신실하게 그리고 즉시로!"처럼 거룩한 삶을 향하여 한 걸음씩 나아가는 근면 성실형의 교회로 성경을 지극정성으로 사랑하고 설교를 중요시하며, 말씀에 따라 살아가는 것을 중요시하는 교회적 전통입니다.

경고: 반드시 이 순서를 지켜야 합니다. 그래야 온전한 크리스천이 될 수 있습니다!

26
몸매(身) 유감

한자성어 가운데 신언서판(身言書判)이 있습니다. 중국 당나라 때 관리를 등용하는 시험에서 인물평가의 기준으로 삼았던 네 가지 기준이라고 합니다. 몸[體貌, 체모], 말씨[言辯, 언변], 글씨[筆跡, 필적], 판단[文理, 문리]입니다. 조선시대에도 관리를 등용하는 시험에서 신언서판을 중시했다고 합니다. 요즘도 정치판에서는 이 한자성어를 즐겨 사용합니다.

설명하자면 첫째로, '신'(身)은 몸가짐과 풍채가 번듯해야 한다는 것입니다. 둘째로, 말(言)을 함부로 하지 않고 가려 하며 그 말에는 진실하고 무게가 있어야 한다는 것입니다. 셋째로, 그가 쓰는 글(書)은 화려한 수식어로 가득한 글이 아니라 바르고 좋은 생각이 담긴 글이어야 한다는 뜻일 것입니다. 따라서 그의 글을 읽으면 생각이 깊고 바른 사람이라는 것을 알게 된다는 말일 것입니다. 마지막으로 판(判)이란 옳고 그름을 분별할 수 있는 능력과 좌우로 치우치지 않는 균형 잡힌 사고를 가져야 한다는 뜻입니다. 판단력은 인생을 잘 살아가는 데 필요한 가장 중요한 요소가 아닐까 합니다.

나의 떨떠름한 유감은 네 글자 중 맨 앞에 '신'(身)이 온다는 데서 비롯됩니다. 한자성어에 따르면 사람은 잘나야 한다는 말입니다. 그런데 외모가 자기 마음대로 되는 것입니까? 이게 어디 남성들에게만 해당하는 것입니까? 여성들의 경우는 어떻습니까? 요즈음 몸매는 상당수의 젊은 여성들에게 최상의 가치가 되어버렸습니다. 그것을 부추기는 세속적 문화는 말할 것도 없이 예능화되어 가는 교회 문화에서도 빠질 수 없는 가치가 되었습니다. 물론 체구와 외모와 인상이 사람 관계에 있어서 중요하기는 하겠지만, 또한 몸가짐이 올바르다는 의미에서 '신'(몸)을 중요시한다면 몰라도 지금처럼 외모지상주의에 함몰되어 가는 사회에서 '몸'(身)에 대한 과도한 집착과 우선권 부여는 하나님 나라의 가치에 반(反)하는 일입니다. 인류의 불행이 '보암직'한 것에 빠졌던 일에서 시작되었다고 하지 않습니까? 하나님은 중심(마음)을 보시지 보암직한 허리 사이즈를 보시지 않기 때문입니다. 기도를 쉬는 죄를 짓지 않겠다던 사무엘도 이스라엘의 왕을 선발하는데 사람의 용모와 체구와 키와 허리 사이즈를 일곱 번씩이나 보았다는 웃지 못 할 일화를 기억해야 할 것 같습니다. 몸매(身)가 스펙넘버원에 들어가는 사회에 살고 있습니다. 이를 어쩌면 좋겠습니까. 몸매, 유감(遺憾)입니다.

27
오디오 비디오 유감

    한때 방송인 손석희 씨가 진행하는 '시선집중'(視線集中)이란 라디오 프로그램이 있었습니다. 그런데 제목이 이상합니다. 라디오는 귀로 듣는(聽) 방송인데 어떻게 눈(視)을 한곳으로 모으라는 것일까요? '청취집중'(聽取集中)이라고 해야 맞는 것 아니겠습니까?

    요즘은 오디오(聽)보다 비디오(視)를 중요시 하는 사회인 것 같습니다. 예를 들어, '어떤 사람이 무슨 말을 하느냐'보다 '말하는 그 사람이 어떻게 생겼느냐'에 관심이 많습니다. 눈과 관계된 이런 외견(外見) 지상주의 전통은 여러 곳에서 발견됩니다. 우리의 조상 할머니도 "동산 중앙에 있는 그 나무를 본즉 보암직(視)"하였다는 것입니다. 그들은 하나님께서 하신 말씀을 귀담아 듣는 일(聽)에는 실패했습니다. 듣는 일보다 보는 일이 더 중요하다는 생각은 한자숙어 '백문불여일견'(百聞不如一見)에도 잘 나타나 있습니다. 백 번 듣는 것(聞)보다 한 번 눈으로 보는 것(見)이 더 좋다는 말입니다. 매우 유물론적 사고방식입니다.

    교회 안에도 이런 유물론적 사고방식이 잠입해 있지 않나 생각이 듭니다. 믿음은 '들음'(聽)에서 나온다고 했지만(롬 10:17 참고), 요즈음 교회는 말씀을 전하고 그 말씀을 듣는 일보다는 사람들의 눈을 즐겁게 하는 일에 관심이 많은 것 같습니다. 아이러니하게도 성경은 "믿음은 보이지(見) 않는 것들의 증거니"(히 11:1)라고 말합니다. 보는 것을 중요시하는 시대에 다시금 듣는 일에 집중해야 하지 않겠습니까? 특별히 비디오를 중요시하고 오디오를 가볍게 취급하는 젊은이들이 더더욱 그러해야 합니다. 교회 역시 그러해야 할 것입니다.

28
신(辛)라면 유감

한국 사람이 유럽에서 신학으로 학위과정을 공부하려면 반드시 고전어를 통과해야 합니다. 유럽 신학생들에게 고전어라 함은 '히브리어', '헬라어' 그리고 '라틴어'입니다. 앞의 두 언어들이야 우리 한국 유학생들도 반드시 습득해야 하는 언어겠지만 라틴어에 대해서는 조금 유감입니다. 유럽인들에게는 라틴어가 고전어이겠지만 한국 사람의 경우는 라틴어가 아니라 한자어(漢字語)이어야 하기 때문입니다. 요즘 한글세대는 한자어를 잘 모릅니다. 그런데 불행하게도(!) 우리가 사용하는 한글은 대부분 한자어입니다. 한글성경은 더더욱 한자어로 가득합니다. 물론 라틴어를 알면 유익한 점이 있을 줄 압니다. 게다가 라틴어 몇 단어라도 사용하면, 예를 들어 '까르페 디엠'(Carpe Diem), '메멘토 모리'(Memento Mori)라는 문구를 사용하면 좀 있어 보이거나 유식하게 보이기도 할 것입니다. 그러나 라틴어를 몰라도 한글성경을 읽는 데 전혀 지장은 없습니다. 그러나 한자어를 모르면 성경을 이해하는 데 치명적인 결격 사유가 될 수도 있습니다. 여기에 웃지 못할 실화 하나를 소개합니다.

얼마 전 수업시간에 이스라엘이 애굽에서 당했던 고난의 시간에 대해 이야기하면서 신명기 26장에서 한 구절을 낭독했습니다. 신명기 26장은 독일의 구약학자 폰 라트(G. von Rad) 때문에 유명해진 성경구절입니다. 그 안에 "이스라엘의 역사적 신앙고백(Credo)"이 들어있다는 주장 때문입니다. 그 고백 가운데 이런 구절이 나옵니다.

> 우리가 우리 조상의 하나님 여호와께 부르짖었더니 여호와께서 우리 음성을 들으
> 시고 우리의 고통과 신고와 압제를 보시고(신 26:7).

학생들에게 "여기서 '신고'가 무엇입니까?"라고 물었습니다. 갑작스런 질문에 대부분 우물쭈물했습니다. 그런데 교실 뒤쪽 창가에 앉아 있던 학생이 손을 번쩍 드는 것이었습니다. 평소 모자를 삐딱하게 쓰고 강의를 제대로 듣고 있는 것인지 아닌지 헷갈리게 만든 학생이었습니다. "그럼 자네가 대답해봐." 그러자 그 학생이 매우 확신에 찬 얼굴로 이렇게 대답하는 것이었습니다. "예, 선생님, 신고란 전화로 경찰서에 알리는 것입니다." 평소에 자주 졸던 저 녀석은 드디어 이번 기회에 자신의 존재감을 선생님에게 확실하게 각인시키려는 노력의 결과로 손을 번쩍 들고 그렇게 대답을 한 것이었습니다. 그리고 진지하게 설명까지 덧붙입니다. "예, 요즘말로 하자면 불이 나면 119로 신고하듯이, 이스라엘 백성들은 그들이 당하는 고통을 하나님께 신고한 것입니다!" 그러자 옆에 있던 한 학생이 그의 말을 거들면서 "예, 신고란 어려운 사정을 하나님께 알리는 것이지요"라고 대답하였습니다. 대부분의 학생들은 그런가 보다 하며 한바탕 웃었습니다. 물론 나이 든 학생들은 그것은 아닐 것이라 하면서도 정작 그 한자어의 뜻을 말하지 못하고 머뭇거리고 있었습니다. 이 학생들은 정말 진지하게 대답한 것입니다. 하도 기가 막혀서 나는 말을 잃어버렸습니다. 속에서 불이 났지만 진정하고 아주 여유 있는 모드로 생뚱맞은 질문을 던졌습니다.

"자네는 라면을 좋아하나?" 갑작스런 질문에 당황한 기색이 역력하였지만

그 학생은 "예, 물론이죠. 아주 좋아합니다"라고 대답하였습니다. "그래? 어떤 라면을 좋아하나?" "예, 신 라면입니다." "오호, 그래? 덮어놓고 라면을 끓이지는 않았겠지?" "선생님, 무슨 말씀이신가요?" "아니, 라면 봉지를 자세히 본 일이 있느냐는 질문이야?" "예, 보았습니다." "그래, 그 라면 봉지에 큰 글씨로 한자가 있지?" "예, 있습니다." "한자어 신(辛)의 뜻이 무엇이지?" "예, '매울 신' 자라고 합니다." "신고라는 한자어의 뜻은 하나님께 전화했다(申告)는 것이 아니라 매서운 고생(辛苦)이란 뜻이다." "그래서 본문은 하나님께서 신고(辛苦)를 들었다고 하지 않고 신고(辛苦)를 보았다고 한 것이다."

　이렇게 해서 교실은 한바탕 웃음바다가 되었습니다. 그러나 내 마음은 웃는 게 아니었습니다. 요즈음 신학을 공부하겠다는 사람들 가운데 외국어 열등감이 있는 사람이 꽤나 있습니다. 그러나 나는 좀 다른 생각을 갖고 있습니다. 나는 신학교에서 성경 원어인 히브리어나 헬라어를 너무 많은 시간을 투자하여 가르치는 것에 대해 유보적 입장을 취합니다. 투자 대비 실제적 효과는 거의 없기 때문입니다. 내가 히브리어나 헬라어의 원어 교육보다는 우리말 교육에 더 많은 관심을 가져야 한다고 주장하는 이유는 매우 분명합니다. 한글이라도 똑바로 알면 성경을 이상하게 해석하지는 않을 것이라는 이유 때문입니다. 나중에 제대로 사용하지도 못할 성경 원어를 배울 시간이 있다면 차라리 국문법과 한자어를 많이 배우라고 권합니다. 제대로 쓰고 제대로 읽고 제대로 생각하는 것이 인문학의 핵심이라면 한글로 된 성경을 제대로 읽어 낼 수 있어야 한다는 것이 무리한 요구는 아닐 것입니다. 요즈음 젊은 신세대 신학생들에게 부탁합니다. 한글성경만이라도 제대로 해독할 줄 알면 결코 강단에서 이상한 소리를 하지는 않을 것입니다. 내가 너무 심한 것입니까? 한자어, 유감(有感)입니다. "자, 신(辛)자가 무슨 신자지요? 다 같이 큰 소리로, '매울 신!'"

29
머리 숙인 해바라기

생물학의 초년 신자인 내가 알고 있기로는 해바라기는 해를 바라보는 향일성(向日性) 식물입니다. 그래서 아담이 해바라기라고 지었다고 합니다! 이에 빗대어 어떤 크리스천들은 '해바라기'를 본떠 '주바라기'가 되고 싶다고 합니다. 몇 년 전 여름 그리스와 터키를 방문한 적이 있었습니다. 그리스의 북동쪽에서 동쪽으로 가면 터키 국경이 나옵니다. 국경을 지나 이스탄불로 가는 길이었습니다. 가장 인상적인 광경이 눈앞에 전개되었습니다. 가도 가도 끝이 없는 해바라기 밭이 나온 것입니다. 그렇게 광활한 해바라기 밭은 생전 처음이었습니다.

그런데 이게 웬일입니까? 가도 가도 끝이 없는 들판의 모든 해바라기들이 하나도 빼놓지 않고 모두 해를 외면한 채로 고개를 돌려 떨구고 있었던 것입니다. 마치 태양에 집단 반항이라도 하듯이 고개를 돌리고 있는 것입니다. '해바라기라고 해서 항상 해를 바라보는 것은 아니구나!'라는 생각이 언뜻 들었습니다. 왜 고개를 돌렸을까요? 간단합니다. 해가 너무 뜨거워서였습니다. 40도가 넘는 폭염 때문이었습니다. 그렇습니다. 크리스천들이 항상 주님을 바라보고 살 수는 없는 것 같습니다. 그분이 때로는 너무도 뜨거운 분노의 화염을 쏟아부을 때는 별 수 없이 고개를 숙이는 수밖에 무슨 다른 길이 있겠습니까? 욥기를 읽으면서 드는 생각이었습니다.

30
말을 건네다

당황스런 일 가운데 하나는 상대방에게 인사를 하거나 말을 건네는 데도 그냥 지나가거나 묵묵부답(黙黙不答)일 경우입니다. 대답을 하더라도 단답형일 경우는 정말 힘이 듭니다. 물론 벽창호는 비극의 극치겠지만 말입니다.

사실 '배려와 친절'은 누군가에게 말을 건네는 것으로 시작합니다. 말을 건네는 일은 당신과 대화를 나누고 싶다는 표시입니다. 일방통행이 아니라 쌍방통행 하겠다는 표현입니다. 사도신경에서 '성도의 교제(交際)'라는 말 대신에 '성도의 교통(交通)'이란 용어를 사용한 옛 선조들의 한글번역은 참 멋진 것 같습니다. 막히지 않고 잘 통한다는 의미의 '소통'(疏通)일 것입니다.

말을 건넴으로 마음을 열고 또한 열게 하고 서로의 마음 안으로 들어가도록 자신을 비우게 됩니다. 이 점에서 하나님은 정말 멋지게 말씀을 건네는 분이십니다. 성육신은 하나님의 '말 건넴'이 아니고 무엇이겠습니까? 말씀(로고스)을 사람에게 건네심으로 화목과 화해(reconciliation)를 하겠다고 하신 분이 하나님이시기 때문입니다. 그러므로 누군가를 배려하거나 누군가와 화해를 하려거든, 먼저 말을 건네십시오. 부드럽고 진정성 있게 말입니다.

31
마지막 비행

인천에서 미국 텍사스 주의 댈러스 공항으로 가는 국제선을 탔습니다. 한국 국적기와는 달리 미국 비행기에는 나이 든 중년 여성들이 스튜어디스로 일하는 경우가 많습니다. 그날따라 희끗한 머리에 넉넉한 미소를 지으며 기내에서 봉사하고 있는 한 여성 스튜어디스가 눈에 띄었습니다. 미국 공항에 가까이 오자 기장이 기내 방송을 합니다. "오늘은 특별한 날입니다. 인천에서 댈러스까지 가는 오늘 비행으로 지난 35년의 서비스를 마무리 짓는 우리의 동료가 있습니다. 제인(Jane)이 그녀입니다. 제인은 지난 35년 동안 한결같이 공중에서 여러분을 위해 수고했습니다. 오늘이 제인의 마지막 비행(final flight)입니다. 혹시 기내 복도를 왕래하는 그녀를 보시거든 축하해 주십시오." 착륙 직전에 기장의 안내 방송이 끝나자마자 탑승객들이 소리 내며 축하의 박수를 보냈습니다. 참 멋지고 감동적인 순간이었습니다.

무엇보다 한 직종에서 35년을 일했다는 것이 여간 비범한 일이 아닙니다. 비가 오나 눈이 오나 제시간에 비행기에 탑승하여 수많은 사연과 해프닝을 겪으면서 35년을 일했다면 그것 하나로 그녀는 칭찬과 찬사와 축하를 받기에 충분합니다. 나는 그녀에 대해 아는 바가 없습니다. 어디 사는지, 가족관계는 어떠한지, 어떤 삶을 살아왔는지 아는 바가 없습니다. 그러나 단 한 가지는 알고 있습니다. 20대 중반의 백인 아가씨가 이젠 초로(初老)의 60대에 이르렀으니 세월의 무상함과 덧없음을 느끼게 하였다는 사실 말입니다. 기내 출구에 서서 나가는 승객들에게 인사하고 있는 그녀를 보고 "축하합니다"라고 말할까 하다가 '무엇을 축하한단 말인가?' 하고 스스로에게 물었습니다. '무사 비행을 축하한다는 것인가? 은퇴하게 된 것을 축하한다는 것인가?' 아무래도 확신이 서지를 않아서 "축하합니다!"라는 말끝에 "수고했습니다"라는 말을 덧붙여 건넸습니다. 그녀의 눈을 보니 깊은 감회가 서려 있는 것이 역력하였습니다.

그 순간 언젠가 나에게도 '마지막 비행'을 하는 날이 오리라는 생각이 불쑥 들었습니다. 사도 바울도 그날을 생각하며 믿음의 아들 디모데에게 이렇게 말했나 봅니다.

> 전제(a drink offering/헌주, 獻酒, libation)와 같이 내가 벌써 부어지고 나의 떠날 시각이 가까웠도다. 나는 선한 싸움을 싸우고 나의 달려갈 길을 마치고 믿음을 지켰으니 이제 후로는 나를 위하여 의의 면류관이 예비되었으므로 주 곧 의로우신 재판장이 그 날에 내게 주실 것이며 내게만 아니라 주의 나타나심을 사모하는 모든 자에게도니라(딤후 4:6-8).

그날에 주님이 나에게도 "잘했어, 충성스런 내 아들아. 수고했어!"라고 말씀하실 날이 올 것을 기대하며 생각하니 마음이 더욱 짠해졌습니다. 나의 마지막 비행 때까지 한결같은 마음으로 '승객들'에게 봉사해야 할 텐데 하는 마음이 들었습니다. 이번 비행은 정말 아름다운 비행으로 오래 남을 것 같습니다. "제인, 진심으로 축하합니다. 정말 위대한 일을 해내셨군요. 여생에 하나님의 가호가 깃들기를 바랍니다."

32
미션 트립 유감

언제부터인지는 잘 몰라도 각 교회들마다 "미션 트립"(Mission Trip)이란 것을 계획하고 시행하는 교회들이 많습니다. 일명 "단기 선교 여행"이라고도 하는데 주로 젊은이들을 대상으로 하는 프로젝트입니다. 목적은 선교에 열정을 불어넣고 참여하는 개인들의 신앙을 돈독히 하는 기회로 삼는 데 있습니다. 크리스천 전문인들을 중심으로 하는 미션 트립도 있습니다.

미션(Mission)이란 영어는 일반적으로 '선교'(宣敎)라고 번역되는데 "종교를 널리 퍼뜨리는 일"이라는 뜻입니다. 이 경우 종교는 기독교입니다. 선교는 기독교의 가르침을 널리 선전한다는 뜻입니다. 그렇다면 무엇이 기독교의 핵심적인 가르침일까요? "예수는 그리스도(메시아)이며 주님이다"라는 문장으로 기독교의 핵심적 가르침을 요약할 수 있을 것입니다. 바로 이 사실을 전파하기 위해 보냄을 받는다는 것이 선교입니다.

미션(mission)이란 용어의 본래적 뜻은 "맡겨진 임무"입니다. 맡겨진 임무를 한자어로 하면 '사명'(使命)입니다. 미션은 사명입니다. 미션은 선교가 아니라 사명이란 말입니다. 달리 말해 선교는 사명(미션)의 내용입니다. 보내는 이가 보냄을 받는 이에게 위탁한 사명이 미션이란 말입니다. 따라서 보냄을 받는 자는 자기에게 무엇이 위탁되었는지를 항상 상기해야만 합니다. 이 점에서 교회는 이 세상을 향해 미션 트립을 하는 신적 기관(divine institution)입니다. 즉, 하나님께서 교회를 세상을 향해 보내시면서 맡겨 주신 사명이 무엇인지를 기억하면서 그 사명을 수행하는 기관이 교회란 말입니다. 교회는 세상을 향해 "하나님의 왕국이 도래하고 있다. 왕이 오고 계신다. 너희는 항복하라"고 외치는 임무를 띤 신적 기관입니다. 일반적으로 통용되는 용어 '미션 트립'(선교여행)에 대한 자그마한 유감(有感)입니다!

33
후임자 천거

자기가 개척하여 목회했던 교회를 누군가에게 물려주거나 천거하려면 여러 모로 복잡하거나 시끌시끌하게 됩니다. 세습이라고 하고 자기 사람을 집어넣으려 한다든지…. 좌우간 골치 아프고 복잡합니다. 게다가 그 교회 안에 이미 힘깨나 쓰는 기득권 인사들이 있으면 더욱 골치 아파집니다.

성경은 지도력의 대물림을 어떻게 이해하고 있을까요? 좋은 예가 있습니다. 바울은 자기가 설립한 빌립보교회에 자신의 영적 아들인 디모데를 차기 사역자로 추천하게 되었습니다. 그런데 빌립보교회 안에 해결해야 할 문제가 많았습니다. 그리고 교회 안의 갈등 중심에는 빌립보교회의 지도자들이 있었습니다. 일종의 기득권 세력들이었습니다. 그들은 주로 개척 멤버인 권사님들이었습니다(유오디아 권사와 순두게 권사, 빌 4:2 참고). 이 두 사람의 기 싸움은 대단했습니다. 자기 세력 확보부터 교회의 의결권을 선점하기까지 아주 복잡한 양상이었습니다. 이런 교회에 바울은 자기 사람인 디모데를 보내려고 그를 천거한 것입니다.

그런데 문제는 그들이 디모데를 우습게 여겼다는 것입니다. 나이가 어리다는 이유로 하는 짓이 경솔하다고 여긴 것입니다. 그들은 바울을 따라다녔던 디모데를 어린 시절부터 보아왔기 때문입니다. 그러므로 그들이 볼 때 디모데는 권위 있는 담임목사감이 되지 못한다는 것입니다! 나이를 따지는 일은 그때나 지금이나 동양 문화권에서는 별로 달라지지 않았습니다!

이런 인식을 불식시키고자 바울은 다른 곳에서는 하지 않았던 독특한 일을 합니다. 바울은 디모데를 자기와 동급의 인물로 묘사합니다. "그리스도 예수의 종들인 바울과 디모데"라고 말한 것입니다. 바울은 "디모데는 나와 격이 같은 사역자다. 그를 우습게 보지 말라. 그를 청빙하라!"고 말했습니다. 이렇게 강력하게 천거를 했지만 디모데가 빌립보교회의 담임목사로 부임하게 되었는지는……

34
톨게이트 차단기

지난 여러 해 동안 서울에서 천안으로 출퇴근한 일이 있었는데 경부고속도로를 타고 다녔습니다. 고속도로 통행료는 하이패스를 이용하였습니다. 톨게이트를 통과할 때마다 차단기가 자동적으로 재빨리 알아서 올라가곤 했습니다. 규정 속도가 30Km이었지만 차단기의 성능을 알아보려고 종종 과속으로 달려 들이대기도 했습니다(고해성사). 그래도 순진한 차단기는 부지런히 손을 들고 문을 활짝 열어 주었습니다. 오늘 오랜만에 천안을 다녀왔습니다. 다시 하이패스를 이용했습니다. 오늘따라 하이패스와 톨게이트의 차단기가 고마웠습니다.

이유는 하이패스로 톨게이트를 통과할 때 차단기는 전혀 차를 차별하지 않는다는 위대한 진리(!)를 배웠기 때문입니다. 벤츠로 달리든, 아우디로 달리든, 액쿠스로 달리든, 그랜저로 달리든, 프라이드로 달리든, 모닝으로 달리든, 티코로 달리든, 마티즈로 달리든, 전혀 차종을 차별하지 않는다는 것입니다. 사람 사는 사회는 직업, 지위, 외모, 가문, 재력, 학벌 등으로 사람을 무지하게 차별하는데, 톨게이트 차단기는 전혀 차종을 차별하지 않는다는 사실입니다. 하나님처럼 차단기는 차의 외모를 보지 않고 차의 중심(하이패스)을 보더라는 것입니다.

그런데 톨게이트의 차단기가 유일하게 검사하는 것은 차종이 아니라 하이패스 안에 담겨진 금액이었습니다. 하이패스 안에 금액만 있으면 어떤 차종이든 상관없이 거수경례하며 통과시킨다는 것입니다. 하나님 나라를 통과하는 것도 그의 경력도 신력도 관록도 교회 직분도 그 어느 것도 아닙니다. 그저 그 마음속에 있는 믿음의 유무입니다. 믿음으로 구원받는다는 것이 이것이 아닐까요? 톨게이트 차단기 만세! 하이패스 만세! 평신도를 위한 구원론 특강이었습니다.

35
주어진 은혜, 거절된 은혜

뮤지컬 영화 《레미제라블》(*Les Misérables*, 비참한 사람들)의 키워드는 무엇입니까? 정의, 헌신, 사랑, 희생, 참회, 구원, 용서, 용기, 희망 등 키워드로 추천할 만한 후보들이 많습니다. 그러나 내가 볼 때 영화 저변에 유유히 흐르고 있는 주음은 분명 '은혜'가 아닌가 합니다. 굳이 이 영화에 부제를 붙이자면 "숭고한 은혜의 장엄한 승리"라고 하면 어떻겠습니까?

이 영화는 평범한 사람 장 발장(Jean Valjean)의 삶을 혁명적으로 변화시키는 은혜와 동시에 엄격하게 기능적이고 제도적이고 율법적인 자베르(Javert)의 삶 속에서 철저하게 거절되고 배척되는 은혜를 매우 렘브란트적으로 그려내고 있는 명불허전의 '은혜 명작'입니다.

값없이 주어진 은혜의 첫 번째 장면을 봅니다. 교도소에서 가석방된 뒤 장 발장은 머물 장소를 찾지만 여의치 않습니다. 그가 찾은 마지막 장소는 수도원 이었습니다. 그때 수도원의 원장인 미리엘 신부가 나와 그를 영접합니다. 바로 이 장면에서 우리는 예기치 않은 은혜를 만나게 됩니다.

"선생이여, 어서 들어오시구려. 지치셨군요.

바깥 밤이 춥고 차갑습니다.

비록 우리의 삶이 비천하고 초라하지만

그래도 여기 우리가 갖고 있는 것을 나눠야 할 것 같습니다.

여기 포도주가 있어요. 마시고 생기를 차리시고

여기 빵이 있어요. 먹고 힘을 내세요.

여기 침대가 있으니 아침까지 편안히 쉬세요.

고통에서 쉼을, 죄에서 쉼을 얻기를 바랍니다."

은혜란 이런 것 아니겠습니까! 값없이 주어진 은혜란 이런 것 아니겠습니까! 값 주고 살 수 없는 은혜란 이런 것 아니겠습니까! 이런 것이 성례전적 은혜란 것일 것입니다!

36
보트와 다리

마거릿 크레이븐(Margaret Craven)의 이 책의 원제는 『올빼미가 내 이름을 부르는 소리를 들었습니다!』(*I Heard The Owl Call My Name*)입니다. 『이 숲에서 우리는 행복했다』(김민석 역, 검둥소, 2007)를 읽으면서 떠오른 단상입니다.

꿈과 의욕에 찬 한 젊은 백인 신학생이 신학교를 졸업하고 목사가 되어 원주민 인디언들이 사는 외진 지역으로 파송을 받아 선교하러 갔습니다. 그 지역은 현대식 교육을 제대로 받지 못한 채로 대대로 내려오는 연어잡이로 생계를 꾸려가며 그들만의 전통을 이어나가고 있던 인디언 부족이었습니다. 이런 열악한 환경에서 사는 원주민들을 보면서 그는 의욕으로 넘쳤습니다. 도착하자마자 자신의 꿈을 담은 설교를 시작했습니다. 그의 설교는 '보트'(boat) 은유를 사용하여 그곳에 있는 사람들에게 자기의 선교사역의 꿈을 펼쳐 보였습니다. "보트를 만들어 여기에 있는 젊은이들을 더 큰 세상, 즉 백인들이 사는 개화된 세상으로 태워 가겠습니다."

그는 선교사로서 피선교지인 인디언 부족들을 계몽시키고 교육시켜 더 큰 세상으로 나아가게 하겠다는 생각을 한 것입니다. 그는 선교에서 자신은 '갑'이고 토착 인디언들은 '을'이라고 생각한 것이었습니다. 그들의 풍습과 습관과 전통을 뜯어고치고 개선하겠다고 생각한 것입니다.

그러나 이러한 사명감으로 가득한 선교사의 설교는 그곳 사람들의 마음의 문을 여는 데는 아무런 힘이 없었습니다. 무관심과 냉소로 돌아온 고된 신고식을 마친 그는 혹독한 시절을 보내게 됩니다. 일 년이 지난 후 비로소 그는 깨닫게 되었습니다. 선교란 먼저 그들의 마음을 얻는 일이라는 사실을 알게 됩니다. 일방적으로 그들을 가르치거나 고치려는 생각이 아니라, 또한 피선교지와 피선교지의 사람들을 선교사의 꿈과 이상을 실현하는 장소나 대상으로 바라보는 것이 아니라는 사실을 배우게 됩니다. 그는 자기가 원주민에게 가르쳐야 하는 것보다 그들로부터 배워야 할 것이 더 많다는 사실을 깨우치게 됩니다. 점점 사람들의 마음이 열리기 시작했습니다.

그곳에서의 사역이 일 년이 되던 어느 주일에 그는 설교하면서 이렇게 말했습니다. "일 년 전을 기억하실 것입니다. 그때 저는 여러분들에게 보트를 만들겠다고 말했습니다. 저는 더 이상 보트를 만들 생각을 내려놓았습니다. 이제 저는 다리를 놓으려고 합니다. 여러분과 제가 진정으로 만나는 다리 말입니다. 여러분을 위해 다리를 만들겠습니다." 이 다리는 세대와 세대 간의 다리, 계층과 계층 간의 다리, 백인과 인디언 간의 다리, 종교와 종교 간의 다리, 문화와 문화 간의 다리로 확대되어야 할 것입니다.

37
우리 할아버지 이름이 헷갈려서

매년 7월 10일은 16세기의 위대한 종교개혁가(Reformer)인 어떤 분의 생신입니다(1509.7.10-1564.5.27). 어쩌다가 그분은 나의 신학적 조상이 되셨습니다. 그분이 나를 입양했는지 아니면 내가 그분을 골랐는지는 몰라도, 어쨌건 나는 그분을 나의 신앙과 신학의 조상님으로 받들고 있음에 틀림없습니다. 그러니 그분을 추모하는 생일이 가까이 오니 그분의 업적과 사상을 새롭게 음미해야 하지 않을까 생각해 봅니다. 좋든 나쁘든 나는 그분의 후손으로 태어났으므로 그분에 대해 잘 알아야 하는 것이 착한 후손의 자세가 아니겠습니까? 그런데 최근에 문제가 생겼습니다. 그분의 이름을 어떻게 불러야 할지 헷갈리기 때문입니다. 이전에는 그냥 그분의 이름을 불렀는데, 요즘 그분의 이름을 발음하고 쓰는 일에 대해서 학설도 많고 말도 많습니다. 죽고 사는 문제는 아닌 듯한데, 학자들이라는 사람들이 이 문제를 가지고 말들을 만들어 냅니다. 그리고 자기의 표기법이 맞느니 지금까지의 표기가 틀렸느니 하면서 신경을 곤두서게 합니다. 심지어 동일한 학술지에 기고한 서로 다른 학자들의 논문에서도 이러한 현상이 발견됩니다. 어떤 사람은 이렇게 다른 사람은 저렇게 표기합니다. 그러니 보통 사람들이 안 헷갈릴 수 있겠습니까? 나도 헷갈리는데 말입니다. 이런 두통을 가져다준 나의 조상, 그분은 뉘십니까?

출생으로 따지자면 그는 프랑스인이고 책을 쓸 때는 종종 라틴어로 썼으며, 대부분의 활동과 삶은 스위스의 한 도시 제네바에서 했고 그의 영향력은 유럽의 북쪽인 네덜란드와 영국(특히 스코틀랜드) 그리고 후에 청교도들을 통해 미국의 뉴잉글랜드 지방을 중심으로 확산되었고, 다시 백여 년 전 미국의 선교사들을 통해 한국 땅에도 미쳤습니다. 그분을 떠나서는 한국의 장로교를 생각할 수 없을 것입니다. 자, 그분의 이름을 살펴보겠습니다. 프랑스어로는 Jean Cauvin, 라틴어로는 Ioannes Calvinus, 독일어로는 Johannes Calvin, 네덜란드어로는 Johannes Calvijn, 영어로는 John Calvin으로 표기합니다. 한글로 표기하거나 발음하자면 대충 다음과 같을 것입니다.

(1) "장 꼬뱅"(Jean Cauvin, 프랑스어) – 원명

(2) "장 깔뱅"(Jean Calvin, 프랑스어) – 요즈음

(3) "요안네스 깔비누스"(Ioannes Calvinus, 라틴어)

(4) "존 칼(캘)빈"(John Calvin, 영어)

(5) "요한네스 깔빈"(Johannes Calvin, 독일어)

(6) "요한네스 깔베인"(Johannes Calvijn, 네덜란드어)

어느 것이 맞을까요? 모두 맞겠지요! 우리가 서로 다른 사람을 이야기하는 것은 아니지 않습니까? 마치 우리나라에서 하나님의 고유 존함을 어떻게 부르는지를 생각하면 이해가 쉬울 것입니다. 어떤 사람들은 '여호와'로, 다른 어떤 사람들은 '야웨'로 부릅니다. 우리가 서로 다른 분을 부르고 있는 것입니까? 아닙니다. 동일한 분입니다! 또 다른 예로, 유럽의 '프랑스'를 들겠습니다. 물론 영어식은 '프랜스'라고 하고 한자식 표기는 '불란서'(佛蘭西)라고 합니다. 이런 예는 많습니다. 샌프란시스코를 상항(商港)으로, 로스앤젤레스는 나성(羅城)으

로 부르는 것이 대표적일 것입니다.

다시 돌아가 프랑스에서 공부한 사람들 중 그분의 본디 이름(原名)을 아는 사람은 1번이 정답이라고 말합니다. 그렇지 않으면 요즈음 프랑스인들의 표기와 발음을 따르면 2번이 될 것이고, 라틴어를 좀 다룰 줄 아는 사람은 좀 더 현학적으로 들리는 3번을 선호합니다. 좋든 나쁘든 지난 1세기 이상을 사용해 온 영어식 표기를 지금 와서 고쳐야 할 필요가 있느냐고 하는 사람들은 4번을 선택합니다.

그런데 근년에 이르러 상당수의 한국 신학자들은 프랑스인인 그분의 이름을 프랑스식으로 표기하고 발음해야 한다고 하면서 '장 깔뱅' 혹은 '깔뱅주의'라고 합니다. 그렇게 부르게 된 연유를 찾아보니 다음과 같았습니다. 그분의 라틴어식 이름이 '요안네스 깔비누스'인데 여기서 '-누스'는 라틴어 어미의 변형이기 때문에 남는 원줄기는 '깔빈'이 남게 되고 이것을 프랑스식으로 발음하면 '깔뱅'이 된다는 것입니다. 그리고 요안네스는 독일식 발음으로는 요한네스의 줄임말인 '요한'이라고 하며 이것을 다시 프랑스어로 발음하자면 '장'(Jean)이 된다, 그래서 나온 것이 '장 깔뱅'입니다. 그러니까 프랑스인들조차도 라틴어식 이름을 그들 발음으로 한 것입니다. 어쨌건 '장 깔뱅'보다는 원래의 이름인 '장 꼬벵'이라고 하는 것이 원칙이면 원칙입니다. 그런데 '꼬벵'이라고 하니까 '꼬맹이'가 생각나서 영 그렇습니다. 한 가지 주의 점은 그분의 성은 결코 '장'(張)씨가 아니라는 사실입니다!

최근에 한국 조직신학회를 비롯하여 여러 학회와 학자들이 이 문제를 가지고 고민을 하다가 절충식 발음법을 제안하였다고 합니다. '요한 칼빈'으로 하자는 것입니다. 이것 역시 일종의 '섞어찌개' 같은 느낌을 지울 수 없습니다. 이름은 라틴어식(요한)이고 성은 영미독일식(칼빈)입니다. '요한 칼빈'이 됐든지 '존 칼빈'이 됐든지(존 칼빈은 '좋은 칼빈'으로도 발음할 수 있습니다!) 어쨌건 우리 할아버지 존함을 함부로 망령되이 부르지 않았으면 좋겠습니다. 할아버님, 죄송스럽습니다. 당신의 존함을 어떻게 부르든, 적어도 당신이 남겨주신 신학적 유산만은 오염되지 않게 후대에 잘 전수하도록 하겠습니다. 생신을 축하드립니다.

38
강도사라고?

교회의 직분 가운데 강도사란 직책이 있습니다. 어감이 좀 그렇긴 하지만 한자어를 알면 참 좋은 용어입니다. 강도사가 된다는 것은 무슨 뜻일까요? '평신도-신학생-전도사-강도사-목사'라는 사다리의 정상 문턱에 이르렀다는 뜻입니까요? 그것은 아닐 것입니다. 만일 그렇다고 생각하는 사람이 있다면, 그의 목은 이미 **뻣뻣**해지고 있다는 뜻이 됩니다.

그렇다면 정규 신학 훈련을 받고 강도사가 된다는 뜻은 무엇일까? 한자어 '강도(講道)'의 의미를 잘 모르는 한글세대는 반 농담으로 강도사를 "강도질하는 사람이냐?"고 묻습니다. 물론 제대로 신학 훈련을 받지 않았거나 신학 훈련 기간을 소홀히 한 사람들, 혹은 진정성 있는 소명 의식이 없는 사람들은 목회 현장에서 본의 아니게 '강도(强盜, Robber)'짓 할 가능성이 많을 것입니다. 섬뜩하고 무서운 일입니다.

'강도(講道)'란 문자 그대로 "도(道, Way)를 강론하다"는 뜻입니다. 달리 말해서 강도사란 공적으로 설교할 수 있는 자격을 받은 사람이라는 뜻입니다. 교회(교단)가 정규 신학 훈련을 받은 사람을 심사하여 설교단에서 책임성 있게 성경 본문을 풀어 설교할 수 있는 사람으로 인정하게 될 때, 그에게 '강도권(講道權)'을 부여합니다. 이렇게 하여 강도사가 되는 것입니다. 그러나 강도사는 아직 '말씀과 성례의 수종자'라는 직함을 받는 목사는 아닙니다. 책임성 있게 성경을 주석할 수 있는 최소한의 과정을 마치고 설교할 수 있게 되었다는 뜻입니다.

그러므로 목사 임직 이전 단계로서 강도사가 된다는 것은 무엇보다 하나님의 말씀인 '성경'을 신실하게 주석하고 그것을 신자들에게 공적으로 적용하여 설교할 수 있어야 한다는 것입니다. 강도사가 되었다는 것은 곧 목사가 되어 교회를 세울 수 있는 합법적(?) 면허증을 받았다는 뜻이 아니라는 것입니다. 강도사가 되는 사람들은 이 사실을 깊이 명심하여 하나님의 '도'(道, 길)를 잘 설명하고 안내해야 한다는 막중한 책임을 평생 잊지 말아야 할 것입니다. 강도사, 유감(有感)이었습니다.

39
설교 유감

어느 날 나는 '설교'라는 용어가 매우 부정적인 의미로 사용되고 있다는 사실을 발견하고는 깜짝 놀란 적이 있었습니다. 누군가 반복되는 잔소리를 하면 "이제 그만 설교하세요!"라고 핀잔을 줍니다. 일반 신자들로부터 이런 말을 들을 때는 그냥 지나치곤 했습니다. 그러나 설교자들이 아무런 거리낌 없이 이런 말을 내뱉을 때는 이만저만한 충격이 아니었습니다. 도대체 언제부터 설교가 잔소리로 전락하였단 말입니까? 게다가 현대는 설교 홍수시대가 되었습니다. 각종 방송 매체를 통해 24시간 설교를 들을 수 있는 세상입니다. 현대 그리스도인들은 시간과 장소의 구애를 받지 않고도 수많은 설교를 접할 수 있게 되었습니다. 그러나 설교의 가치를 귀하게 여기는 사람은 많지 않은 것 같습니다. 일반 신자들은 물론 설교자 자신들도 그렇게 생각하는 것 같아서 매우 유감입니다.

알다시피 한국의 목회자들은 일주일에 수없는 설교를 입에 달고 살아야 합니다. 주일뿐 아니라 수요일, 금요일, 새벽기도회, 각종 예배시의 설교를 수행해야 합니다. 그들은 엄청난 설교의 부담 속에서 살고 있습니다. 그러니 자연히 설교에 대한 두려움과 신선함, 진지함과 경건한 부담감은 진부함, 매너리즘, 영혼 없는 되뇜에 자리를 내주게 되었습니다. 교인들 역시 설교란 언제나 쉴 새 없이 목사의 입에서 흘러나오는 고정화된 종교적 훈계 정도로 여기는 경우가 많습니다. 그들이 교회에 가는 중요한 이유는 절실한 생명의 양식으로서 하나님의 말씀을 듣기 위함이 아닙니다. 그들은 더 이상 거룩한 거지들이 아닙니다. 그들이 교회에 가는 것은 무료한 습관이거나 아니면 교회 '일'을 하기 위함입니다. 설교를 통한 삶의 변화는 기대할 수 없을 만큼 교회의 영적 분위기는 건조해지고 각박해져 갑니다. 영적 사막화 현상이 급속도로 퍼지고 있다는 말입니다. 이런 의미에서 한국 교회가 다시 회생하고 새로운 영적 동력을 얻기 위해서는 강단의 회복 운동이 있어야만 하고, 그것을 위해 목회자들은 그들의 평생 사명인 설교하는 일에 대한 안목과 헌신을 새롭게 해야 할 것입니다.

신학교에서 오랫동안 신학을 가르쳐 온 선생으로서, 또한 강단에서 하나님의 말씀을 설교해 온 목사로서 나는 모든 신학 훈련의 절정은 궁극적으로 설교하는 일에 있어야 한다고 믿습니다. 설교는 모든 신학 분과의 면류관입니다. 성경은 언제 어디서고 설교되어야 할 본문이어야 합니다. 따라서 성경과 설교는 불가분리의 관계입니다. 위대한 설교자는 성경에 통달해야 하고, 성경을 통달하기 위해서는 올바른 성경 해석이 필요합니다. 동시에 위대한 설교자는 설교가 전해지는 청중에 대한 정확한 이해가 필요합니다. 일명 '청중 이해'라는 것입니다. 그들의 눈높이를 맞추어 복음을 알기 쉽고 적응 가능하도록 만들어야 할 책임이 설교자에게 있습니다.

그러나 거기서 끝나서는 안 될 것입니다. 설교자는 누구보다 성령의 이끌림을 확신하고 믿어야 하기 때문입니다. 설교가 성령의 도우심이 없이는 불가능하다는 것입니다. 말씀이 선포될 때 설교자는 간절한 마음으로 성령의 개입을 사모해야 할 것입니다. 왜냐하면 말씀이 사람의 심장 속으로 전달되어야 하기 때문이고, 사람의 심장과 마음을 아시는 분은 성령님이시기 때문입니다. 물론 듣는 사람들 역시 성령의 도우심을 기다리면서 말씀을 들어야 할 것입니다. 성령은 말씀을 전달하는 택배 기사이기 때문입니다. 각 사람의 마음의 주소지에 하나님의 메시지를 정확하게 배달하는 분이 성령이시라는 말입니다. 그분을 통하여 청중들은 구원자를 소개받게 되고, 그것이 그들에게 복음이 되는 것입니다. 이처럼 설교는 삼위일체 하나님의 일하심입니다. 그러므로 설교자는 설교를 잘하려는 강박감에서 벗어나 삼위일체 하나님이 일하시도록 도와드리는 종의 심정으로 강단에 서 있어야 할 것입니다. 설교, 유감(有感)이었습니다.

40
헌금 유감

　교회에서 헌금하는 방법도 가지각색입니다. 전통적인 방법은 헌금 바구니를 돌리거나 교회당에 들어가면서 헌금궤에 집어넣는 것입니다. 요즘은 온라인으로 자동이체시키는 방법도 있습니다. 그런데 헌금 방식이 아주 특이한 교회가 있습니다. 두 명의 헌금위원이 한 조를 이룹니다. 왜 두 명이겠습니까? 한 사람은 헌금을 걷고 다른 한 사람은 거스름돈을 돌려주는 일을 하기 때문입니다. 예를 들어, 어느 여성도가 헌금 바구니 앞에서 10만 원짜리 수표를 내면서 "오늘은 3만 원을 헌금하겠습니다"라고 하면 함께 조를 이룬 다른 헌금위원이 7만 원을 거슬러 주는 것입니다! 너무 생경합니까? 그러나 이것은 진짜입니다.

　종종 그날의 기분에 따라 헌금을 내는 액수가 달라질 수 있을 것입니다. 5만 원을 내려고 했는데 그날따라 설교가 별로였다면 4만 원을 거슬러달라고 하던가, 찬양이 기막히게 감동적이었다면 4만 원을 내겠다고 하고 1만 원을 돌려받을 수 있을 것입니다.

　아마 예수님 당시도 그러했을 것 같습니다. 예루살렘 성전 바깥뜰에는 환전상들이 있었는데, 그들은 원래 로마 동전을 히브리인의 동전으로 바꾸어 주면서 수수료를 챙기는 사람들이었습니다. 또한 그 옆에는 제사용 짐승들을 파는 사람들도 있었습니다. 어느 날 예배하는 자가 큰맘 먹고 숫양 한 마리를 바치려고 했습니다. 그런데 주보를 보니 그날 당직 제사장(설교자)이 평소에 마음에 안 드는 사람이었습니다. 그는 숫양 대신에 비둘기 한 마리를 사서 제사에 사용했다는 것입니다.

요즈음 교회 안에는 헌금 가지고 장난치는 사람들이 종종 있습니다. 심지어 어떤 사람들은 헌금이나 헌물을 돌려달라고까지 합니다. 교회에 바친 물품이나 헌금을 돌려달라는 사람보다는 위에서 말한 사람처럼 차라리 거스름돈을 돌려받는 교인들이 훨씬 더 신사적이고 합리적인 것 같습니다.

41
성령운동이라고?

하나님이 인격적이라는 말은 삼위일체 하나님이 인격적이란 뜻일 것입니다. 인격적이란 말은 상대를 함부로 대하지 않아야 한다는 의미가 내포되어 있습니다. 따라서 인격적이신 하나님을 함부로 대할 수는 없습니다. 그런데 삼위 하나님 가운데 가장 비인격적인 대우를 받는 분이 성령 하나님이 아닌가 생각이 듭니다. 특별히 성령운동을 한다는 사람들은 성령에게 굴종을 강요하기까지 합니다. 그들은 종종 성령운동이란 이름 아래 성령을 독점하거나 성령에게 명령하거나 성령을 강제하기 때문입니다.

물론 기독교 역사상 전통적으로 성부 하나님과 성자 하나님의 인격성에 대해서는 누구도 이의를 제기하지 않았지만, 성령의 인격성에 대해서는 많은 논란이 있어왔던 것은 사실입니다. 성령을 단순히 어떤 '세력'(force)이나 '힘'(power)이나 '능력'(energy) 정도로 생각하는 일들이 많았고, 그러한 생각은 지금에도 계속되고 있습니다. 그렇게 생각하는 근저에는 성령을 '불', '방망이', '바람'으로 표현하고 있는 몇몇 성경 구절에 대한 문자적 해석에서 기인하는 듯합니다. 그러나 그런 표현은 시적이고 은유적인 표현이지 사실적 표현은 아닙니다. 결국 성경을 해석하는 일에 있어서 유치했기 때문입니다. 성경에는 수많은 시적, 은유적, 비유적 표현이 있다는 사실을 기억해야 합니다.

어쨌든 성령 하나님은 다른 두 분 하나님과 동일하게 인격적인 분이십니다. 우리가 성부 하나님과 성자 하나님을 강제하거나 명령하거나 강요할 수 없듯이, 성령 하나님의 경우도 마찬가지입니다. 심지어 삼위일체 하나님께서도 우리 신자들에게 강요하시거나 강제하시지 않는 것과 동일합니다. 하나님은 언제나 인격적으로 우리를 대하시며 권고하십니다. 심지어 명령하실 때에도 독재자로서가 아니라 자비로우신 아버지로서 명령하시며, 그 명령에 대해 순종적으로 반응할 때까지 인내하며 기다리십니다.

하나님께서 우리를 이렇게 인격적으로 대하신다면, 어찌하여 사람이 하나님을 함부로 대할 수 있겠습니까? 종교에서 인간이 신을 함부로 대하거나 대상으로 삼거나 조종하거나 제어하는 일들은 이교도나 이단들에서나 발견되는 일입니다. 그런데 요즈음 교회에서, 특히 열정적인 성령파 교인들 혹은 능력이 있거나 카리스마가 있다고 생각하는 교회 지도자들이나 목회자들은 마치 자기들이 성령 하나님에 대한 전매특허나 받은 양, 성령 하나님을 독점하여 '성령 운운'합니다. 그러나 이것은 온당치도 않은 일일 뿐 아니라 비성경적이기까지 합니다. 만일 그런 일들을 마음에 아무런 가책 없이 계속한다면 신성모독의 죄를 짓는 것입니다. 왜냐하면 인격적인 하나님을 비인격적으로 대하고 다루는 것이기 때문입니다.

끝으로 '성령운동'이란 단어가 참 유감입니다. 이 합성어는 히브리어나 헬라어로 문법적(!)으로 소유격 연계 형태라 할 수 있는데, 명사형 단어 두 개를 연결시켜 놓은 상태를 말합니다. 두 명사형 단어 사이의 관계는 크게 두 가지로 해석할 수 있습니다. 하나는 주격 소유격으로, 다른 하나는 목적 소유격으로 해석이 가능합니다. '성령운동'을 주격 소유격으로 해석할 경우는, "성령이

운동을 하신다!"는 뜻이 됩니다. 성령께서 운동을 시작하신다는 것입니다. 성령이 주어가 되고, 성령이 이니셔티브(initiative)를 쥐고 있다는 것입니다. '성령운동'을 목적 소유격으로 해석할 경우는, "사람이 성령을 운동시킨다!"는 뜻이 됩니다. 달리 말해 성령으로 하여금 활동하여 어떤 결과를 나타내도록 시킨다는 뜻이 됩니다. 이 경우 사람이 주체가 되고, 성령은 사람이 쥐고 사용하는 대상이 된다는 뜻입니다.

물론 직설적으로 성령을 강제하거나 강요하지는 않습니다. 예를 들어, "성령이여, 오시옵소서!" "성령의 불을 내려주시옵소서" "성령이여, 불로 우리를 뜨겁게 하시옵소서!"와 같은 예의 바른 요청을 하기도 합니다. 그러나 그러한 요청의 이면에는 카리스마가 있는 듯한 설교자의 능력에 따라 성령이 오시게도 하고, 성령을 뜨겁게 내려주기도 하고, 소위 성령 체험을 할 수 있게 하는 능력이 사람에게 있다는 잠재의식이 들어 있습니다. 이런 이유 때문에 사람들은 좀 더 능력이 있다고 생각되는 주님의 종을 선호하거나, 그들의 묵직한 목소리에 홀리거나, 각종 음향 장치의 도움으로 분위기에 압도되는 것을 성령 체험하는 것으로 인식하는 경우도 종종 있는 것입니다.

어쨌든 성령은 인격적인 하나님이시며 그분을 통제하거나 제어하거나 강요하거나 손아귀에 넣고 주물럭거리거나 심지어 굴종을 강요하는 일들은 더 이상 '성령운동' 운운하면서 일어나서는 안 되는 '신성모독'적인 일임을 기억해야 할 것입니다. 성부 하나님과 성자 하나님과 성령 하나님은 우리의 찬양과 경배를 받으시기에 합당하신 지존하신 하나님이십니다. 그분에게 세세토록 영광과 존귀와 권세와 찬송이 있을지어다. 아멘.

42
느낌(感) 유감

영어에 "트루시니스"(Truthiness)란 유별난 단어가 있습니다. 생긴 것을 보니 Truth, Truthfulness, Trustworthiness와 사촌지간 정도인 듯 보입니다. 2005년 미국의 코미디언 출신 방송 사회자인 스티븐 콜버트(Stephen Colbert)가 만들어낸 신조어(stunt word)로 그해 미국방언학회에서 올해의 단어로 선정되기도 했습니다. 단어를 분석해 보면 Truth(진실)와 Thin(얄팍함)의 합성어입니다. 이 단어의 뜻은 진실도 사실도 아닌 것을 진실과 사실처럼 받아들이려는 경향을 말합니다. 즉, 직관적 느낌으로 판단하여 자신이 믿고 싶은 것을 사실로 받아들이려는 성향이랍니다. 우리말에 "감(感)으로 하다"라는 말과 유사합니다. 예전에 어느 대통령이 "나는 감으로 정치를 합니다"라고 말한 것처럼 말입니다. 증거나 논리나 지적 조사나 사실성에 상관없이 그저 "느낌이 좋은데!" 하며 판단을 내리고 그것을 사실로 받아들이고 믿는 것입니다. 이 단어는 당시 미국의 사회 · 정치적 담론의 수사학적 장치로 사용되었는데, 이제는 문화 전반과 종교 영역에서도 사용됩니다.

신앙생활에서도 이런 일은 오래전부터 있어 왔습니다. 자신들이 믿고 싶어 하는 것을 믿는 것 말입니다. 느낌에 '좋다'라고 생각되면 그것을 자신의 신념으로 삼고 계속해서 그 신념을 강화시켜 가는 것입니다. 이렇게 해서 터널비전

(tunnel view)을 갖게 됩니다. 따라서 교회에 나와 설교를 듣거나 성경을 읽을 때에도 자신이 듣고 싶어 하는 것만을 듣고, 자신이 보고 싶어 하는 것만을 보고, 자신이 읽고 싶어 하는 것만을 읽고, 자신이 믿고 싶어 하는 것을 믿고, 자신이 기도하고 싶어 하는 것만을 기도하고, 자신이 받아들이고 싶은 사실만 받아들이고, 무엇보다도 자기가 섬기고 싶은 하나님만을 섬기게 됩니다. 사람마다 각자의 '하나님들'(gods)을 만들어 냅니다. 여기서부터 우상숭배가 시작됩니다. 사사기처럼 사람들이 자기 소견(所見)에 좋을 대로 믿고 삽니다. 그러나 그 결과가 무엇일지, 또 어떻게 될지 생각해 봐야 하지 않을까요? 어느 교회 주일예배의 설교 제목이 특이하게 들립니다. "믿고 싶어 하는 것을 믿을 경우 그 결과가 어떻게 되는지 알아?"

43
술 담배 하는 사람

술과 담배를 가리켜 주초(酒草)라고 합니다. 한국 교회는 주초 문제에 관해 매우 엄격했고 지금도 그러합니다. 그런데 문제가 있습니다. 술과 담배를 하는 사람들이 교회에 나오는 것에 대해 싸늘한 시선을 보낸다는 것입니다. 술과 담배를 끊고 교회에 나오라고 합니다. 그러나 이것은 마치 집에서 목욕을 하고 목욕탕에 오라고 하는 것과 같습니다. 술과 담배를 끊어야 교인이 될 수 있다는 것입니다. 그러나 성경은 그렇게 말하지 않습니다. 술과 담배를 끊고 예수님께 나오는 것이 아니라 술과 담배를 하는 사람들이 예수님께 나아와 한다는 것입니다. 왜냐하면 그들이야말로 '구원자'가 필요한 사람들이 아니겠습니까?

어떤 사람에게 간질을 앓고 있는 아들이 있었습니다. 그 아들은 자주 불에도 넘어지며 물에도 넘어졌습니다(마 17:15 참고) 사람들이 예수님의 제자들에게 그를 데리고 왔으나 고치지 못했습니다. 그러나 예수님은 그를 고치셨습니다.

불에도 물에도 넘어지는 사람들이 누굽니까? '담배'(=불)와 '술'(=물)에 넘어지는 사람들이 아닙니까? 그들이야말로 구원자가 절실하게 필요한 사람들입니다! 그러므로 교회는 물과 불에 넘어지는 사람들에게 교회의 문을 활짝 개방하여 예수 그리스도를 만나게 해야 할 것입니다.

44

참호기도

먼저 '참호(塹壕, Foxhole)'라는 단어는 야전(野戰)에서 몸을 숨기어 적의 공격에 대비하는 방어시설로 여우의 굴처럼 구덩이를 파고 그 안에서 적군의 공격을 피하거나 적을 향해 공격하는 웅덩이나 도랑을 말합니다.

참호기도의 기원은 아마 치열한 전쟁터에서 군인들이 드렸던 기도를 말할 것입니다. 참호기도는 긴박한 위기와 위험에 직면하여 하나님께 간절하게 구원을 부탁하는 절실한 기도입니다. 누군가 잘 말했듯이 전쟁터의 참호에서는 누구도 무신론자일 수 없습니다.

사실 우리가 드리는 기도들 가운데 가장 간절한 기도는 참호기도일 것입니다. 목숨이 풍전등화(風前燈火)와 같을 때, 우리는 염치 불구하고 하나님에게 매달려 살려 달라고 기도합니다. 물론 그가 전에 하나님의 존재를 믿었든지 안 믿었든지 상관없을 것입니다. 신학의 상아탑에서는 참호기도의 정당성에 대해서 왈가왈부할 수 있겠지만, 우리는 참호기도를 통해 우리 인간이 얼마나 연약하고 취약적인 존재인가를 다시금 확인하게 됩니다.

인생의 단명성과 하나님의 영원성을 렘브란트(Rembrandt)처럼 극적으로 대비시켜 우리의 마음을 깨부수며 눈물 흘리게 만드는 시편의 한 구절을 묵상해 보십시오.

하나님은 우리의 체질을 아시며

우리가 단지 먼지뿐임을 기억하십니다.

인생은 그날이 풀과 같으며

그 찬란한 영화로움도 들의 꽃과 같습니다.

그것은 바람이 지나가면 없어지나니

그 있던 자리도 그것의 존재를 다시 알지 못합니다.

그러나 여호와의 인자하심은 자기를 경외하는 자에게

영원부터 영원까지 이르며

그분의 의로우심은 자기를 경외하는 자의

대대손손으로 이어져 내려갈 것입니다(시 103: 14-17).

45
유전무죄, 무전유죄

포도주를 마시기에 용감하며 독주를 잘 빚는 자들은 화 있을진저! 그들은 뇌물로 말미암아 악인을 의롭다 하고 의인에게서 그 공의를 빼앗는도다(사 5:22-23).

'부정부패'는 사회를 갉아먹는 좀이며, 죽음에 이르게 하는 암세포입니다. 예언자 이사야가 살던 당시 법을 집행하는 검사와 판사들 가운데는 지역에서 힘깨나 쓰는 토호(土豪)세력들과 결탁하여 그들의 뇌물을 받아 판결을 굽게 하는 자들이 종종 있었습니다.

특히 향판(鄕判)들 가운데 그런 사람들이 많았습니다. 서로 형님 동생하고 지내는 사이들입니다. 한 다리만 건너면 다 아는 사이입니다. 요정에서 거한 향응을 대접받습니다. 폭탄주를 돌립니다. 연대감을 과시합니다. 고가의 포도주나 시계를 뇌물로 받습니다. 골프 대접을 받거나 여행 경비를 대납하도록 합니다. 그러고 나서는 재판을 굽게 합니다. 연줄이 없거나 돈이 없거나 힘이 없는 사람들은 언제나 억울하게 당합니다. 그들은 뇌물을 받고 악인을 무죄 처리하고 무고한 양민에게는 정당한 판결을 빼앗습니다. 한마디로 '유전무죄, 무전유죄'입니다.

그러니 정의로운 재판장이신 하나님께서 얼마나 속이 뒤집어지시겠습니까? 가만 놔두어야 합니까? 부정부패는 거룩하신 하나님에 대한 도전이요, 정의롭지 못한 삶은 신성 모독입니다. 통탄할 세태입니다. 옛날이나 지금이나 하등 달라진 것이 없으니 어찌 서글프지 않겠습니까!

46
불쌍한 우리의 딸들아!

구약성경에 사사시대의 입다라는 사람이 있습니다(사사기 11장). 그의 출신성분은 비천했습니다. 그의 아버지 길르앗이 동네 창녀와 정사를 치루고 난 다음에 태어난 비천한 자식이었습니다. 그는 아버지 길르앗의 본처에게서 태어난 자식들에게 기업 상속 문제 때문에 따돌림을 받고 변방에서 떠돌다가 이스라엘의 국운이 암울할 때 자기를 버렸던 국가 원로들이 찾아와 간청하는 바람에 마지못해 지도자가 된 사람입니다. 암몬 부족과의 전쟁에서 승산이 없자 원로들이 입다를 찾아온 것입니다. 입다는 전쟁의 승리를 위해 하나님께 해서는 안될 끔찍한 서원을 합니다. 전쟁에서 승리하고 돌아올 때 자기를 처음으로 맞이하는 사람을 하나님께 불에 태워 제물로 바치겠다고 서원한 것입니다. 인신공희(人身供犧, human sacrifice)를 하겠다고 한 것입니다. "이런 딱한 사람 같으니라고! 아무리 승리가 중요해도 그렇지!" 결국 슬프고도 비참하게 입다의 딸은 죽게 됩니다. 입다의 딸은 갸륵하게도 아버지와 국가를 위해 자발적으로 죽음을 맞이하게 됩니다.

그리스 신화인 호머(Homer)의 『일리아드』(Iliad)에는 그리스의 연합군이 트로이(Troy)와 전쟁을 치르는 이야기가 나옵니다. 그리스 연합군의 총사령관은 아가멤논(Agamemnon)이었습니다. 그는 에게 바다를 지나 트로이를 정복하려고 군선들을 띄웠으나 바람이 불지 않아 출항하지 못하게 됩니다. 소문에 따르면 그가 그리스의 여신 아르테미스(Artemis)의 미움을 받아서였다고 합니다. 아가멤논의 측근인 한 제사장이 신탁을 받았는데 아가멤논의 딸 이피게네이아(Iphigenia)를 제물로 바치면 출항할 수 있고 전쟁에 승리할 수 있다고 하였습니다. 아가멤논은 전쟁의 승리를 위해 결국 딸을 제물로 바치게 됩니다. 그의 딸이 남긴 유명한 말이 있습니다. "영광스런 죽음보다 가난한 삶이 좋아요!" 그러면서도 그녀는 아버지를 위해 국가를 위해 자발적으로 죽음을 맞이합니다.

'에이, 이런 나쁜 놈들 같으니라고! 어쩌면 그럴 수가 있더냐? 아무런 힘도 없는 사람들의 목숨은 파리만도 못하단 말이더냐? 너희들의 대의명분 살리기와 명예와 승리를 위해서라면 어떻게 하든 상관없단 말인 게야? 세상에는 이런 놈들이 너무 많은 거 아냐?' 입다의 딸들과 아가멤논의 딸들을 위해 울어야 할 때입니다. 자신의 명예와 승리와 출세를 위해서라면 무슨 짓이라도 하겠다는 사람들이 이 땅에서 줄어들어야 할 때입니다. 아니 그렇습니까?

47
세월호 사건과 악

우리가 살고 있는 세상은 온갖 흉측하고 끔찍한 악들로 가득합니다. 악은 아주 좋지 못한 것임에 틀림없습니다. 악은 하나님이 창조하신 '선한 창조세계'(Good Creation)의 샬롬(shalom)이 붕괴되어 혼란스런 상태가 되었을 때 극성을 부리는 초강력 세력입니다. 이런 혼란의 상태는 피조물들이 하나님의 의지에 반하여 반역함으로써 찾아오는 결과이거나 그 파급 여파입니다. 달리 말해 악은 이 세상의 비참과 고통과 파괴를 일으키는 원인으로서, 그 자체가 세력이며 힘입니다. 악은 크게 '도덕적 악', '자연적 악', '구조적 악'으로 범주화시킬 수 있습니다.

'도덕적 악'(moral evil)은 근본적으로 죄(罪)입니다. 죄는 악 자체이며 악의 원인이기도 합니다. 도덕적 행위자(moral agent)로서 인간이 저지른 행동들이 고통이나 파괴와 같은 해로운 상황을 불러올 때 도덕적 악이 발생하는 것입니다. 우리 인간은 일차적으로 도덕적 행위자입니다. 이 사실을 잊고 살거나 반인간적인 행위를 하는 것은 심하게 말해서 스스로 인간이기를 포기하거나 스스로를 짐승이라고 선언하는 것입니다.

'자연적 악'(natural evil)은 자연의 세력이나 힘 때문에 발생하는 비극적 상황을 가리키는데, 태풍, 홍수, 해일, 지진, 전염병과 같이 사람에게 고통과 파멸과 같은 해로운 결과들을 가져오는 자연재해를 가리킵니다. 자연적 악은 사람이 어떻게 할 수 없는 통제 불능입니다. 자연의 악 앞에서 사람은 그저 자신들의 가멸성과 허약성(mortal being)을 자인하고 자연 앞에 겸손해야 합니다. 고개 숙이는 순간들입니다. 인간이 뭣 좀 안다고 까불어서는 안 되는 침묵의 시간들입니다.

'구조적 악' 혹은 '조직적 악'(structural evil)이란 것이 있습니다. 인간 삶의 가장 기본적인 구조들 안에 깊숙이 자리 잡고 있는 도덕적 악을 말합니다. 불의한 사회구조, 불의한 경제구조, 불의한 정치구조들이 만들어 내는 해로운 악들을 말합니다. 예를 들어, 인종차별, 계급차별, 가난과 기아, 부의 쏠림, 독과점, 약자 착취, 자연 착취와 같은 것들이 있습니다. 뒤집어 말하자면 국가와 사회를 포함하여 창조세계를 지탱하고 있는 두 개의 기둥 '정의와 공의'는 완전 무시되거나 파괴되는 상태입니다.

이상과 같이 범주한 악에 세월호 사건을 비춰 보며 악의 현실을 보아야 합니다. 세월호 사건을 보면서, 처음에는 '도덕적 악'이 얼마나 깊숙하게 작동하고 있었는지를 보았습니다. 선장과 승무원들의 파렴치한 행동들과 무책임의 행태들, 극도의 이기주의와 생명 경시 풍조는 그들 스스로 인간성을 박탈하는 야만적이고 짐승 같은 행동이었습니다. 그러나 사건의 전모가 드러나면서 우리는 우리 사회에 얼마나 극심한 '구조적 악'들이 암처럼 널리 깊숙이 퍼져 있는지를 보게 된 것입니다. 조직적인 은폐, 끼리끼리 밀어주고 덮어주는 관행들, 탐욕에 눈은 시뻘겋게 변해 가고, 돈에 미쳐버린 광기는 관련 기관의 이상한 유착구조나 악랄한 관(官)피아를 창조하였던 것입니다.

특별히 외형적 성장에 몰입하고 있는 한국의 상당수 보수적 목회자들과 개인의 건강과 번영과 성공에 집착하고 있는 상당수의 일반 기독교인들의 머릿속에는 피조세계가 정의와 공의로 운행되어야 한다는 최소한의 신학적 인식 자체가 존재하지 않는 듯 보입니다. 한국 교회와 그 일부 지도자들이 보여 주고 있는 도덕적 추락과 추태는 그들 마음에 창조주 하나님이 계시지 않음을 반증합니다. 어리석은 자들은 속으로 말하기를 "하나님이 없다!"(시 14:1)라고 합니다. 이들 종교지도자들은 하나님을 종교적 영역에만 가두어 길들입니다. 말 잘 듣는 신으로 가축화시키고 있습니다. '편의점 하나님, 가축화된 하나님, 길들여진 하나님'을 만들어 통제하고 조작하고 이용해 먹는 것입니다.

일반 교인들 역시 별반 다르지 않습니다. 개인적 축복과 성공과 번영에만 관심을 보이고 있는 한심한 작태는 그들의 신앙이 얼마나 비정상적이고 병적인지를 극명하게 보여 주고 있습니다. 그들은 개인 차원의 도덕적 악은 말할 것도 없고 사회의 조직적 악과 구조적 악에 대해서는 생각조차 안 합니다. 복음주의적 교회일수록 더욱 그렇다는 사실이 통탄스럽습니다. 그런 문제는 순수 복음과는 별개라는 생각을 합니다. 그렇게 말하면 자유주의적 신학이라고까지 공격하고 폄하하는 누런 이빨을 드러냅니다. "여보쇼, 당신들의 눈에는 하나님은 자기의 피조세계가 일그러지고 파괴되어 가는 것을 멍하니 쳐다보고 있는 멍청한 신처럼 보인다는 말입니까?"

우리는 악의 현실을 비통해하며 슬퍼해야 할 것입니다. 우리는 죄로부터 기인한 악의 폭력성에 대해 고통스러워하며 기꺼이 저항할 줄 아는 그리스도인들이 절실하게 요구되는 시대에 살고 있습니다. 그러나 현실은 어떻습니까? 교회라는 도피성에 숨어 들어와 개인적 안위와 위로만을 추구하는 나르시스적 신앙의 행태에서 만족감을 느끼지 않습니까? 하루 속히 이런 신앙적 게토 (ghetto)에서 벗어나 하나님의 피조세계에 그리고 우리가 살고 있는 국가와 사회 안에 하나님의 정의와 평화가 서로 포옹하고 입을 맞출 때가 도래할 것을 간절히 기다리며, 오늘과 내일 우리에게 주어진 개인과 사회적 도덕적 책무들을 성실하게 이루어 가야 할 것입니다. 이것이 사회적 제자도입니다. 악은 개인적 차원을 넘어 사회적 집단적 형태로 나타난다는 것을 기억해야 할 때입니다.

48
세월호 이름 유감

'세월호'는 진도 앞바다에 침몰한 배의 이름입니다. '세월'의 뜻이 궁금했습니다. "해나 달을 단위로 하여 한없이 흘러가는 시간"으로서 세월(歲月)인 줄 알았습니다. 그런데 그것이 아니었습니다. "세상을 넘어서, 세상을 초월해서, 세상 바깥으로"라는 뜻의 한자어 '세월(世越)'이었습니다.

누가 이렇게 이름을 지었는지는 잘 모르겠습니다. 배 이름치고는 매우 독특한 한자 이름임에는 틀림없습니다. 혹시 청해진 해운 선사의 실질적 소유주가 구원파의 창시자인 권신찬의 사위인 유병언이라면, 구원파의 세계관이 그대로 반영되어 있지 않나 추측해 볼 수 있습니다.

대부분의 이단들과 사교 집단의 특징 중에 하나가 조직 내의 강력한 응집력과 철저한 대외적 배타성입니다. 역대의 기라성(!) 같은 이단들 - 박태선의 전도관, 유재열의 장막성전, 이만희의 신천지 - 중 이 특성에서 벗어난 집단은 하나도 없습니다.

구원파에게 중요한 두 가지 단어가 있습니다. '믿음'과 '구원'입니다. 이 점에 있어서 기성 교회와 별반 다르지 않습니다. 그러나 속을 들여다 보면 그렇지 않습니다. 그들의 주장에 따르면 믿음이 있어야 구원을 받게 되고, 일단 구원을 받은 자는 결코 버림을 받지 않는다는 것입니다. 즉, 무슨 짓을 해도 구원은 보장된다는 것입니다. 그들에게 '구원'은 '영혼 구원'을 의미합니다. 따라서 이 세상에서의 삶은 그리 중요하지 않습니다. 그들은 구원파가 가르치는 구원을 믿음으로 받아들이는 것이 중요하다고 강조합니다. 이처럼 '영혼 구원'을 위해 가장 중요한 것이 '믿음'이라는 것입니다. 보통 믿음이 아니라 열정적인 믿음이어야 합니다. 열정적인 믿음은 구원파에 속하여 거기서 가르치는 것을 절대적인 진리로 받아들이는 것입니다. 바로 이 점에서 구원파에 속한 자들만이 구원을 받는다는 배타성이 강조되고, 자연히 그들끼리의 응집력은 상상을 초월하게 됩니다.

구원파가 아니더라도 한국 교회에서 '믿음과 구원'은 언제나 가장 중요한 신앙의 주제였습니다. 그러나 한국 교회에서는 불행하게도 가장 왜곡된 형태로 믿음과 구원이 강조되어 온 것도 사실입니다. 때때로 믿음은 거의 광적인 헌신을 의미했고, 구원은 이 세상에서 벗어나는 영혼 구원을 지칭할 때가 많았습니다. 심하게 말해서, 초기 기독교에 등장했던 영지주의의 환생처럼 보이기까지 합니다. 그러니 구원받은 자들이 세상의 소금과 빛으로 크리스천답게 사는 것은 그리 중요하지 않습니다. 소위 '예수 믿고 천당만 가면 된다'는 생각이 팽배하게 되었습니다. 이러한 기존 기독교회의 견실하지 못한 신학적 입장은 정말로 뭔가를 제대로 믿어 보려는 독실한 구도자들(?)에게는 흐리멍덩한 것처럼 보이게 되었습니다. 그런 사람들은 쉽게 사이비 교회와 이단들의 포섭 행위에 희생자가 되기 일쑤였습니다. 이단과 사이비 집단들은 그런 사람들을 염탐하여 끌고 가는 무서운 이리 떼와 같았고, 이번 세월호 사건과 연루된 집단은 구원파였습니다.

사실을 말하자면, 믿음이 과도하게 강조되고 있는 한국 교회는 다시금 신학을 재정리할 필요가 있다고 생각합니다. 도대체 무엇에 대한, 누구에 대한 믿음인지? 믿음이 좋다는 뜻이 무엇인지? 믿음과 행위는 별개의 문제인가? 이런 기본적인 질문에 대해 제대로 답을 할 수 있어야 합니다. 불행하게도 지금 한국 교회에서 믿음은 곧 교회에 충성하는 것, 교회 일에 헌신하는 것을 의미합니다. 목회자들은 그런 사람들을 믿음이 좋은 사람이라고 부추겨 세웠으며 지금도 그러합니다. 그들에게 '교회 일'이란 주일성수를 비롯하여 각종 집회에 열심히 참석하는 것과 십일조와 각종 헌금을 빠뜨리지 않고 잘 드리는 것을 의미했습니다. 개신교회가 그렇게 핍박을 받으며 물리치려 했던 중세 로마교회의 공로사상을 은근히 주입하는 것과 별 다를 바가 없는 것입니다. 그러다 보니 교회 안에는 일급 신자와 이류급 신자, 삼류급 신자가 있게 됩니다. 때로는 교인들 간에 신앙 경쟁심을 부추겨 '교회 일'(때로는 목회자의 목회 비전)에 힘쓰게 하기도 합니다.

어쨌든 열성적인 믿음을 가진 크리스천들에게 주어지는 구원은 천문학적 액수의 복권 당첨과 다름이 없고 천국직행티켓을 무료로 쥔 것이라고 가르치게 됩니다. 그리고 그런 특권을 누리게 되는 사람들의 숫자는 정해져 있어야만 했습니다. 이것이 이단과 사교로 흘러가는 교묘한 첫발입니다. 이단과 사교 안에는 자연적으로 자체적 응집력과 대외적 배타성이 강할 수밖에 없습니다. 기존의 교회와 이단적 집단들의 경계선이 애매모호하게 된 것입니다.

놀랍게도 기존의 기독교회 안에도 무의식적으로 이런 생각을 하는 사람들이 의외로 많습니다. 이런 '공로사상'을 부추기는 영적 지도자들도 많습니다. 이런 경향에 대해서는 누구보다 목사들의 책임이 크다고 할 수 있을 것입니다. 말로는 그렇게 하지 않았지만 실제로 그들의 행동과 생각의 표현이 은연중 그렇기 때문입니다.

어쨌든 구원파에게 이 세상은 그리 중요하지 않습니다. '이 세상을 넘어서, 이 세상을 초월해서, 이 세상 바깥으로' 가는 것이 중요합니다. 세월(世越)의 의미가 그것이었습니다. 자기의 그룹 속에 속하지 않는 자들의 생명은 그리 중요하지 않습니다. 자기들만 구원받으면 됩니다. '세월호(世越號)'에만 타면 되는 것입니다. 이런 쓰레기 같은 신학사상이 이단이나 사교 집단에만 있는 것이 아니라 기존의 한국 기독교회 안에 깊이 뿌리를 내리고 있다는 사실에 경악을 금치 못하는 바입니다. 오호통재라!

'믿음'과 '구원'에 대한 올바른 가르침이 필요한 때입니다. 신학이 없는 신앙이 영혼이 없는 육체처럼 얼마나 좀비적이고 위험천만한지 조심해야 할 때입니다. 11세기 영국 캔터버리의 안셀름(Anselm)의 저 유명한 문구를 곱씹어 보기 바랍니다. "이해를 추구하는 믿음"(*fides quaerens intellectum*)을 말입니다.

49
부흥과 성장 유감

지난 수십 년간 한국 교회의 제일되는 화두(話頭)는 무엇일까요? 목회자들이나 교회들이 가장 중요시하는 주제들은 무엇일까요? 수많은 목회자 세미나, 교사 강습회, 교회 부흥회, 소그룹 모임, 성경공부 모임 등의 저변에 깔려 있는 간절한 바람들은 무엇일까요? 목회자들이나 신학생들이나 심지어 교인들이 모여서 이야기하는 핵심적 주제어들은 무엇일까요? 바로 '부흥과 성장'입니다.

솔직하게 말해 이에 대해 "아니오!"라고 답할 사람들은 그리 많지 않을 것입니다. '부흥과 성장'이라는 용어는 한국 기독교인들의 뇌리에 깊숙이 각인되어 있는 유전인자이며 비밀코드입니다. 이에 대한 정당성을 확보하기 위해 별의별 이유를 다 댄다 하더라도 그것은 경건한 위장이며 위선일 가능성이 높습니다.

이렇게 말하는 이유는 단순히 '부흥과 성장'이라는 신기루에 환청과 환각 증세를 일으켜 가면서까지 종교적 사업의 확대를 꿈꾸는 어리석음을 지적하고자 하는 것만은 아닙니다. 하고 싶은 말의 핵심은, 성경을 귀하게 여기고 그 가르침을 진지하게 생각하는 사람들이라고 한다면, 우리 크리스천들이 말해야 하고 생각해야 하고 고민해야 하는 중요한 화두는 성경의 가장 중요하고 포괄적인 주제, 즉 '하나님 나라'에 관한 것이어야 합니다. 하나님 나라는 무엇보다 정의롭고 공의로운 하나님의 통치를 반영하는 나라이기에 그것에 관한 것이어야 합니다. '정의와 공의'를 떠나선 하나님 나라를 생각할 수 없기 때문입니다.

그러므로 한국 교회는 더 이상 '부흥과 성장'이라는 화두에 매몰되지 말고 '정의와 공의'라는 주제어를 되찾아야 한다는 것입니다. 달리 말해 '정의와 공의'라는 전망대에서 교회와 사회와 피조세계를 볼 수 있는 시력의 회복이 급하다는 뜻이기도 합니다. 예를 들어, 교회에서 목회자가 설교를 하거나 어떤 일을 하려고 할 때 "이 일이 우리에게 부흥과 성장을 가져다줄까?"라고 묻는 대신에 "이 일이 정의로운 일인가?" "하나님의 공의로운 다스림을 반영하는 일인가?"라고 물어야 한다는 말입니다.

이런 생각들이 교회와 교계와 신학계에 번지기 시작한다면 '하나님 나라'는 변혁과 혁신과 개혁의 주동력이 될 것입니다. 우리의 주님 예수는 "교회가 부흥하고 성장하게 해 주십시오"라는 기도를 가르치신 것이 아니라 "하나님의 나라가 임하기를 바랍니다!"라고 기도하라고 가르쳐 주셨습니다. 한국 교회의 화두를 바꿉시다. '성장과 부흥'에서 '정의와 공의'로!

50
믿음만능주의를 경계한다

신앙이 좋다는 교인들이나, 교인들에게 열정적 신앙을 강조하는 목사들 가운데 상당수는 자신들도 모르는 채로 어느덧 '믿음만능주의자'가 된 경우가 많습니다. 믿음만능주의란, 믿으면 모든 것을 다 이룰 수 있다는 자기기만형 확신인 동시에 자기주문(呪文)형 주술행위를 말합니다. 이런 경우 믿음에 대한 강조는 일종의 자기도취나 자아몰입을 통한 진통 효과에 이르게 합니다. 부흥회나 수련회와 같은 군중집회에서 종종 강사는 청중들에게 특정한 구호를 제창하게 하여 그들에게 믿음의 확신을 심어 주려고 애쓰는 경우가 있습니다. 극단적인 경우, 단순한 신앙적 문구를 반복적으로 강하게 외치게 하여 군중의 심리를 흔들고 휘저어 집단적 광기를 연출해내는 경우도 있습니다. 이런 분위기에 충분하게 협조적이지 않은 경우 그들은 믿음이 없거나 아직 성령의 임재를 경험하지 못한 생짜배기 초보 신자로 폄하되기 일쑤입니다. 이런 현상은 특별히 이단 집단에서 많이 사용하는 수작이기도 합니다.

문제는 '믿음이 좋다', '신앙이 좋다'라고 할 때의 믿음과 신앙이 도대체 무엇이란 말입니까? 덮어놓고 믿는다는 것입니까? 무엇을 믿는다는 것입니까? 믿음의 대상이 누구인지 알고 믿는 것입니까, 아니면 "주여!"라고 외치고 부르짖으면서 얻어지는 정서적인 만족과 확신의 감정을 믿음이라고 생각하는 것입니까? 심지어 병자에게 손을 얹은즉 병이 나았다고 성경에서 말했으므로 병자나 육체적 질병에 안수하여 강하게 기도하면 치유의 역사가 일어난다는 것입니다. 그런 기적이 있으려면 먼저 당신에게 강력한 믿음이 있어야 합니다. 사업이 잘 안 되거나 가정에 문제가 있거나 자녀들이 반항적이거나 공부를 잘 못하거나 혹은 어떤 질병이 있다면, 심지어 암에 걸쳤다면 그런 것은 충분히 믿음으로 물리칠 수 있다는 것입니다. 믿음이 있으면 안 되는 사업도 기적적으로 잘되게 될 것이고, 믿음이 있으면 반항하던 자녀도 기적적으로 돌아오게 되고, 믿음이 있으면 병도 치유된다는 것입니다. 제발 그랬으면 얼마나 좋겠습니까?

문제는 이런 믿음만능주의가 무서운 우상숭배라는 사실입니다. 나의 믿음의 정도에 따라서 어떤 일들이 바뀌거나 이루어진다는 생각은 철저하게 '나'의 애씀과 노력에 따라 구원이 이루어질 수 있다는 생각과 맞닿기 때문입니다. 이럴 경우 하나님의 은혜로우신 구원은 일방적인 하사(下賜)가 아니라 나의 믿음의 정도에 따라 왔다갈 수 있는 조건적인 것이 되며, 심할 경우 믿음은 하나님의 은혜를 조작하거나 조정하는 힘으로서 강조될 것입니다. 그러나 믿음은 어떤 물리적이거나 심리적인 '힘'이 아닙니다. 믿음은 무엇인가를 받아들이는 도구일 뿐입니다. 무엇인가 받아들이는 것이 믿음이라면 믿음은 결코 먼저가 아닙니다. 믿음이 먼저가 아니라 믿음으로 받아들이는 내용이 먼저 와야 할 것입니다. 그 내용이란 곧 '하나님의 은혜'입니다. 즉, 하나님의 일방적이고 한량없는 은혜가 예기치 못한 방식과 길로 우리에게 찾아올 때, 그 은혜는 우리의 마음속에 믿음이라는 도구를 창조해 내어서 그 은혜를 진정 감사하는 자세로 받아들이게 되는 것입니다. 이처럼 믿음은 큰 소리를 내지 않습니다. 믿음은 소리 없이 받아들이는 펼쳐진 두 손입니다. 하나님께서 어느 것을 주시든지, "그것이 내게 제일 좋은 것이야!"라는 그분의 신실하심에 대한 믿음으로 그 어느 것을 받아들이는 것이 참 믿음입니다. "하나님의 은혜는 언제나 내게 족합니다"라고 고백하는 것이 진정한 믿음입니다. 이것은 결코 믿음만능주의자의 교만함이 아닙니다. 겸손한 고백입니다.

역사적 개혁교회가 고백한 신앙고백문서 가운데 하이델베르크 신앙교육문답서(1563년)는 참된 믿음을 다음과 같이 고백하고 있습니다(제7주일, 제21문답).

참된 믿음이란, 하나님께서 그의 말씀으로 우리에게 계시하신 모든 것이 진리(진실)라고 여기는 '확실한 지식'(sure knowledge)이며 동시에 성령께서 복음으로써 내 마음속에 일으키신 굳은 신뢰(firm confidence)입니다. 곧 순전히 은혜로, 오직 그리스도의 공로 때문에 하나님께서 죄 사함과 영원한 의로움과 구원을 다른 사람 뿐 아니라 나에게도 주심을 믿는 것입니다.

51
거룩한 전쟁

미움과 반목은 진실과 사실 자체를 왜곡하고 굴절시키는 놀라운 힘이 있습니다. 최근에 여러 교회들에서 분란이 일어나고 있음을 잘 알 것입니다. 대부분의 경우 목사를 추종하는 사람들과 그를 밀어내고 싶어 하는 사람들 사이의 전쟁입니다. 문제는 미움과 증오의 모드로 돌입하기 시작하면, 사람들은 사건을 선택적으로 줌 인해서 보는 경향이 있습니다. 상대방의 말꼬투리를 잡거나 그의 표정 하나라도 자기 편의대로 확대해석을 합니다. 같은 편에 있는 사람들은 그 해석을 덮어놓고 믿기 시작합니다. 믿어 버리면 죽음도 불사하는 강력한 투쟁이되고 폭력까지 동원됩니다. 그러니까 믿는 자들 사이의 싸움은 언제나 "거룩한 전쟁"(聖戰, Holy War)이 됩니다. 하나님(神)의 이름을 걸고 싸우는 것이 성전이기 때문입니다. 종교 간의 다툼과 싸움이 무서운 이유가 이 때문입니다. 같은 신앙을 가진 사람들 간의 싸움 역시 마찬가지입니다. 누가 좀 더 하나님께 가까운지를 보여 주는 신앙 선명성의 다툼이기 때문입니다. 그러나 속을 들여다보면 철저히 이기심과 탐욕, 주도권 장악, 체면과 명예, 세력 구축과 같은 더럽고 부패한 인간의 본성이 자리 잡고 있습니다.

한국의 기독교, 특별히 장로교 보수 교회들은 도덕적 성화(聖化)를 외치는 대신에 근본적 전향과 회심과 회개와 통회 자복을 강조하고 스스로 이런 일에 천착해야 할 것입니다. 몇몇 더러운 곳을 진한 흰색 분(粉)으로 화장(化粧)하거나 혹은 쭈그러진 곳을 보톡스 주사로 팽팽하게 만드는 것으로는 안 됩니다. 약간의 비만 맞아도 화장기는 지워집니다. 보톡스 부작용으로 몰골은 더욱 추하게 변해 버립니다. 그렇습니다. 기독교는 도덕적 개량이나 개선을 가르치는 곳이 아닙니다. 기독교는 죽은 자에게 염을 하는 장의사가 있는 곳입니다. 그리스도는 장의사로 이 세상에 오셨기 때문입니다. 교회는 그리스도의 복음을 통해 먼저 옛사람을 죽입니다. 죽기를 거절하는 자는 하나님의 나라와는 상관이 없는 자들입니다. 그런 자들은 사탄의 회(會)에 내어준 바 된 자들입니다.

교회는 그리스도의 복음을 통해 새로운 인종(New Humanity)을 만들어 냅니다. 그는 날마다 자신들을 십자가에서 죽이고 날마다 새로운 인종으로 태어나기를 거듭합니다. 이런 의미에서 세례는 처음 예수님을 믿기로 작정했을 때 받는 것이 아니라 매일 받는 것입니다. 날마다 물속으로 수장(水葬)되고 날마다 하나님에 의해 물속에서 건짐을 받아 새로운 사람으로 태어나는 것입니다. 그러므로 우리 신자들의 옷은 언제나 축축하게 젖어 있어야 합니다. 매일 물속에서 올라오기 때문입니다. 그리고 자신들을 죄로 인해 죽은 자로 여깁니다. 이것이 죄에 대해서는 죽은 자요, 의에 대해서는 산 자라는 말의 뜻입니다. 그러므로 거룩한 전쟁이 일어나야 할 곳은 '우리 자신 속'이지 결코 다른 사람들과의 전쟁이 아닙니다. 교회를 분란(紛亂)하고 그리스도의 형제자매를 향해 목숨을 건 싸움질을 하는 자들은 저주를 받을 것입니다. 비록 그것이 하나님의 이름을 들고 싸운 성전(聖戰)이라도 그렇습니다. 불행했던 역사의 십자군 전쟁을 기억하지 못합니까? 우리는 십자군 전쟁의 용사가 아니라 십자가 전쟁의 용사들입니다. "날마다 그리스도와 함께 죽노라!" 죽는 자만이 다시 살아날 것입니다. 교회 안의 거룩한 전쟁, 유감입니다!

52
10월 31일

I

동네 어린아이들이 무리를 지어 밤늦게까지 돌아다닙니다. 얼굴에 시커먼 천을 뒤집어 쓴 녀석부터 마귀 모양의 **빨간** 뿔이 달린 모자를 쓴 녀석하며, 치렁치렁 길게 끌리는 치마를 입은 계집아이에 이르기까지 온갖 괴상한 모습을 하고 다닙니다. 둥근 호박에 괴물 이빨처럼 안을 파거나 색깔을 덧입혀 긴 대나무에 꽂아 들고 골목을 휘졌고 다닙니다. 조용히 다니는 녀석 한 명도 없습니다. 유난을 떨며 시끄럽게 서로에게 묻습니다. "너 얼마나 받았니?" "어디 좀 보자"라고 하면서 휘졌고 다닙니다.

소위 '할로윈 복장'(Halloween costumes)을 하고 이집 저집 아파트 문을 두드리며 "캔디 주세요. 안 주시면 큰일 난데요"(Trick or treat!)라고 말하는 풍습입니다. 10월 31일이 그날입니다. 서양에서 전래된 이교적 풍속입니다. 어느새 한국에도 널리 퍼져 있습니다. 할로윈 풍습에 대해 이러쿵저러쿵 말이 많습니다. 교회의 주일학교 어린이들을 위해 최근에 미국에서는 할로윈 데이라는 말 대신에 할렐루야 데이로 맞불을 놓고, 아이들과 부모들이 함께 즐거운 가족 모임의 시간을 갖기도 합니다. 꼴사납게도 서울 강남에서는 어린 자녀들에게 할로윈 복장을 입히기 위해 수십에서 백만 원 단위까지 지출하는 정신 나간 젊은 엄마들이 간혹 있다는 소식도 들립니다. 어쨌건 철없는 아이들의 어렸을 적 재미있는 추억 정도라면 그나마 그냥 귀엽게 봐 줄 수도 있겠습니다.

II

'시월의 마지막 밤'이란 노래가 있습니다. 원제는 "잊혀진 계절"입니다. 이용 씨가 불러 히트를 친 애수에 찬 노래로 이젠 10월 31일에 부르는 국민가요가 되었습니다. 슬프게 헤어진 과거를 되뇌는 푸념 어린 노래 정도입니다. 괜스레 사람들을 센티멘털하게 할 뿐입니다.

> 지금도 기억하고 있어요, 시월의 마지막 밤을.
> 뜻 모를 이야기만 남긴 채, 우리는 헤어졌지요.
> …
> 언제나 돌아오는 계절은 나에게 꿈을 주지만,
> 이룰 수 없는 꿈은 슬퍼요. 나를 울려요.

III

서구 역사를 뒤흔들어 놓은 기폭제 역할을 한 사건이 있었습니다. 중세 천년 동안 종교의 권위를 앞세워 평민들의 눈을 가리고 진리 대신 교권을, 사랑 대신 희생을, 신앙 대신 전통을, 자유 대신에 속박을 강요했던 로마교황청의 악습에 대해 개혁의 횃불을 드높인 사람이 있었습니다. 바로 독일 비텐베르크 성당의 문에 95개 조항의 반박 대자보를 붙인 마르틴 루터였습니다. 참으로 용기 있는 사람입니다. 진실을 위해 감히 자신의 목숨마저 내놓은 신앙의 용사입니다. 1517년 10월 31일이 그날입니다. 소위 16세기의 종교개혁운동의 시발점이었습니다. "종교개혁운동"이라는 용어 대신 '교회개혁운동'이라 함이 좋을 것 같습니다. 인류 역사에 한 획을 긋는 교회개혁운동이었습니다. 그러나 교회개혁은 교회의 구조나 교회정치를 개혁하자는 것이 아니었습니다. 교회개혁운동은 본질적으로 '신앙개혁운동'이었습니다. 이 신앙개혁운동은 지속적으로 흘러가야 함에도 불구하고 아쉽게도 언제부터인가 고착화되기 시작했습니다. 일종의 '주의'(ism)로 화석화되기 시작했습니다. 일종의 이념화(이데올로기)가 된 것입니다. 참으로 아쉬운 대목이지 않을 수 없습니다. 신앙개혁운동의 핵심은 성경으로 돌아가자는 것이었습니다. 하나님의 가르침으로 돌아가자는 것이었습니다. 그래야만 우리의 삶도 바뀌고 변화되고 개혁된다는 것입니다. 그러나 중세의 교권주의와 후시대의 교리주의가 위험한 것처럼 성경주의 역시 위험하기 그지없습니다. 우리는 성경주의자가 아니라, 살아 있는 하나님의 말씀이 우리를 뒤집어엎도록 우리 자신을 내어놓는 자이어야 합니다. 이들이 진정한 개혁교회의 일원입니다. 개혁은 내 속으로부터 시작되어야 할 것입니다. 한국 교회는 먼저 자기 자신들을 개혁하여야 합니다. 그러기 위해서라면 먼저 하나님의 은혜의 보좌 앞에 나와 무릎을 꿇어야만 합니다. 은혜를 입지 못한 자는 결코 개혁교인일 수 없기 때문입니다.

10월 31일이 지나갑니다. 대부분의 교인들과 목사들은 이상의 세 가지 중 어느 것을 마음에 두고 있을까요? 아니 마음에 두기라도 했을까요? 아마 극소수의 사람들만이 신앙개혁운동에 관심이 있을지 모릅니다. 이것이 한국 교회의 불행의 단초입니다. '10월 31일', 유감입니다.

53
그분의 말씀에 초점을 맞추어

16세기의 위대한 종교개혁자인 마르틴 루터(Martin Luther)가 이렇게 말했다고 전해집니다. "종교개혁운동을 시작하면서 나는 하나님께 꿈이나 환상이나 천사들을 보내달라고 요청하지 않았습니다. 그저 하나님께서 나에게 그분의 말씀, 즉 성경을 올바르게 이해할 수 있는 마음과 눈을 달라고 요청했습니다. 하나님의 말씀을 갖고 있는 한 나는 내가 그분의 길로 걷고 있다는 것을 알며, 또한 어떤 잘못이나 착각에 빠지지 않는다는 것을 압니다."

성경의 학생이자 동시에 성경의 교사였던 루터는 삼위일체이신 하나님과 개인적이고 공동체적인 관계를 갖기 위해 성경 말씀 안에서 반드시 필요한 안내자를 발견한다는 것을 알았습니다. 그는 성경이 우리에게 우리가 어디서 와서 어디로 가고 있는지를 보여 주는 지도를 제공한다는 것을 알았습니다. 당시의 교회의 권력남용을 꾸짖는 95개조 반박문을 쓸 수 있는 권세와 무게를 루터에게 실어주었던 것은 하나님의 말씀이었습니다. 그는 하나님의 말씀에 의지하여, 목사나 신부와 같은 사람들이 하나님과 사람 사이에 중개자라는 당시 로마 교회의 가르침에 반하여, 신자라면 누구든지 하나님께 직접 나아갈 수 있는 제사장들이라는 '모든 신자의 만인제사장직'에 대해 강력하게 말할 수 있었던 것입니다.

시편의 한 시인도 이렇게 고백한 일이 있습니다.

주의 말씀은 내 발에 등이요 내 길에 빛이니이다(시 119:105).

성경을 가볍게 여기는 풍조가 교회 안팎으로 거세져 가는 현 시대에, 참된 신자와 교회라면 하나님의 말씀에 자신의 모든 것을 걸어야 할 것입니다. 하나님의 말씀은 개인과 공동체를 새롭게 하는 생명줄입니다. "오직 성경으로"(*Sola Scriptura*)와 "성경 전체로"(*Tota Scriptura*)라는 종교개혁운동의 모토가 새삼스럽게 다가오는 계절입니다.

54
종교행상인과 소명

　중년의 로커(Rocker) 김경호(71년생)가 있습니다. 그에 대한 나의 첫인상은 별로였습니다. 여자처럼 머리를 길게 늘어뜨린 모습이 왠지 거북스러웠습니다. 물론 나의 편견이었습니다. 그의 노래를 들으면서 나의 생각은 바뀌었습니다. 혼신의 힘을 다해 열정적으로 노래하는 그의 모습에서 음악에 대한 그의 철학을 읽을 수 있었기 때문이었습니다. 지금 그는 "나는 가수다"라는 프로그램으로 일약 제2의 전성기를 누리고 있습니다. 그가 무명시절 낸 2집은 110만장이 팔렸으나 소위 노예계약 때문에 인세는 한 푼도 못 받았다고 합니다. 몇 년 만에 노예계약에서 빠져나왔지만 무저갱처럼 그는 한없이 추락하였답니다. 한편의 프로그램 제의도 없었고 게다가 가수에게는 사형선고와 같은 성대결절과 대퇴골두무혈성괴사증이라는 도무지 뜻도 알 수 없는 희귀질병까지 덮쳤습니다. 재기의 몸부림은 오히려 빚더미에 앉게 했습니다. 물론 그에게 달콤한 유혹이 오지 않았던 것은 아니었습니다. 그 시절의 심경을 최근의 인터뷰에서 이렇게 표현했습니다. "경제적으로 힘들었지만, 주위에서 '김경호 샤우팅 갈비'니 '김경호 두주불사' 같은 프랜차이즈를 만들어 보라는 제안은 들은 척도 하지 않았습니다." 그리고 그가 던진 마지막 말이 비수(匕首)처럼 가슴 깊이 꽂혔습니다. "나는 가수입니다. 아무리 힘들어도 장사꾼은 안 될 것입니다."

물론 그가 말하는 장사꾼은 노래하는 일 말고 다른 사업을 하는 것을 가리킵니다. 노래하는 일을 자신의 소명으로 생각하겠다는 뜻을 것입니다. 그의 말을 들으며 목회자의 길에 대해 생각해 보았습니다. 김경호의 악착같은 소명감이 그로 하여금 난관과 고난의 길을 견디어 내게 한 동력이 되었다면 목회자가 되겠다는 신학도들은 얼마나 강인한 소명감을 소유하고 있는 것일까요? "나는 가수입니다. 아무리 힘들어도 장사꾼은 안 될 것입니다!"

그렇습니다. "나는 복음 전도자입니다. 아무리 힘들어도 종교행상인은 안 될 것입니다!" 먹고살기 위해 가게 차리듯이, 아니 사업의 성공을 위해 인간적 꼼수를 부리는 종교행상인들이 아니라 십자가의 복음을 위해 지중해 연안을 미친 듯이 다녔던 사도 바울처럼 "사나 죽으나 내게 오직 그리스도만 존귀함을 받았으면 여한이 없겠습니다"라고 말하는 신학도와 목회자들이 많아졌으면 합니다. 소명 유감이었습니다.

55
구원, 하나님께서 하신 일

하나님이 그 아들의 영을 우리 마음 가운데 보내사(갈 4:6).

어떤 선택을 해야 할 때 선택이 분명한 것들이 있습니다. 다른 도시에 살고 있는 친척집에 가려면 차를 갖고 갈까, 아니면 걸어서 갈까? 차가 있어야 한다면 내가 차를 만들어서 타야 할까, 아니면 다른 사람이 만든 차를 사야 할까? 태국으로 여행 가려면 자전거를 타고 갈까, 아니면 비행기 표를 구입해야 할까? 이런 것들은 대답이 분명한 선택들입니다.

신앙에도 이와 같은 질문들이 있습니다. 구원을 얻기 위해 노력해야 하는가, 아니면 우리 주 하나님과 그분이 하신 일에 전적으로 의존해야 하는가? 대답은 분명할 것입니다. 그러나 어떤 사람들은 분명한 대답 대신에 다른 여러 생각을 합니다. '나는 그래도 괜찮은 사람이야. 나쁜 생각을 안하지 않는가? 내게는 재능과 은사들이 많으니 그것들을 잘 사용하면 하나님께서도 나를 괜찮게 봐 주실 거야. 나는 도둑이나 살인자나 창녀나 사기꾼도 아니지 않는가? 이 정도면 하나님께서 내게 구원의 승차권을 주실 거야!'

그러나 그러하겠습니까? 하나님께서 예수님을 통해 하신 일에 비하면 우리가 한 일은 얼마나 초라하고 볼품이 없는지 모릅니다. 내가 한 괜찮은 일들에 의존하고 싶다면 그렇게 해도 됩니다. 그러나 구원은 오직 예수를 통해 이루신 하나님의 일에 있다는 것을 기억해야 합니다. 내가 무엇을 해서가 아니라 그분이 우리를 위해 행하신 일 때문에 우리의 구원이 가능하다는 것입니다. 이것이 갈라디아서 4장에서 말하는 바입니다. 하나님께서 우리의 구속(救贖)을 이루기 위해 자기의 아들을 보내셨다고 말입니다!

우리는 구원을 위해 우리 자신들에게 의존해서는 안 됩니다. 오직 예수 그리스도께만 의존하고 그를 믿고 신뢰해야 합니다. 이것이 종교개혁운동이 전하는 메시지의 핵심입니다. 오직 은혜로, 오직 그리스도로!

56
고난도 슬픔

얼마 전 어느 모임에서 찬송가 9장을 불렀습니다. 제목은 "하늘에 가득 찬 영광의 하나님"(김정준 시, 곽상수 곡)이란 찬송이었습니다. 삼위일체 하나님을 찬송하며 예배로 나아가는 찬송이었습니다. 마음을 다해 찬송을 부르다가 4절의 한 가사에서 멈추게 되었습니다. 전에는 한 번도 멈춘 일이 없었기에 특별한 경험이었습니다. 4절은 이렇게 불립니다.

"주 앞에 나올 때 우리 마음 기쁘고
그 말씀 힘 되어 새 희망이 솟는다.
고난도 슬픔도 이기게 하시옵고
영원에 잇대어 살아가게 하소서."

찬송을 멈추게 한 것은 세 번째 소절이었습니다. "고난도 슬픔도 이기게 하시옵고"라는 구절이었습니다. 물론 가사는 하나님께 우리가 겪는 고난도 이기고 슬픔도 이기게 해 달라는 간청의 노래였습니다. 그런데 이날따라 이 문구는 나에게 다른 문장처럼 들려왔습니다. "고난도 슬픔을 이기게 해 달라"는 기도처럼 들렸기 때문이었습니다.

'고난도 슬픔'이라! 여기서 말하는 고난도는 한자어로 고난도(高難度)로, "어려움의 정도가 매우 큼"을 가리키는 용어입니다. 달리 말해 '고난도 슬픔'이란 슬픔에도 레벨이 있다는 것입니다. 그리고 이 찬송은 보통 어려운 정도가 아닌 극심한 '고난도의 슬픔'을 이겨 나가게 해 달라는 기도였습니다. 그렇게 표현한 '고난도 슬픔'이란 문구로 내 마음에 와 닿은 것입니다.

세상을 살아가면서 사람들은 다양한 슬픔을 경험합니다. 고통을 통한 슬픔도 있겠지만, 대부분의 슬픔은 '상실의 슬픔'일 것입니다. 반려견을 잃은 어린아이의 슬픔에서부터 직장을 잃은 실직자의 슬픔, 건강을 잃어가고 있는 것에 대한 슬픔 그리고 오랜 친구를 잃은 슬픔, 부모나 형제를 잃은 슬픔, 자녀를 잃으면서 겪는 슬픔, 배우자를 잃은 슬픔에까지 많은 슬픔이 있습니다. 각각의 슬픔 역시 갑작스런 것이 아니라 천천히 그 슬픔의 강도가 점점 높아지기 마련입니다. 마침내 극도의 슬픔에 이를 때가 있다는 것입니다. 그 정도에 있어서 견디기 힘든 '고난도 슬픔'이라는 것이 있다는 말입니다.

신앙인으로서 이러한 '고난도 슬픔'을 이기는 비결은 우리의 삶이 영원에 잇대어 있다는 사실을 기억하고 믿는 것입니다. 우리의 삶이 지상에서 천상으로, 시간에서 영원으로 연결되어 있다는 사실을 믿는 것입니다. 이러한 믿음의 밑바탕에는 존재하는 모든 것(만유)이 창조주 하나님의 손 안에 있다는 것을 믿는 섭리 신앙이 놓여 있습니다. 즉, 하나님의 신실하심을 믿는 것이 '고난도 슬픔'을 극복하고 이겨 나갈 수 있는 비결입니다.

57
세상에 이런 일이?

세상에는 우리의 작은 머리로 이해할 수 없는 일들이 너무 많이 일어납니다. 심지어 이론적으로 이해가 되어도 실제로는 이해가 되지 않는 일도 많습니다. 불합리, 부조리, 모순, 청천벽력과 같은 소식으로 가득한 세상입니다. "왜 하필이면 이런 일이 내게……"라며 말을 잇지 못하는 경우도 허다합니다.

어제 책방에서 아무런 생각 없이 내 손이 책 한 권을 잡았습니다. 유대인 랍비 헤롤드 쿠슈너(Harold S. Kushner)의 욥기에 관한 신간이었습니다(*The Book of Job: When Bad Things Happened to a Good Person*). 그는 이미 "왜 착한 사람들에게 불행한 일들이 일어나는 것일까?"라는 책으로 전 세계적인 명성을 얻은 작가입니다. 그가 소위 신정론(神正論, theodicy)에 깊은 관심을 갖게 된 것은 자신의 슬픈 가족사 때문이었습니다. 그와 그의 부인 사이에 태어난 아들 아론은 세상에서 가장 희귀한 병인 조로증(progeria)에 걸렸습니다. 조로증은 어려서부터 노인성 용모가 나타나는 선천성 이상 증세로서, 이 아들은 세 살 때부터 조로증세로 고생하기 시작하더니 결국 열네 살 생일을 축하한 그다음 날 세상을 떠났습니다.

아들이 투병하는 동안 아버지는 아들의 상태에 관한 모든 정보를 찾아서 읽었습니다. 그리고 아버지는 무고한 어린아이의 고통에서 도대체 하나님의 역할이 무엇인가 하는 문제로 하나님과 고뇌어린 씨름을 하였습니다. 그렇게 해서 나온 책이 앞서 말한『왜 착한 사람에게 불행한 일들이 일어나는 것일까?』였습니다. 죄 없는 사람들의 고난의 문제에 천착해 온 저자는 욥기에 관한 책을 저술하게 된 것입니다.

오늘 저녁 나는 급한 전화 한 통을 받았습니다. 캐나다 토론토 대학에서 박사학위 공부를 하고 있는 제자의 목소리였습니다. 전화기 너머에서 펑펑 우는 소리가 들렸습니다. 그리고 흐느끼는 소리에 소스라쳤습니다. "우리 아기가 백혈병 진단을 받았습니다!" 이제 6개월 밖에 안 된 어린 생명에게 가혹한 혈액암이라니! 나도 어떻게 해야 할지 모르겠더군요.

위의 글을 쓴 후로 2년이 흘렀습니다. 아직도 어린 딸아이는 병원을 들락거립니다. 힘든 항암치료도 받았고요. 고통 가운데서도 말도 못하고 그저 눈물만 흘리는 어린 딸을 바라보는 젊은 부모의 심장은 하루에도 수없이 깨지고 찢어집니다. 그래도 그들에게 맡겨진 일상을 살아내야 하기에 무거운 짐 보따리를 걸머지고 터벅거리며 걸어가는 뒷모습이 안쓰럽습니다. 앞으로 어떤 일들이 일어날지 모르는 막막한 미래의 문들을 하나씩 열어가며 들어가야겠지요. 산다는 게 참으로 힘들고 고단한 것 같습니다. 가끔 하늘을 쳐다봅니다. 맑고 푸른 창공 너머로 그분의 모습을 보고 싶어서입니다. 당신의 부드럽고 긴 손을 펼쳐 우주를 가로질러 저 병실에 누워 있는 어린 딸을 보듬어 달라고 기도해 봅니다. "주님, 세상에는 도무지 이해할 수 없는 슬픈 일들이 너무 많습니다. 저 어린 딸아이를 어떻게 해 주실 수 없나요?" 이게 내가 드릴 수 있는 기도 전부입니다. 그리고 "주님, 저 젊은 부부의 얼굴에 다시금 웃음이 깃들일 날이 오게 해 주세요"라고 말입니다. 사는 게 쉽지 않다고 느껴지는 어느 날 오후였습니다.

58
교회 단상

"교회가 무엇인가?" "왜 교회론인가?" 새삼스런 질문처럼 들리겠지만, 지난 2천 년 교회역사에서 이 질문보다 더 피부에 와 닿는 신앙적 질문도 그리 많지 않았습니다. 예수 그리스도와 연합하여 새로운 인종으로 태어난 그리스도인들의 모임인 교회는 수많은 풍상을 겪으면서 자기의 정체성을 더욱 확고히 해 왔습니다. 이단의 공격들, 내부의 분열과 반목과 부패 등 수많은 도전과 핍박과 유혹의 시련 가운데서도 교회는 교회이기를 포기하지 않고 굳건히 견디어 왔습니다. 이것은 전적으로 교회를 교회되게 하시는 하나님의 주권적 은혜였습니다. 만일 인간의 도덕적 잣대로 교회를 평가하였다면 살아남을 교회는 없었을 것이며, 오늘 날처럼 사방에서 터져 나오는 교회들의 각종 비리와 수치스런 일들을 염두에 두고 교회를 생각한다면 더 이상 교회는 본래적 정체성인 그리스도의 영광스러운 몸이 아니라 만신창이가 된 병든 거지의 모습일 것입니다. 그럼에도 하나님은 교회를 예수 그리스도의 몸이라고 부르기를 부끄러워하지 않으셨습니다. 이유는 단 한 가지입니다. 교회로 교회되게끔 하는 것은 교회를 세우시고 교회를 이끌어 가시는 하나님의 신비로운 손 안에 교회가 있기 때문입니다. 이런 이유 때문에 우리는 교회에 대한 희망을 놓지 않는 것입니다.

교회는 언제나 가시적이며 지역교회일 때 그 의미가 충만할 것입니다. 한국 교회는 한국 교회로서 어떻게 살아가야 하는지, 우리가 물려받은 신학적 유산들을 오늘에 되살려 어떻게 교회의 본질을 잃지 않으면서도 현대 교인들에게 다가가야 하는지 깊은 성찰이 필요할 때입니다. 비본질적인 일에 시간과 재물과 자원을 낭비하는 어리석음에서 벗어나 성경이 말하는 교회가 무엇인지를 다시금 살펴보아 그리스도의 영광스런 몸인 교회가 더 이상 더렵혀지고 상처를 입는 일이 발생하지 않도록 조심해야 할 것입니다. 이렇게 하기 위해서는 목회자들뿐 아니라 일반 신자들 모두가 그리스도의 몸인 교회를 존귀하게 여기는 마음부터 새롭게 가져야 할 것입니다. 교회의 사명은 이 세상에서 그리스도의 왕국의 실체와 약속을 제시하고 대표하는 것입니다. 이 목적을 추구하기 위해 교회는 복음을 들고 구원받지 못한 사람들을 향해 가고, 복음을 받아들인 사람들을 양육함으로써 세상과 유익이 되는 관계를 깊이 맺게 되는 것입니다. 교회 단상(斷想)이었습니다.

59
바로와 히브리 노예들

애굽 왕 바로는 히브리인들을 노예로 부려서 국고성들을 건축했습니다. 국고성(國庫城, Store cities)은 주로 병참기지로 사용하는 군사적 요새입니다. 바로가 국고성과 강력한 요새를 구축하는 일에 총력(總力)을 기울인 것은 자신의 왕권을 강화하고 자신의 이름을 과시하기 위함이었습니다. 문제는 바로의 개인적 야망 때문에 얼마나 많은 히브리인들이 도구화되어 비참하게 죽어갔는가 하는 것입니다. 그가 볼 때 더 이상 효용성이 없다고 판명되면 히브리 노예들은 가차 없이 용도폐기되었습니다. 그의 눈에 히브리인들은 인격성을 소유한 사람이 아니라 기계나 도구나 연장에 불과했습니다.

사람을 도구화(道具化)하는 일은 단지 옛날 바로의 제국에서 일어난 일만은 아닙니다. 오늘날도 자신의 왕국을 만들기 위해 사람들을 도구화하여 사용하다가 쓸모없다고 판명되면 언제라도 용도 폐기하는 일들이 우리 사회 도처에서 발견됩니다.

혹시 주님의 일이라는 미명 아래 교회를 사당화(私黨化)하여 자신의 왕국 건설을 위해 교인들을 도구화시키는 일은 없는지 목회자들은 심각하게 자신들을 되돌아보아야 합니다. 주님의 일이라는 것이 교회당 건축이 되었든지, 사회복지 프로그램이든지, 자신이 이루고 싶은 선교 프로젝트든지, 교인 총동원 프로그램이든지, 특별새벽기도 운동이든지, 경배와 찬양의 활성화든지 뭐든지 상관없습니다. 그런 것들이 바로의 국고성 건축 프로그램들이기 때문입니다. 목회자의 국고성 건축을 위해 교인들을 도구화하여 히브리 노예처럼 동원하여 부리는 것입니다. 이처럼 숨겨진 의도가 목회자의 자아실현, 자신의 왕국 건설에 있다면 그 지도자는 불행하게도 현대판 바로가 되는 것입니다. 이런 일들이 우리 주변에 많아도 너무 많다는 것이 서글픈 현실입니다.

60
왜 가인과 아벨의 이야기인가?

창세기에 기록된 최초의 사람이 사는 이야기는 가인과 아벨에 관한 이야기입니다. 가인과 아벨의 이야기는 더럽고 추한 이야기, 침울한 이야기, 어두운 이야기입니다. 나는 내가 왜 가인과 아벨 둘 중의 하나의 후손이라고 믿어야만 하는지 이해가 안 됩니다. 사람은 영원한 라이벌, 원수지간의 가문 가운데 한쪽에서 태어나는 비운을 지닌 존재가 되기 때문입니다.

사라에게는 하갈이 있고, 레아에게는 라헬이 있고, 한나에게는 브닌나가 있고, 이삭에게는 이스마엘이 있고, 야곱에게는 에서가 있고, 예레미야에게는 바스훌이 있습니다. 로미오에게는 줄리엣이 있고, 옥스퍼드에게는 캠브리지가 있고, 연대에게는 고대가 있고, 한국에게는 일본이 있고, 프랑스에게는 독일이 있습니다. 그리고 평생 누군가를 적대시하고 원수처럼 살아가야만 하기 때문입니다. 이것이 인간됨의 불행입니다. 그러나 아담과 하와에게 세 번째 아들이 있었다는 사실(창 4:25)이 얼마나 다행스러운지 모릅니다! 이 사실에 대해 나는 하나님께 그저 감사할 뿐입니다! 아마 나는 셋의 자손일 것입니다.

그렇다면 가인과 아벨의 이야기는 우리에게 무엇을 가르치는가, 이 이야기는 옛날 옛적에 있었던 사건을 기록하기 위한 것이 아닙니다. 우리의 자화상을 보여 주는 거울과 같은 이야기입니다. 이 이야기는 6.25와 같은 불행한 전쟁에서 형제가 형제를, 형이 동생을, 동생이 형을 죽이는 이야기들입니다. 살인하는 자는 누구든지 언제나 '자기의 형제'를 살인하는 것입니다. 물론 본문 안에 그러한 도덕적 결론이 없을지는 모르지만, 적어도 나는 그런 결론을 내립니다. 그렇지 않고서야 무슨 이유로 그 이야기를 읽겠는가. 죽이는 자는 누구든지 결국 자기의 형제를 죽이는 것입니다. 미워하는 자는 누구든지 결국 자기의 형제를 미워하는 것입니다.

"내가 나의 형제를 지키는 자입니까?" 바로 이 말 속에, "당신은 언제나 당신의 형제를 지키는 자"라는 성경적 가르침이 들어 있습니다. 그러나 이 말의 이면에는 "당신은 당신의 형제를 지키는 자가 아니다"라는 생각을 가진 자들이 있음을 가리킵니다. 인류적 공동체 의식을 가진 사람과 자기중심적인 사고를 가진 사람들이 이 세상 안에 공존하고 있다는 것입니다.

이 구절에 대한 흥미로운 해석이 있습니다. 하나님은 가인에게 "네 아우 아벨이 어디 있느냐?"(창 4:9)라고 물으셨습니다. 그때 가인은 "나는 모릅니다." "나는 몰랐습니다."("Lo yadati")라고 대답하면서 마침표가 붙습니다. 그 다음에 "내가 내 아우를 지키는 자니이까?"라고 묻는 말이 나옵니다.

"나는 모릅니다." 끝에 나오는 마침표를 제거해 봅시다. 히브리어에는 물음표나 마침표 같은 것이 없습니다. 어디에서 한 문장이 마치는지는 해석의 문제입니다. "나는 모릅니다"라는 문장 끝에 나오는 마침표를 제거하면, 본문은 다음과 같은 문장이 됩니다. "나는 내가 나의 형제를 지키는 자가 되어야 하는 줄은 몰랐습니다."

61
마음을 성령께 두라

육신을 따르는 자는 육신의 일을, 영을 따르는 자는 영의 일을 생각하나니 육신의 생각은 사망이요 영의 생각은 생명과 평안이니라(롬 8:5-6).

크리스천들은 하나님의 은혜로 의롭다 함을 받은 하나님의 자녀들입니다. 괜찮을 수 없는 사람에게, 도무지 받아들이기 힘든 사람에게, 더럽고 추하고 별 볼일 없는 사람에게 "괜찮아! 내가 너를 나의 자녀로 삼으련다. 내 호적에 입적시키지. 지금부터는 누가 뭐라 해도 너는 내 자녀야!"라고 말하는 것이 '은혜'라는 것입니다. "은혜를 입었다"는 말은 이것을 두고 하는 말입니다. 그래서 은혜는 선물입니다. 선물의 특징은 '의외성'(意外性)입니다. 깜짝 놀란다는 뜻입니다. 전혀 기대하지 않고, 받을 것이라고는 전혀 예상치 않았는데 주어질 때, 그것이 진정한 의미에서 '선물'입니다. 그래서 성경은 이런 하나님의 선물을 '은사'(恩賜)라고 말합니다. 은혜로 내려주신 선물이라는 뜻입니다.

이처럼 하나님의 자녀가 되었다는 것 자체가 은혜로운 선물입니다. 너에게 내 자녀의 냄새도 없고, 내 자녀처럼 살지도 않았지만 내 자녀로 삼을게. 아무리 지저분하고 더러워도 "괜찮아!"라고 선언하시는 것이 칭의(稱義, Justification)이라는 것입니다.

이렇게 은혜를 입고, 하나님의 자녀가 된 후에는 우리의 시선과 생각을 성령에게 고정해야 합니다. 하나님께서 자신의 자녀들에게 그들의 마음을 성령에 고정시키라고 하시기 때문입니다. 하나님의 자녀가 되기 위해서 우리가 마땅히 해야 할 숙제들이 있었는데 도저히 할 수 없었고 또 할 능력도 없었는데, 예수님께서 우리를 대신하여 그 숙제들을 다 하셨다는 것입니다. 그것이 그리스도께서 십자가 위에서 이루신 업적입니다. 즉, 그리스도는 율법이 사람들에게 요구하는 것들을 우리 대신에 십자가에서 온전하게 마쳤습니다. 다시 말해 율법의 요구에 따라 우리들이 살지 못했고, 따라서 율법의 형벌을 받아 죽어야 했는데 우리 대신에 예수님께서 십자가에서 죽으셨다는 것입니다. 이것이 십자가에서 예수님이 율법의 요구를 다 이루었다는 뜻입니다. 그러므로 우리는 공짜(은혜)로 하나님의 자녀가 되었으므로, 지금부터는 자기 마음대로 살지 말고 하나님의 영의 인도하심에 따라 살아야 된다는 것입니다. 그분의 인도하심을 따라 살면 우리는 성결해지고 거룩해지고 품위 있게 될 것입니다. 이것을 전문적 용어로 '성화'(聖化, sanctification)라고 부릅니다. 성령과 동반자가 되라는 뜻입니다. 이런 의미에서 성화도 인간의 노력이 아니라 하나님의 은혜입니다.

"성령에 우리의 마음을 고정시키다"라는 말은 그리스도 안에서 새롭게 태어난 우리의 새로운 성품의 특성들을 지속적으로 생각하고 계속해서 갈망하는 것입니다. 하나님의 명령은 일회적이 아니라 계속적이라는 것에 주의를 기울이십시오. "여러분의 마음과 생각을 지속적으로 성령님께 두어 성령님께 눈을 고정시키고 그분에게서 눈을 떼지 말라"는 것입니다. 이것은 한 번만 하고 말 것이 아닙니다. 최후의 날이 될 '주님의 날'에 우리는 온전히 거룩하게 될 것입니다. 그렇게 될 때까지 성령님의 지속적인 인도함을 받는 일에서 멀어지지 말기를 바랍니다.

62
코와 분노

히브리인들은 화가 났을 때 '코가 불그레하다, 코가 빨갛다, 코가 뜨겁다, 코가 달궈져 있다'는 표현을 씁니다. 줄여서 '코'는 종종 '분노, 화'를 뜻합니다. 우리말에도 누군가 화를 낼 때 콧김을 내뿜으면서 씩씩거린다는 표현을 사용합니다. 그러면 자연히 콧잔등이 달궈집니다.

반면 히브리인들은 쉽게 분노하지 않을 경우 '코가 길다'는 표현을 사용합니다. 하나님께서 자신을 가리켜 "노하기를 더디하는 신"(출 34:6 참고)이라고 하셨는데, 문자적으로 번역하자면 '코가 긴 하나님'입니다. 여러분과 제가 아직도 이 세상에 살아남아 있는 이유는 하나님의 코가 길기 때문입니다.

성형수술에 대해서는 부정적인 생각을 갖고 있지만 한 가지는 허락하고 싶습니다. 모든 크리스천들의 코는 길어야 한다는 것입니다. 성형수술을 해서라도 긴 코를 갖기를 바랍니다. "하나님의 코는 빨게~~"(X) "하나님의 코는 길어~~"(O).

63
바룩과 바둑이

　이왕이면 엑스트라보다는 조연으로, 조연보다는 주연으로 무대에 섰으면 합니다. 시간제 사역자보단 전임 사역자가, 부목사직보단 담임목사직이 좋습니다. 그런데 누군가의 밑에서 평생 부목사로 산다면 그 기분이 어떨까요? 이름도 없이 빛도 없이 그늘에서 일하고 산다면 어떨까요? 한 번도 자기 명함을 만들지 못하고 비서로만 있다면 어떨까요? 여기에 평생 부목사로, 비서로, 조연으로 무대 뒤에서 일하다 세상을 떠난 사람이 있습니다. 그 사람을 소개합니다. 이름하여 "바룩"이란 사람입니다. 바룩은 바둑이처럼 충성스럽게 주인을 졸졸 따라다녔던 사람이었습니다.

　23년에 걸친 예레미야의 말씀 사역을 기록으로 남기는 작업에 결정적인 역할을 한 사람이 바룩입니다. 그런데 그는 단순히 기계적으로 일하는 사람은 아니었습니다. 영혼 없이 예레미야의 말씀을 받아 적은 사람은 아니었습니다. 예레미야가 전하는 말씀, 하나님께서 예레미야에게 주신 격렬한 말씀들을 받아 기록으로 남긴 바룩은 그 말씀이 자신의 삶과 영혼 속으로 파고드는 놀라운 경험을 하게 됩니다. 불행과 재앙의 메시지를 읽고 받아 적을 땐 자신도 괴로워 감당할 수 없는 격정적인 심적 고통을 경험하기도 합니다. 그는 자신의 사역으로 인하여 찾아온 개인적 고난과 심적 고통을 다음과 같은 탄식으로 표현하였습니다. "나에게 불행이구나! 야웨께서 나의 고통에 슬픔을 더하셨으니 나는 신음으로 지쳤으며 안식이 없구나!"

아마 바룩은 예레미야의 메시지를 받아 기록하는 과정을 통하여 그 메시지로 인한 격렬한 도전과 감당할 수 없는 심적 압박과 고통을 경험한 듯 보입니다. 그가 지금 받아 적고 있던 메시지는 단순히 받아 적어 보관할 객관적 기록이 아니었기 때문이었습니다. 그 안에는 숨 막히는 하나님의 강력한 심판선언의 목소리가 있었고, 유다를 향한 하나님의 애절한 호소도 있었고, 말씀 사역을 위해 고초를 겪는 예레미야의 고통스런 고백의 목소리들도 있었습니다. 바룩은 그저 앉아서 예레미야의 말을 받아 기록하는 무감각한 기계는 아니었습니다. 그도 예레미야처럼 고통 하면서 하나님의 메시지를 듣고 있었던 것입니다. 그리고 동족 유다에게 내려질 무서운 심판과 재앙을 생각하면 그는 도저히 견딜 수 없었습니다. 그래서 그는 곡하듯이 자신을 향하여 "아이고, 나에게 재앙이로구나!" 하고 부르짖었던 것입니다.

생의 마지막 순간까지 예언자 예레미야와 함께 사역했던 바룩의 신실성은 높이 칭찬 받아야 합니다. 그는 사실상 주연급 인물인 예레미야의 그늘에 가려진 조연급 인물입니다. 그러나 그는 말씀의 사역자인 예레미야를 도와 죽기까지 충성한 신실한 하나님의 종이었습니다. 그가 한 일이 무엇이었습니까? 어찌 보면 그의 일은 대단하거나 이름을 낼 만한 명예로운 일은 아니었습니다. 그는 한평생 예레미야의 개인 비서관, 특별히 서기관 역할을 했던 사람입니다. 참으로 무료하기 이를 데 없고, 이름도 빛도 없이 사는 평범한 일이었습니다. 그러나 그가 예레미야를 돕지 않았더라면 우리에게는 예레미야서라 불리는 위대한 하나님의 말씀은 전해지지 않았을 것입니다. '바룩'이라는 이름은 '복 받은 자'라는 뜻입니다. 결코 우연한 이름은 아니었습니다. 그는 하나님의 종이고 복 받은 자였습니다. 모두 다 자기 이름을 내고 주연이 되고 무대 중앙에 서기를 바랍니다. 그러니 이 세상은 바룩과 같은 인물을 선망의 대상으로도 존중받아야 할 사람으로도 쳐 주지 않습니다. 그러나 그런 사람들 때문에 이 세상이 좀 더 살기 좋은 곳이 되어 간다는 사실만은 잊지 말아야 할 것입니다. 비록 사람들이 바룩을 예레미야의 바둑이라고 불러도 바룩은 그 별명을 개의치 않고 담담하게 자기의 길을 끝까지 걸어갔습니다. 그는 진정으로 복 받은 사람, 행복한 사람이었습니다.

64
사역 유감

대한민국 군대를 다녀 온 사람들은 "사역"(使役)이란 단어에 향수를 느낍니다. "사역병 차출"은 비록 지루하고 고된 노동을 의미하지만 종종 민간인들을 접촉할 수 있는 천상의 기회를 상여금으로 받기도 했습니다. 사전을 펴 보면 사역(使役)은 사람을 부리어 일을 시키거나 시킴을 받아 어떤 작업을 하는 것이라고 합니다.

사역은 한마디로 고되게 노동하는 것입니다. 주인이 시키는 대로 궂은일들을 몸으로 때우는 것이 사역입니다. 그런데 아이러니하게도 정장차림의 젊은 남자들이나 하이힐을 신은 괜찮은 여자들이 '사역'하겠다고 나섭니다. 정말 웃기는 일입니다. 게다가 그들은 커피를 마시면서 '사역'에 관해 심각하게 논의하고 토론하기도 합니다.

신학생들이 가장 많이 사용하는 단어 중에 하나가 바로 "사역"이란 단어입니다. 그들의 눈과 귀는 "사역지를 구합니다" "사역자를 구합니다"와 같은 문구에 집중합니다. 이런 문구들은 마치 인력시장에 걸려 있는 현수막처럼 보입니다. 일용직 노동자를 찾는 구인 광고처럼 들립니다. 그리고 보니 교회에 일거리를 맡아서 노동하는 사람들이 사역자인 셈입니다.

한국의 교회 사역자들은 정말로 중노동자들입니다. 특별히 부교역자들의 경우는 더욱 그러합니다. 그들은 전천후 사역자들이어야 합니다. 새벽기도회 운전을 비롯한 교회 차량운행, 음향시설관리, 컴퓨터 작업, 기타를 치고 찬양 인도를 하는 일, 물론 모든 예배에 참석하는 일 등을 포함합니다.

5월 1일은 근로자의 날(노동절)입니다. 교회의 사역자들이야 말로 노동자들이 아닌가 하는 생각이 듭니다. 물론 스스로를 거룩한 노동자들이라고 위안해야 하겠지만 말입니다. 하루만이라도 사역에 대해 다시금 생각해야 하지 않을까요? 생각하기 위해 하루 정도 쉬어야 하는 것 아닌가요? 사역 유감입니다.

65
사순절과 마음의 인테리어

어느 집을 처음 방문합니다. 설레는 마음으로 현관문을 천천히 엽니다. 마치 성적표를 보는 심정으로 말입니다. 넓지는 않은 거실이지만 밖에서 들어오는 햇살을 받아 너그러운 미소로 손님을 환대하는 중년 여성의 넉넉함이 느껴집니다. 주방은 정갈한 흰색과 코발트가 완벽한 조화를 이룬 깔끔한 인테리어가 눈에 들어옵니다. 바깥 뒷정원이 보이는 주방 창문은 신부의 순백 드레스처럼 흰 레이스로 단장하고 있고, 전체적으로 몬드리안의 구도가 이 집 여주인의 간결과 담백함을 질서정연하게 수놓고 있습니다. 너저분한 구석은 발견되지 않습니다. 단순미와 확연한 선들, 가지런하게 놓여 있는 주방용품들, 열대 과일 바구니와 커피 향과 어우러져 키친 아일랜드를 이국적 풍경으로 인도합니다.

그렇다면 내 마음의 거실은 어떠한가? 누군가 내 마음의 인테리어를 본다면 어떤 느낌을 받을까요? 맑디맑은 영혼, 순백한 정신세계, 흐트러짐이 없는 우아함, 티 없는 영혼의 창문, 심지어 은밀한 심실(心室)에도 가지런하게 쌓인 생각들, 웃음과 미소로 넉넉한 입술, 정직과 온화함의 손길, 갓 내린 커피 향보다 더 그윽한 언사, 정감 어린 대화의 방, 손님 환대로 환한 웃음이 넘치는 식탁, 이런 것들이 더 없이 깔끔하고 담백하고 순결하게 놓여 있는 마음의 인테리어였으면 더 이상 무엇을 바라겠습니까?

사순절은 영혼의 창고를 열고 재고 조사(inventory)를 하는 기간이라지요. 총채를 들고 살포시 내려앉은 먼지를 훌훌 털어내고 새봄맞이 했으면 좋겠습니다. 창문도 열어젖혀 바깥 봄바람도 들어오게 하고 오래된 공기는 슬쩍 밀어내려 합니다. 오래 묵은 악습들과 끈적끈적하게 들러붙어 있는 더러운 습관들을 힘겹게라도 밀어내야 합니다. 영어로 사순절을 렌트(Lent)라고 하는데, 봄(Spring)이라는 뜻을 지닌 옛날 영어 Lenten의 축약형이며, 게르만 언어인 독일어와 네덜란드어로 봄을 각각 Lenz와 lente라고 쓰는 것을 봐서도 봄맞이 대청소와 사순절의 영혼 청소가 상징적인 관련을 갖고 있지 않은가 하는 생각이 듭니다.

어쨌든 사순절은 세례전적 영성으로 내 영혼과 마음을 돌아보고 묵은 찌끼를 털어내는 계절입니다. 죄 죽이기를 치열하게 전개하는 고통의 계절이며, 영혼의 새살이 돋을 때 느끼는 신생(新生)의 기쁨을 맛보는 환희의 계절입니다. 이 환희는 갓난아기의 살결처럼 보드랍고 향기롭습니다. 새살에 뺨을 살갑게 비벼대며 순수의 눈물을 흘려봅니다. 이 보다 더 좋을 수 없는 순간입니다. 얼마나 놀라운 인생인가요!

이 사순절 기간에 내 마음의 인테리어도 저렇게 깔끔하고 담백하기를 바라는 마음에 몇 자 적어 봅니다. 사순절 유감입니다.

66
친구를 만나던 날과 커피 향

　부지런히 달려온 세월, 우여곡절도 있었고 달리던 트랙에서 벗어나기도 했습니다. 행복한 순간들, 슬펐던 일들, 아쉽고 안타깝던 순간들, 밤새워 기뻐하던 일들이 이제는 두루뭉술하게 다가옵니다. 교수로 25년을, 교회에서는 목사로서 18년, 가정에선 네 자녀의 아버지로 손자·손녀 다섯을 둔 할아버지로서 지난 39년 인생길을 함께 헤쳐 온 아내의 남편으로서, 뒤늦게 찾은 《3329》 고등학교 친구들 근황에 반가워하는 나로선 오늘 이 순간 스스로 수고했다며 쑥스러운 박수를 보냅니다. 올해 말 정년퇴직이니 감회도 새롭습니다. 그런데도 올 한해 예순다섯 고개 넘는 일이 쉽지만은 않습니다. 목 디스크, 족저근막염, 전립선 비대, 허리 디스크, 난청, 손마디 저림, 시력 약화, 만성피로 등 갑작스레 몸이 불편한 한 해였습니다. 그래도 가족이 건강하고 마음 편안하니 하늘에 고마울 뿐입니다.

　요즘 고대 이스라엘의 지혜자인 코헬렛이 전한 글(구약성서의 전도서)을 읽으면서 삶과 인생을 생각하는 시간이 부쩍 늘었습니다. 그는 인생과 삶을 세 가지 단어로 압축하고 있습니다. '나이 들어가는' '늙어가는' 우리 친구들, 노사연의 〈바램〉이라는 노랫말처럼 '익어(여물어)가는' 친구들과 나누고 싶어 몇 자 적어 봅니다.

첫째, 인생은 히브리어로 "헤벨"과 같다고 합니다. 헤벨의 문자적 뜻은 '숨 쉰다' '숨 넘어간다' '숨 막히다'의 숨(breath)인데, 인생이 그렇게 잠시 잠깐이라는 겁니다. 신대방동 성남중학교에 코흘리개 입학한 게 엊그제 같은데 벌써 육십 중반을 넘어가다니 정말 인생은 숨 가쁩니다. 그러다 어느 날 숨 넘어가듯 가는 것이 아니겠습니까? 인생은 '헤벨, 헤벨, 헤벨'이라니 덧없고 허무하기도 하고, 모순투성이고 부조리한 죽살이가 아니겠는가? 삶의 의미도 지속적이지 않은 듯하니 말입니다. 늘 새겨봅니다. 헤벨을.

둘째, 이스라엘의 현자는 우리에게 "메멘토 모리"(memento mori)를 가르쳐 줍니다. "죽는다는 것을 기억하라!"는 뜻입니다. 모두가 무덤으로 들어가는 날이 있다는 뜻이겠지요. 우리 어머니가 네 자녀를 기르다가 서른아홉에 혼자되시어 장남인 내가 평생 모시고 살았는데 몇 개월 전에 쓰러지셔 부득불 병원에 모시게 되었습니다. 갈 때마다 "메멘토 모리"를 떠올립니다. 말을 못하는 노인, 치매 앓는 분, 코줄로 영양분을 공급받아야 하는 분, 피골이 상접하여 목불인견(目不忍見)인 노인들을 보면, 남의 일 같지 않습니다. 건강하게 살다가 '구구팔팔이삼사' 했으면 좋으련만 그게 내 마음대로 될는지는 모르겠습니다. 그러니 남은 생을 낭비하지 않고 잘 써야 겠다는 생각뿐입니다. 유머와 낭만을 잃지 않고 넉넉하고 관대한 마음으로 누군가에게 베풀고 살아야겠다고 다짐해 봅니다.

셋째, "까르페 디엠"(carpe diem)이란 문구입니다. 문자적 번역과 뜻은 "날들을 잡으라"(seize the day) "순간을 즐기라"(enjoy the moment)가 되겠습니다. 달리 말해 매일 주어지는 '오늘'(지금)이라는 하늘의 선물을 감사하는 마음으로 받아 잘 사용하라는 조언입니다. 누군가를 만날 때마다 오늘이 그와의 마지막 날일지 모른다고 생각하며 만나니 더욱 값지고 의미 충만하여 뿌듯한 마음이 듭니다. 옛 친구들과 이렇게 소통할 수 있으니 얼마나 고마운 일인지. 지인과 커피를 마시는 오늘이 내 생에 최고의 날이라 생각하면 커피 향이 왜그리 그으윽한지 모르겠습니다. 얼마 전 아내와 함께 홍천에 〈시간을 잃어버린 마을(時失里)〉의 반우 이종우를 찾았습니다. 그러니까 고교 졸업하고 46년 만에 처음 만났습니다. 세월의 흔적을 발견하였고 친구가 내려 준 향기로운 커피를 마시면서 지난 시절들을 이야기했습니다. 한 해가 이렇게 저물어 갑니다. 기해(己亥)년에도 우리 모두의 삶에 더 많고 좋은 이야기들이 이어졌으면 정말 근사하겠습니다.

67
한번쯤은 밤하늘 아래 앉아

반짝 반짝 작은 별, 아름답게 비치네.
　서쪽 하늘에서도 동쪽 하늘에서도…….

　광활한 밤하늘 아래 앉아 있노라면 나를 겸허하게 만드는 그 무엇이 있는
것 같습니다. 이 지구에 걸려 있는 저 어머어마한 창문을 통해 광활하고 광대
한 바깥세상의 은하계를 보고 있다는 느낌 때문인 듯합니다. 끝없이 펼쳐지는
우주의 찬란한 별들의 쇼를 숨죽이며 바라보는 순간, 나의 삶과 생명이 먼지처
럼 지극히 작고 보잘 것 없음을, 도무지 이해할 수 없는 인생의 왜소함에 놀라
움과 부끄러움과 겸허히 고개 숙임으로 반응할 수밖에 없음을 인정하지 않을
수 없습니다.

　아니면 오래전 떠나보냈던 사랑했던 사람들이 아득한 저 먼 하늘들에서 나
를 내려다보고 있다는 생각에 내 영혼은 바람처럼 스쳐갔던 잃어버렸던 사랑
들과 정서들로 인해 다시금 따뜻해지는 것을 경험하게 되기도 합니다. 아니면
그 무엇으로도 설명할 수 없는 이해불가하신 분, 신비 중에 계신 분, 영원 속에
자신을 숨기고 계신 분의 옷깃 끝자락을 힐끗 보고 있기 때문일지도 모릅니다.
적막한 우주의 수도원에 앉아 우주를 가로질러 내달리는 유성의 한 획에 내 소

원을 담아 기도를 드리고 있기 때문일지도 모릅니다.

　무엇 때문에 진정 겸손한 마음을 갖게 되는지는 잘 몰라도, 한 번쯤은 밤하늘 밑에 앉아 보는 것도 좋을 것입니다. 히말라야 안나푸르나에서든, 사하라 사막에서든, 그랜드캐니언에서든, 지리산 정상에서든, 몽골 대초원에서든, 호주대륙의 아웃 백에서든, 북미 로키 산맥에서든, 브라질 아마존 열대우림이나 아르헨티나 파타고니아 대평원에서든, 아프리카 대륙 한가운데서든, 스코틀랜드의 하이랜드에서든 상관없습니다. 궁창(穹蒼, expanse, sky)이라는 대형 우주 창문을 통해 우주의 발끝 한 자락이라도 힐끗 볼 기회가 있다면, 여러분은 옛 이스라엘의 한 시인과 함께 이렇게 노래할 것입니다.

　여호와, 우리 주님이시여, 내가 눈을 들어 바라보오니 주님의 광대하심과 위엄과 권능이 온 하늘들 위에 두루 펼쳐져 있나이다. 주의 손가락으로 만드신 주님의 하늘들과 주께서 하늘 캔버스에 뿌려 놓으신 달과 별들을 바라봅니다. 그런데 어찌하여 당신은 이 초라하기 그지없는 인간을 기억하시고, 보잘것없는 저를 찾아오시나이까?(시편 8편에서).

68
좋게 말하다

영화배우 신성일 씨가 세상을 떠났습니다. 한 시대를 풍미하던 풍운아이자 영화계의 큰 별이 졌습니다. 오늘 장례식을 치렀다고 합니다. 공인들이나 유명인들의 장례식 식순에는 반드시 "조사"(弔詞) 순서가 들어갑니다. 조사는 누군가 세상을 떠나면 장례식에서 죽은 자를 기억하며 상을 당한 가족들과 조문객들을 대상으로 말하는 공식적 연설입니다. "조사"(弔詞)는 문자적으로 죽은 이를 슬퍼하여 위로의 뜻을 나타낸 애도의 글이라는 뜻입니다.

한편 "조사"(弔詞)에 해당하는 영어단어가 있는데 Eulogy(유로지)입니다. 이 단어는 고전 헬라어 "유로기아"(εὐλογία)에서 유래했는데, '좋은' '참된'이란 뜻의 "유"(eu)와 '단어들' '문자'라는 뜻의 "로기아"(logia)의 합성어로, Eulogy(유로지)는 "칭송하는 말" "찬양하는 말" "높여 기리는 말"이라는 뜻이 됩니다.

동양적 전통의 "조사"(弔詞)는 슬퍼하고 위로하는 데 방점이 있다면, 서양의 유로지(Eulogy)는 죽은 자의 살아생전의 삶을 칭송하고 좋게 말하여 슬퍼하는 이들의 슬픔을 누그러뜨리고 좋은 기억만을 간직하도록 하는 데 목적이 있습니다. 비록 죽은 이가 살아 있을 때 좋지 못한 행실들이 있었다 손치더라도 그런 것들은 그대로 묻어두고, 그래도 좋았던 추억들을 되살려 남아 있는 가족들을 위로하는 연설이기에 "유로지"(eulogy), 즉 "좋게 말함"입니다.

마지막 떠나는 마당에 그 사람에 대해 좋게 말하는 것에 인색할 필요가 뭐가 있을까? 남은 자들을 위한 최소한의 예의가 아닐까? 장례식뿐 아니라 평소에도 다른 사람들에 대해 '좋게 말하는'(eulogy) 습관을 갖는다면, 그 사람이 세상을 떠날 때 수많은 사람들이 그에 대해 '좋은 말'(eulogy)들을 할 것이고, 장례식장에는 차디찬 기운보다는 따스한 미소와 웃음들이 서글서글한 눈물방울과 함께 아롱지리라 생각이 듭니다. 어쨌거나 훗날 나를 위해 eulogy를 해 줄 사람이 얼마나 될까? 두고 봐야겠습니다! 조사 유감이었습니다.

참고로, 성경에 기록된 여러 "조사"(Eulogy)들이 있지만 그중 마음을 저미게 하는 조사(애도사)는 단연코 다윗이 한때는 자신의 장인이었던 사울과 다윗의 평생 우정을 지켜온 사울의 아들 요나단 부자의 죽음에 대해 "진심으로 좋게 말한" 조사입니다. 사무엘하 1장 19-27절에 기록된 "활의 노래"입니다. 기억할 만한 애도사요 조사요 유로지입니다! 상상력을 발휘해서 읽는다면 만감이 교차하는 착잡한 심정을 갖게 될 것입니다.

69
당신은 현대판 헤렘 신봉자인가요?

평생 이런 글은 쓰지 않고 마음으로 삭이곤 하는 사람이지만, 성격상 남의 집일에 대추 내놔라 감 내놔라 하는 스타일이 아니기는 하지만, 요즘 들어 "세상살이가 이렇게 탁하구나!" 하는 마음이 들어 몇 자 적어 봅니다. 한국 교회의 신앙공동체에서도 그렇고 신학공동체에서도 흔히 일어나는 심각한 갈등 양상들을 보고 듣기 때문입니다. 아니 보이고 들려오기 때문입니다. 심한 허탈감과 자괴감을 느낍니다. 일말의 도덕적 책임감이 내 양어깨를 누르기도 합니다. 이유야 어떻든 이렇게 피비린내 나는 종교목장에서의 혈투들을 보면서 도대체 어디에서부터 문제가 시작되었을까 하고 생각해 봅니다. 생각할수록 머릿속이 까맣게 되다 못해 완전히 하얗게 됩니다.

신앙공동체의 곪은 내상들이 용암처럼 분출되어 걷잡을 수 없는 갈등과 다툼, 투쟁과 반목, 싸움과 충돌이 계속되다가 마침내 한쪽이 이기고 다른 한쪽이 지게 됩니다. 한쪽에선 정의의 승리를 축하하고 노략물을 나누기도 하고, 다른 한쪽에선 아직 끝난 것은 아니라며 끝까지 가겠다고 항전 의사를 굽히지 않기도 합니다. 아니면 지금도 처절하고 야비하게 진행 중인 온갖 전쟁들이 교회 안과 밖 사방에서 벌어지고 있습니다.

몇몇 대형교회들에서 일어나고 있는 분쟁과 갈등들, 몇몇 교단들 안에서 일어나는 수치스런 일들, 몇몇 신학대학교에서 일어나고 있는 불행한 사태들뿐 아니라 심지어 지역교회 안에서 일어나는 각종 불편한 다툼들이 그런 패턴들이 아닙니까? 인터넷이 발달하지 않았더라면 그 내막이 특정지역으로 국한되었겠지만 이젠 만천하에 드러나는 세상이 되었습니다. 심지어 신상털이와 같은 인격살인이 때론 정의의 이름으로 버젓이 일어나지만 누구 하나 책임지지 않는 무정부시대(anarchy)가 되었습니다.

게다가 종종 정의는 힘과 동일시되는 시대가 되었습니다. 숫자의 힘이든, 다수의 힘이든, 크기의 힘이든, 민중의 힘이든, 돈의 힘이든, 권력의 힘이든, 상징의 힘이든, 언론매체의 힘이든, 유치한 주먹의 힘이든, 심지어 카톡교의 힘이든, 정의는 종종 힘과 동종이라고 까지 믿게 되었습니다. 게다가 종교적 전투에 나선 주도적 신앙인들이나 신학공동체의 머리들은 적대국의 원수들을 머리에서부터 발까지 완전히 씨를 말려야 한다는 "완전 진멸"(히. 헤렘)의 신봉자들이곤 합니다. 구약성경의 전쟁이야기에 종종 등장하는 "완전 파괴"말입니다. 신의 이름으로 모든 거짓되고 사악하고 부정한 것들을 완전 파괴한다는 헤렘의 수행자로 자처하곤 합니다. 정죄와 보복이 아니라 거룩함의 회복이라는 구호 아래 일어나고 있습니다. 현대판 십자군 전쟁이 십자가 밑에서 일어나고 있으니 이걸 격세지감이라고 해야 하나요?

이럴 때일수록 교회 공동체는 근본적인 질문으로 돌아가야 하지 않을까요? 우리는 어떻게 구원을 받게 되었는가? 예수님을 믿는다는 뜻이 무엇인가? 교회란 무엇인가? 함께 신앙 생활한다는 뜻은 무엇인가? 왜 예수님은 요한복음 17장에 기록된 대제사장의 기도문을 제자들을 위한 마지막 기도문으로 남겨

주었는가? 사도신경에서 "성도의 교제(communion of saints)를 믿습니다"라는 고백은 무슨 뜻인가? 가라지와 알곡이 함께 섞여 있는 밭을 어떻게 이해해야 할까? 하나님의 "긍휼의 정의"(compassionate Justice)를 어떻게 이해하고 누구에게 적용해야 하는가?

갈기갈기 찢어진 "그리스도의 몸(Body)"을 보면서 울고 아파하고 가슴을 치며 하늘을 쳐다보는 "몹쓸 죄인들"은 정말 어디에 있단 말인가? 주변을 둘러보아도 다 정의감에 충만한 "괜찮은 죄인"들만 있는 것은 아닌가 하는 생각이 듭니다. 종교개혁기념주일이 며칠 남지 않았습니다. 종교를 개혁하는 일에 전사가 되어 힘찬 구호를 외치고 횃불을 높이 드는 일에 나서지 말고, 먼저 자신의 신앙을 돌아보고 개혁해야 할 첫 번째 대상이 자신의 부패한 마음임을 상기하는 기도의 때가 되었으면 하는 생각 간절합니다.

70
자연을 사진에 담는 그리스도인

자연을 벗 삼아 하늘의 소리를 듣습니다. 그러나 자연이라는 게 언제나 정갈한 목소리와 아름다운 얼굴만 있는 것은 아닙니다. 칠흑 같은 어둔 밤, 강추위의 설산, 망망한 광야와 사막, 석양의 실루엣도 있습니다. 자연은 그 자체로 신비한 신의 계시입니다. 신의 마음을 아는 사람만이 그 절묘한 매듭들을 어렴풋이나마 알아차릴 수 있을 것입니다. 하늘과 바다, 산과 늪, 바다와 광야, 꽃과 돌멩이와 모래와 바람 속에서 주님의 음성을 듣습니다. 예민한 청력과 청결한 시력을 동원하여 하나님의 선하심을 맛보아 압니다. 묵상시화(默想詩畫) 속으로 들어가는 일은 마치 C. S. 루이스(C. S. Lewis)의 『사자와 마녀와 옷장』 안으로 들어가는 느낌이며, 조셉 하이든(Joseph Haydn)의 장엄한 오라토리오 "천지창조"를 듣는 듯합니다. 그곳에서 여러분은 역설적 삶의 진실들을 만나고 보고 듣게 될 것입니다.

가시나무에도 애잔한 꽃들이 피고, 지하 동굴 교회의 어둠 속에 풋풋한 신앙의 꽃봉오리가 트이고, 태고의 바다에 용솟은 섬들이 오케스트라가 되어 환희의 찬가를 부르며, 바닷가의 찬란한 금빛 돌멩이는 허상을 쫓는 인간의 거울이 되고, 기대고 싶은 갈망 속에서 영원을 향한 그리움을 발견하고, 안개 낀 뚝방길 모서리에서 이름 모를 야생화를 발견하는 기쁨을 만끽하고, 등 뒤로 숨긴

코스모스 한 송이를 살며시 내미는 그 사람의 미소를 보고, 고달픈 멍에가 명예로운 훈장이 되는 날을 기대하는 마음을 갖게 되고, 아득한 광야 길에서 올려다 본 밤하늘 별들의 춤사위를 보면서 눈물 지으며, 빛의 광휘에 온몸을 맡기면서 일궈내는 황홀한 인생 실루엣을 맛보고, 해안에 부딪치던 흉용한 파도가 자갈들에 부대끼며 부채꼴 모양의 소리들을 내던 날을 기억하고, 칠흑 같은 밤이 온정 어린 신의 손으로 바뀌는 순간에 어쩔 줄 몰라 하고, 장엄한 패배 속에 밝아오는 여명을 보던 순간에 어지럼을 느끼고, 쓰라린 마라에서 엘림 오아시스까지의 거리가 겨우 하룻길이라는 것을 뒤늦게 알았을 때 허탈한 기쁨에 몸을 가누지 못하고, 물속에 빠져가면서도 물 위로 걸어가는 신앙의 역설을 몸으로 익히고, 비움을 통해 채움의 진리를 배우고, 누군가의 좌표가 되면서 자신은 사라지는 용기를 발휘하고, 찬란한 상고대의 기품과 의연함을 바라보며, 하늘을 이고 살아가는 직립인간의 결의와 하늘의 희망을 엮고, 솔로몬의 찬란한 영광을 넘어서는 지천에 깔려 있는 허드레 꽃들의 아름다움을 보는 정갈한 시선을 가져 보며, 호롱불을 밝히던 시골집에서 발견한 영원한 안내자에게 감사합니다.

> 하늘이 하나님의 영광을 선포하고 궁창이 그의 손으로 하신 일을 나타내는도다.
> 날은 날에게 말하고 밤은 밤에게 지식을 전하니 언어도 없고 말씀도 없으며 들리는 소리도 없으나 그의 소리가 온 땅에 통하고 그의 말씀이 세상 끝까지 이르도다
> 하나님이 해를 위하여 하늘에 장막을 베푸셨도다(시 19:1-4).

71
방관자입니까 일어서는 자입니까?

불의한 일들, 부적절한 행동들, 공격적 행동들, 파괴적 언사들, 악성 소문 유포 행위들, 공동체에 해악을 끼치는 기관들, 미움과 증오의 행위들, 독선과 아집에서 나온 정책들, 각종 폭력들, 평화를 해치는 생각과 행위들을 보면서도 아무 말도 하지 않거나 어떤 행동도 취하지 않고 오로지 구경만 하는 사람들이 있습니다. 이들을 가리켜 방관자라 합니다. 곁에 서서 굿이나 보고 떡이나 먹겠다는 사람들입니다. 방관자를 영어로 bystander라고 합니다. "곁에(by) 서 있는 사람(stander)"입니다. 좋게 이야기하자면 남의 일에 상관하지 않겠다는 생각을 지닌 사람입니다. 그러나 그런 뜻으로 방관자란 용어를 사용하지는 않을 것입니다. 누군가 억울한 일을 당해 피해를 보고 있는 것을 보면서도 그 일에 개입하면 자신에게 손해가 될 듯하여 쳐다보기만 하는 사람입니다. "소심한 방관자"입니다. 그런데 자신이 손을 쓸 수 있는 형편인데도 불구하고 팔짱을 끼고 쳐다보고만 있는 사람은 "대담한 방관자"입니다.

한편 영어로 bystander(방관자)와 반대되는 신조어가 있습니다. Upstander입니다. 문자적으로 번역하면 "일어(up) 서는 사람(stander)"입니다. 업스탠더는 누군가 억울하게 당하는 것을 보면 그냥 있지 않고 용기를 내어 정의의 회복을 위해 분연히 "일어나는 사람"입니다. "그러면 안 됩니다!"라고 큰 소리로 외치거나 아니면 작지만 의로운 행동을 하는 사람입니다.

그러나 그들은 '자기-의'에 사로잡혀 말하거나 행동하는 사람이 아닙니다. 레미제라블에 등장하는 자베르 경감들도 아닙니다. 아니면 머리에 붉은 띠를 두르고 위협적으로 시위하는 사람들도 아닙니다. 그들을 "일어서는 사람"(upstander)이라고 부르는 이유는 약자들과 궁핍한자들과 억울한 자들과 연대하겠다는 의미에서 일어서는 자들이기 때문입니다. 뜻을 같이하여 일어서는 사람들은 어깨를 같이 하고 연대의식(solidarity)을 갖고 "화해와 평화"(reconciliation&Peace)를 구현하기 위해 일어서는 것입니다.

사도 바울은 데살로니가에 있는 자그마한 신앙공동체에게 보낸 첫 번째 편지의 마지막 부분에서 신앙공동체의 멤버들이 신앙생활을 하면서 "방관자"(bystander)가 아니라 "일어서는 자"(Upstander)로 산다는 것이 무엇인지를 실제적 예들 들어 다음과 같이 묘사합니다.

다른 사람에게 무거운 짐을 지우고 자기는 손 하나 까딱 거리지 않고 쳐다보는 자가 되지 마시오. 허덕이고 힘들어하는 사람이 있으면 부드럽고 온화하게 격려하시오. 탈진하거나 고갈된 사람, 빈손털이가 된 사람에게 다가가 그의 발끝까지 잡아 일으키시오. 각 사람에게 참을성 있게 대하고 기다려 주시오. 각 사람이 처한 어려움들과 그들의 궁핍한 사정들에 세심하게 귀를 기울이시오. 상대방이 아주 영적으로 심적으로 예민할 때 그의 신경을 건드리면서 신앙이라는 미명 아래 함부로 폭언을 퍼붓지 마시오. 상대방 속에 들어 있는 가장 좋은 점을 찾아보시오. 항상 최선을 다해 그 사람의 장점을 끄집어내세요. 선한 것, 착한 것, 좋은 것만을 간직하고 지켜 나가세요. 악으로 물든 것은 무엇이든지 던져 버리세요.

신앙공동체 안에서 "쳐다보는 자"(bystander)처럼 있지 말고 의로운 뜻을 펼치기 위해 다른 사람들과 연대하여 "일어서는 사람"(upstander)이 되라고 권고하는 것입니다. 정의(justice)를 위해, 화해(reconciliation)를 위해, 화평(peace)을 위해 일어서는 사람들 말입니다. 그들이야말로 "건강한 사랑"과 "건강한 미움"을 갖고 있는 사람들입니다. 그들은 선한 것은 무엇이든지 사랑하고, 악한 것은 무엇이든지 미워하는 건강한 영성의 소유자들입니다. 신앙공동체 안에 이러한 사람들이 많아졌으면 하는 바람입니다. 2천 년 전 마케도니아 데살로니가 도시의 작은 신앙공동체를 향한 바울 사도의 바람이었으며, 2천 년이 지난 지금 한국 교회의 작은 신앙공동체들을 향한 하나님 아버지의 바람일 것입니다.

72
자동음성인식장치

　신앙생활은 본질적으로 삼위일체 하나님과의 지속적 사귐이어야 합니다. 근데 누군가와 사귀려면 먼저 상대방에 대한 최소한의 정보를 알아야 하지 않겠습니까? 그의 이름부터, 그가 무엇을 하는 사람인지, 어디서 사는지, 무엇을 좋아하고 무엇을 싫어하는지 등 그에 대한 최소한의 정보가 있어야 합니다. 사실 신학활동은 하나님에 대한 최소한의 기본적이고 근본적인 정보를 제공해 주는 것입니다. 달리 말해 신학은 그분과 진정한 사귐을 위한 일차적 준비단계를 마련해 주는 작업입니다.

　그러나 신앙생활은 삼위일체 하나님과 깊은 교제와 사귐을 나누는 일이며, 이 일을 하는 사람들이 신자들이고 그리스도인들입니다. 오랜 사귐을 갖게 되면 상대방의 음성과 목소리와 억양을 금방 알아차릴 수 있을 것입니다. 달리 말해 그리스도인이라면 자기의 주인인 예수 그리스도의 음성을 쉽게 알아차릴 수 있어야 한다는 말입니다. 그의 뇌리와 마음과 귀에 예수님의 음성을 자동적으로 인식하는 내적 장치가 생성되기 때문입니다. 한두 번도 아닌 수없는 만남과 교제를 통해 그분의 음성이 깊게 각인되어 있기 때문이겠지요. 오랫동안 깊은 사귐을 가진 신자들의 특징은 척하면 삼천리라고 어느 시간대에 어느 곳에서든지 들려오는 그 음성, 그 음성의 크고 낮음에 상관없이, 그 음성을 알아차리게 되는 "자동음성인식장치"(Automatic Speech Recognition System)가 그의 영혼에 장착되었다는 사실입니다. 사실 이런 자동음성인식장치는 신실한 신자에게, 오랫동안 주님과의 교제와 사귐을 이어 온 그리스도인에게 주어진 하늘의 선물입니다.

자동음성인식장치는 그리스도 쪽에서도 마찬가지입니다. 예수 그리스도에게도 자기와 오랜 사귐을 갖고 있는 신자들의 목소리를 자동적으로 인식할 수 있는 감지기가 장착되어 있습니다. 따라서 신실한 신자들의 입에서 영혼에서 나오는 소리들-부르짖음이든 속삭임이든, 외침이든 고백이든-을 예수 그리스도는 아주 쉽게 자동적으로 인식하신다는 것입니다. 어떤 형태의 기도든지, 중요한 사실은 기도드리는 자가 기도를 듣고 있는 분과 평소에 얼마나 깊은 사귐과 진정성 있는 교제를 가졌는지 여부입니다. 그에 따라 음성인식정도가 달라질 수 있을 겁니다.

성경에는 이러한 자동음성인식장치에 관해 여러 곳에서 언급하고 있습니다. 아마 지나치면서 읽었을 수도 있는 친숙한 본문들입니다. 두 가지 본문 모두 "자동음성인식장치"에 관한 본문입니다. 모두 쌍방향으로 작동하는 사귐과 교제로 인해 생성된 자동음성인식장치입니다. 소중하고 값진 하늘의 선물입니다. 감지기(센서)가 무뎌지지 않도록 조심해서 관리하기 바랍니다. 습기가 차거나 땡볕에 노출되거나 하면 고장이 납니다. 조심하세요!

볼지어다. 내가 문 밖에 서서 두드리노니 누구든지 내 음성을 듣고 문을 열면 내가 그에게로 들어가 그와 더불어 먹고 그는 나와 더불어 먹으리라(계 3:20).

문지기는 그를 위하여 문을 열고 양은 그의 음성을 듣나니 그가 자기 양의 이름을 각각 불러 인도하여 내느니라. 자기 양을 다 내놓은 후에 앞서 가면 양들이 그의 음성을 아는 고로 따라오되 타인의 음성은 알지 못하는 고로 타인을 따르지 아니하고 도리어 도망하느니라(요 10:3-5).

73
나를 본받으세요!

어느 목회자가 교인들에게 "나를 본받으세요!"라고 말할 수 있을까요? 사실 그러해야 하는데도 말입니다. 목사로서 그만큼 남에게 본이 되는 것이 쉽지 않습니다. 그럼에도 그러해야 하는데 말입니다. 바울은 여러 곳에서 "나를 본받으라!"고 하였습니다(빌 3:17; 고전 4:16, 11:1 참고). 교만하거나 독선적이거나 우월 감에 빠졌거나 다른 사람들을 우습게 생각하는 사람이 아니라면 바울이라는 사람은 참 대단한 사람이라는 생각이 듭니다.

도대체 뭘 믿고 그런 말을 하나 싶습니다. 분명 그는 완벽주의자도 아니었을 것이고, 신앙적 교만에 빠진 사람도 아니었을 텐데 말입니다. 그렇다고 자기의 기준에 따르지 못하는 형편없는 교인들을 보고 "적어도 나 정도는 해야 할 것 아닙니까?"라고 감정적으로 말한 것도 아닐 텐데 말입니다.

"나를 본받으세요!"라고 말했을 때 그는 분명 진심 어린 말을 했음에 틀림없습니다. 그 말을 듣는 누구도 대들거나 부정하지 못한 것은 그의 말에 담긴 안타까운 심정의 겸손함과 강인한 진정성 때문이었을 것입니다. 사도행전과 그의 여러 편지들을 통해 바울의 성품과 인격의 진면목을 발견할 수 있는데, 분명 바울은 강인한 의지력을 가진 사람이었음에 틀림없습니다. 불굴의 투지와 소명에 대한 확신과 추진력 등은 마치 선천적 자질처럼 보이지만, 오래 참음과 견딤과 온유같은 영적 자질들은 분명 영적 극기 훈련을 통해 길러졌던 것으로 보입니다.

강하지만 부드러운 성품은 그가 연약하거나 미숙한 자들을 대하는 태도에서 잘 드러납니다. 복음의 본질에 대해서는 추호의 타협도 허락하지 않는 강력한 성품을 보여 주었지만 덜 성숙하고 미숙한 의식을 갖고 있는 사람들에게는 긍휼의 마음과 따스한 동정심을 보여 주었으며, 연약한 형제자매들을 보듬어 품는 일이라면 기꺼이 자신의 마땅한 권리를 포기하는 자기부정의 겸손함을 마다하지 않았습니다. 자기 의와 독선에 빠진 강성 기독교인들이 연약한 자의 허물과 약함을 견디지 못해 그들을 비난하고 비하하고 모멸감을 주는 모습을 본 바울은 심령에 큰 아픔과 탄식을 금치 못하면서, 그들에게 자기가 그리스도를 본받듯이 그들로 자기를 본받으라고 말하면서 자기를 모범으로 내세운 것입니다.

이러한 성품은 분명 하루아침에 만들어진 것은 아닐 것입니다. 로마가 하루아침에 세워지지 않은 것처럼 말입니다. 이러한 성품은 "반드시 그런 성품을 가져야 한다"는 율법이나 규례에 순종해서 만들어지는 것이 아닙니다. 의회에서 "사과나무에선 반드시 사과가 열려야 한다!"라고 법을 제정했기 때문에 사과나무에서 사과가 열리는 것이 아닙니다. 사과나무에서 사과가 열리는 것은 사과나무의 본성에서 그렇게 되는 것입니다.

이처럼 바울의 그러한 성품들은, 그리스도인들의 성품들은, 그리스도의 성품은, 율법이나 규정들을 통하여 생겨나는 것이 아닙니다. 그것은 그들 속에 있는 성령의 열매들이어야 합니다. 성령께서 그들 속에서 맺게 하시는 열매들입니다. 성령의 미덕들은 진정으로 날마다 그리스도와 연합하여 세례전적으로 죽고 세례전적으로 다시 사는 일을 통해서만 주어지는 선물들입니다.

나의 기도는 이렇습니다. "날마다 십자가에서 죽습니다. 날마다 십자가에서 살려 주십시오." "성령이여 날마다 내 안에 거주하여 주십시오. 나를 떠나지 마시옵소서. 나를 버리지 마시옵소서." "날마다 내 안에 새 영을 창조하여 주십시오."

74
달과 별들이 떠 있을 때

예수님은 종종 혼자 있는 시간을 바랐고 또 가지셨습니다. 분주하고 정신없는 대낮의 일 무더기에 파묻혀 온 육신이 파김치가 되었을 때 예수님은 정말 쉬고 싶으셨습니다. 잠시라도 사람들을 떠나고, 시간의 굴레에서 벗어나고, 심지어 자기를 따르는 제자들로부터도 벗어나고 싶었습니다. 에수님이 원했던 휴가는 호젓하게 혼자만의 시간을 갖는 휴가였습니다. 뒤돌아보면 그런 에수님에게 처음으로 주어진 휴가는 예수님이 결코 바라지 않은 휴가였습니다. 광야에서의 40일 동안의 휴가였습니다. 일을 한 후의 휴가가 아니라 가불해서 먼저 쓰는 휴가였습니다. 물론 우리는 광야 시험의 시간, 유혹의 기간이었다고 하지만 분명 그 기간은 예수님께서 홀로 있는 시간이었습니다. 밤보다 홀로 있기에 더 좋은 시간이 어디 있겠습니까. 무엇보다 광야의 밤은 호젓했지만 적막했고, 두려웠지만 아름답기도 했습니다. 함께할 친구라곤 밤하늘에 떠 있는 달과 별들이었을 것입니다. 별빛 아래 잠을 잤을 것이고, 달빛을 이불 삼아 하늘을 뚫어지게 쳐다보았을 것입니다.

예수님이 자기의 아버지와 공개적으로 대화를 나눈 적은 딱 한 번이었습니다. 요한의 세례를 받고 난 후였습니다. 그때 하늘 아버지께서 직접적으로 아들에게 말을 걸어왔습니다.

너는 내 사랑하는 아들이라. 내가 너를 기뻐하노라(막 1:11).

이 경우를 제외하고는 아버지와 아들 사이의 대화는 성경 어느 곳에도 없습니다. 달리 말해 예수님이 아버지와 대화를 나누신 것은 언제나 조용한 시간대, 혼자 있을 때, 아마도 밤에 산에서 기도하셨을 때가 아닌가 합니다. 하나님과의 대화 내용이 성경에 전혀 기록되어 있지 않은 것을 보아, 예수님의 기도는 언제나 한 밤중에 은밀한 상태로 이루어졌으리라 생각합니다. 예수님이 홀로 있기를 원하셨던 시간은 기도하는 시간이었고, 기도하는 시간을 통해 하늘 안식과 평안을 얻으셨을 것입니다. 예수님이 하신 산기도, 광야기도는 모두 혼자 있는 밤 시간이었습니다. 한 밤에 드리는 기도였습니다.

예수님도 사람인지라 지속적으로 철야하지는 못했겠지요. 자다 깨다를 반복하면서 기도했겠지요. 유대 광야의 험준한 산에서 기도하다 잠든 예수님, 한밤중에 다시 깨어 눈을 떴을 때 하늘의 무수한 별들과 달은 말없이 거기에 있었습니다. 아마 아들 예수님과 아버지 하나님 사이에 이뤄지는 가장 친밀한 교제의 순간을 목격한 유일한 존재는 달과 별들이었고, 그렇게 숭고한 기도는 이루어졌으리라. 하늘과 땅을 포용하는 기도는 우주를 덮었고, 심연의 고요함 속에 드렸던 기도를 들었던 목격자는 밤하늘의 달과 별들이었으리라.

그렇습니다. 밤은 결코 나쁜 것이 아닙니다. 한밤중에 하늘과 땅 사이에 우주적 거래가 일어나기 때문입니다. 어둠과 밤, 흑암과 흑야는 달과 별들이 활동하는 신비의 시간들입니다. 이때 하나님의 신비로운 일들이 일어납니다. 어둠 속에서 달빛이 기도하는 영혼의 살갗을 타고 조용히 흐릅니다. 위로함을 얻습니다. 새 힘을 얻습니다. 다시 잠에 듭니다. 밤하늘의 달과 별들은 곤한 잠에 떨어진 예수님의 얼굴을 말없이 물끄러미 쳐다봅니다. 한밤중의 기도가 천상의 노래가 되기를 바랄 뿐입니다.

"어둠속에 있는 이들이여, 결코 낙심하지 마십시오. 어둠 속에서 일하고 계신 그분이 있습니다. 하나님은 빛의 하나님이신 동시에 흑암 속에 계신 분이십니다!"

75
웃음은 신비로운 약입니다.
좋을 때든 끔찍할 때든

　2차 세계대전 때 나치의 유대인 대학살(홀로코스트)에서 살아남은 오스트리아 출신 유대인 의사 빅토르 프랭클(Viktor Franki)이 있습니다. 그가 남긴 수많은 저서들 가운데 가장 널리 알려진 책이 있습니다. 독일어 원서로 *Trotzdem Ja Zum Leben Sagen*입니다. 한글로 의역하자면 "어떤 일이 있어도 삶에 대해서 예스라고 하세요!"일 겁니다. 영어로는 제목을 바꾸어 *Man's Search for Meaning*이라고 했는데, "삶의 의미를 찾아서"라고 하면 되겠습니다. 그 책에 있는 한 이야기입니다.

　체코 테레진(Terezin)에 있는 나치 포로수용소에서의 어느 오후였다. 프랭클과 다른 죄수들은 수용소에서 상당히 떨어진 곳에서 노동을 마치고 터벅터벅 수용소로 돌아왔다. 모두가 탈진한 상태였다. 침대에 퍼져 누웠다. 배는 고팠고, 몸은 아팠고, 모두가 기진맥진했다. 때는 한겨울이라 끝없는 어둠만이 길게 드리운 날들의 연속이었다. 얼어붙는 빗길을 행진해서 막사로 돌아온 참이었다.

　그들 중 한 명이 갑자기 수용소 막사 안으로 뛰어 들어오더니 바깥으로 나와 보라고 소리를 쳤다. 막사 안의 사람들이 마지못해 일어나 비틀거리며 바깥으로 나가봤다. 마침 얼음비는 그쳤다. 그런데 보아하니 아주 조금, 그것도 구름 사이로 내려오는 한 줄기의 햇빛이 여기저기 패인 콘크리트 바닥의 물 고인 작은 웅덩이에 어른거리고 있었다. 바로 거기에, 그들의 끔찍한 날들 한가운데 빛을 받아 어른거리는 작은 물웅덩이들이 있었다. 아니 어둡고 캄캄한 날들 한가운데 한 줄기 햇살이 어른거리고 있었던 것이다.

프랭클은 이렇게 말합니다.

"우리는 거기에 얼어붙은 채 섰습니다. 어떻게 창조세계가 저렇게 아름답고 선할 수가 있을까 하고 소스라치게 놀랐습니다. 우리는 지치고 피곤했습니다. 춥고 병든 상태였습니다. 굶어 죽기 일보직전이었습니다. 우리의 사랑하는 사람들을 잃어버렸습니다. 그들을 다시는 보지 못할 것입니다. 그런데 우리가 거기에, 바로 거기에 서 있었던 것입니다! 소름끼치는 경외감을 느끼면서 말입니다. 이 세계만큼이나 오래되고 강력한 자세로 우리는 거기에 서 있었습니다. 그리고 우리는 웃었습니다."

76
해시태그(hash-tag)가 된 여인 라합

　누군가에게 별명을 짓는 일은 인간사회에서 흔한 일입니다. 고대로부터 지금까지 변함이 없습니다. 어렸을 때 대부분 한 두 개 정도의 별명을 가져보았을 것입니다. 별명을 붙이는 사람이야 재미로 하겠지만 듣는 사람 입장에선 별로 기분 좋지 않게 들리거나 거북스런 경우가 대부분일 겁니다. 많은 경우 어딘가 그 사람의 결점이 될 만한 특징을 꼬집어 나타내기 때문입니다. 평판이 나쁜 유명 인사일 경우 듣기 거북한 별명으로 대신하기도 합니다. 불행한 처지에 놓인 이전 대통령들을 우회적으로 조롱하는 별명으로 2MB이니 503이라고 부르는 경우도 그런 예 가운데 하나일 겁니다.

　그런데 성경에도 그런 경우가 종종 있습니다. 고대의 성경기록자나 당대의 서기관들, 그리고 그 당대 사람들의 편견이 얼마나 지독하고 강한지를 보여주는 대표적 예가 있습니다. 라합의 경우가 그런 케이스입니다. 이스라엘의 정복 전쟁의 초기에 등장하는 여리고 성의 그 여인 말입니다. 여호수아에서 그녀를 소개할 때 뭐라고 소개했지요? "여리고 성에 라합이란 여인이 살고 있었다." 라고 소개하던가요? 아닙니다! 처음부터 대놓고 "창녀 라합"이라고 소개합니다. 물론 그녀의 직업이 창녀였으니까 그럴 수도 있다고 생각해 볼 수는 있을 겁니다.

그럼에도 "창녀 라합"이란 합성어는 그 후로 지금까지 모든 사람들의 뇌리에 각인되어 버렸습니다. 여러분도 여리고 성의 라합을 생각하면 자연스레 떠오르는 단어가 무엇입니까? "기생"이라는 단어가 아닙니까? "기생"과 "라합"은 바늘과 실처럼 언제나 같이 갑니다. 지금까지도 그렇지 않습니까? "기생 라합." 그녀의 이름이 "라합"이라면 그녀의 성은 "기생"인 셈입니다. 이름은 갈아도 성은 바꾸지 못하지 않습니까? "기생 라합." "기생"은 라합에게 껌 딱지입니다. 기생는 그녀의 가슴에 있는 문신이며 스티그마(stigma)입니다. "기생 라합"을 떠나서 라합이란 여성은 존재하지 않습니다. 심지어 성경 안에서도 말입니다. 신약성경에서 라합을 언급하는 곳은 두 곳입니다. 이 두 곳에서도 마찬가지입니다. 히브리서 저자는 라합을 믿음의 여인이라 칭송하면서도 "기생 라합"이라 부릅니다(히 11:31 참고). 야고보서 저자는 라합의 행위에 대해 극찬을 하면서도 "기생 라합"이라 부릅니다. 참 서글프고도 씁쓸한 대목입니다.

인터넷을 사용하여 트위터, 페이스북, 인스타그램 등 소셜 네트워크(SNS)를 사용하는 사람들은 해시태그(hash-tag)가 뭔지 알 것입니다. 해시태그는 #(샤프 기호)와 특정 단어(들)를 붙여 쓴 것으로, 해시태그는 소셜 미디어에서 특정 핵심어를 편리하게 검색할 수 있도록 하는 메타데이터의 한 형태입니다. 히브리서와 야고보서에는 라합과 그녀의 소셜 미디어의 계정에 "기생"이라는 단어를 해시태그 해 논 셈입니다. "라합 #기생" 이렇게 말입니다.

종교적 순혈주의자, 신학적 전통주의자, 신앙적 엄숙주의자들이 종종 의식적으로 때론 무의식적으로 라합에게 #기생라고 해시태그를 붙입니다. 이것은 과거의 일만은 아닙니다. 오늘날에도 이런 일들이 벌어집니다.

그러나 라합에게 기생이라는 해시태그를 붙이지 않은 곳이 딱 한 군데 있습니다. 구원의 족보를 기록하고 있는 마태복음의 예수님의 족보에서입니다. 거기엔 "#기생 라합"이 아닙니다. 그냥 "라합"입니다. 룻의 시어머니이자 다윗의 고조할머니입니다! 아니 예수님의 조상 할머니이며, 여러분과 저의 조상 할머니입니다. 예수 안에서 종교, 인종, 성별, 신분, 학벌, 지역 등의 모든 인간적 경계선들이 사라진 것입니다. 모두 하나님의 은혜로 예수 그리스도에게 접붙임을 받게 된 것입니다.

라합과 그녀의 백성들은 그 후로 오늘까지 이스라엘 안에 살더라!(수 6:25 참고).

해시태그를 떼어 버리고, 고유한 이름 라합을 회복하게 하신 하나님께 영광과 찬송을 돌립니다!

77
찾아갈 만한 곳 한 군데쯤은

대학생 시절 읽었던 소설 한 구절이 떠오릅니다. 러시아의 문호 도스토예프스키(Dostoevsky)의 명작 『죄와 벌』 초반부에 나오는 대사입니다. 50대 중반의 술꾼 마르멜라도프가 술에 취해 술집에서 아무 사람들을 향해 아무 말이나 지껄여댑니다. 정말 외롭고 고독한 사람입니다. 술주정뱅이에게 뭔 친구가 있겠습니까? 아내로부터도 무시당하고 사는 술꾼입니다. 때마침 술집에 들어와 외롭게 앉아 있던 소설의 주인공 20대 청년 대학생 라스콜리니코프에게 이렇게 주절댑니다. "그렇지만 어느 누구한테도 갈 데가 없다면! 아냐, 어디라도 찾아갈 만한 곳이 한 군데쯤은 있어야 하지 않겠나?"

"찾아갈 만한 곳 한 군데쯤은" 소외된 인간 마르멜라도프에겐 확실히 "갈 데"가 없었습니다. 그렇다고 가난에 찌들어 빡빡한 삶을 살고 있는 젊은이 라스콜리니코프 역시 "갈 데"가 없기는 마찬가지였습니다.

어디에도 마음 붙일 곳이 없는 사람들, 한갓지지 않을 삶에 지친 영혼들, 쉼이 없어 초췌해진 아버지들, 안식을 그리워하지만 어디에도 편안하게 있을 곳이 없는 여인들, 부평초처럼 떠도는 젊은이들, 정착할 곳이 없는 십 대들, 불안에 시달려 잠 못 이루는 날이 많은 아내들, 이리저리 찾지만 어디에도 발붙일 곳이 없는 이방인들, 분주한 군중 속에서 고독의 병을 시름시름 앓고 있는 영혼들, 두리번거리지만 누구 하나 눈길을 주지 않는 이방에서 사는 나그네들, 어딘가를 그리워하지만 그곳에 갈 수 있는 길이 보이지 않아 슬퍼하는 순례자들, 누군가에 의해 버림받았다는 유기감에 고통하는 사람들, 공허함에 압도되어 망연자실한 장년들, 절망에 기대어 그날을 기다리는 노인들, 소속감을 상실해 방황하는 직장인들, 삶의 의미를 찾지 못해 방황하는 이웃들, 모두 소외된 인간 군상들입니다.

"불안한 영혼"(restless soul)들입니다. 안식할 수 없고, 쉴 수 없고, 평안이 없고, 근심과 걱정으로 가득한 두려움에 쌓인 영혼들이겠지요. 스스로에게 이렇게 묻습니다. "내 영혼아, 네가 어찌하여 낙심하며 어찌하여 내 속에서 불안해하는가?"(시 42:5,11)

불안한 이유는 분명한 듯합니다. 그들 모두 집을 떠났기 때문입니다. 그들 모두 영혼의 고향을 떠났기 때문입니다. 집에 이르기까지는 쉼이 없는 삶이 될 것입니다. 귀향(歸鄕)하기 전까지는 불안해 할 것입니다. 문제는 돌아갈 집에 있는가 하는 것입니다. 문제는 갈 데가 있느냐 하는 것입니다. "갈 데", "갈 곳" 말입니다. 진정으로 "갈 곳"에 있기를 나 스스로에게 기원합니다. "찾아갈 만한 곳 한 군데쯤" 여러분에게도 있기를 바랍니다. "그분 안에서 안식을 발견하기까지 내 영혼은 결코 안식할 수 없습니다!"라고 했던 어거스틴(St. Augustine)의 고백이 새롭게 들리는 밤입니다.

내 영혼아 네가 어찌하여 낙심하며 어찌하여 내 속에서 불안해하는가? 너는 하나님께 소망을 두라!(시 42:5,11).

78
현자(賢者)와 중용(中庸)의 덕

"과유불급"(過猶不及)이란 관용어구가 있습니다. 뭐든지 지나치면 미치지 못한 것과 같다는 뜻입니다. 세상살이에서 꼭 기억하고 실천해야 할 덕입니다. 다른 말로 중용(中庸)이라고도 합니다. 중용은 유교에서 뿐 아니라 그리스 철학(아리스토텔레스)에서도 중요한 덕목으로 봅니다. 한자어 '중용'을 풀이한다면 '알맞음'(中)과 '꾸준함'(庸)을 추구하는 삶의 태도입니다.

문제는 어그러지고 왜곡되고 구부러진 세상에서 좌로나 우로나 어느 한쪽으로 치우치지 않고, 기대지도 않고 산다는 게 쉬운 일은 아닙니다. 평정심을 잃지 않고 일관성 있게 산다는 게 여간 어렵지 않습니다. 한결같은 방향으로 오랫동안 순종하며 걸어가는 순례자의 삶을 불가능하게 만들거나 무력화시키는 세상이기 때문입니다.

왜 세상은 부조리와 모순으로 가득한가요? 이해할 수 없는 일들이 너무 많이 발생합니다. 아마 이해불가한 일들을 목격한 어느 현자(코헬렛)는 탄식하면서 이렇게 말합니다.

하나님께서 굽게 하신 것을 누가 능히 곧게 하겠느냐?(7:13).

그가 볼 때 이 세상에는 불공평하고 불공정하고 억울한 일들이 수수께끼처럼 쌓여있다는 것입니다. 하나님이 일들을 굽게 하셨고, 사람들은 그 굽게 된 것을 똑바로 곧게 할 수 없다고 말하는 것은 "세상살이가 수수께끼와 같습니다!"라고 말하는 것과 같은 것입니다. 그는 수수께끼와 같은 삶의 부조리를 다음과 같은 말로 극대화시켜 말합니다.

> 내 허무한 날을 사는 동안 내가 그 모든 일을 살펴보았더니 자기의 의로움에도 불구하고 멸망하는 의인이 있고 자기의 악행에도 불구하고 장수하는 악인이 있으니 (전 7:15).

사람에게는 세상을 통제할 힘이나 능력이 아주 없다는 것을 절감하면서 하는 말입니다. 우리가 살고 있는 세상은 무력감과 허탈감, 자괴감과 허무함을 느끼게 만드는 굽은 세상입니다. 그래서 절규하듯이 소리칩니다. "하나님, 당신께서 굽게 하셨군요!"

그는 이 세상을 살아가면서 어떤 행보를 해야 하는지 참으로 고민스러웠습니다. 시간을 두고 차분하게 생각해 봤습니다. 그리고 놀랍게도 이렇게 말합니다.

> 지나치게 의인이 되지도(be overrighteous) 말며
> 지나치게 지혜자도 되지(be overwise) 말라!
> 지나치게 악인이 되지도(be overwicked) 말며
> 지나치게 우매한 자도 되지(be overfoolish) 말라!
> (전 7:16-17).

이게 무슨 소리입니까? 부조리와 불합리 그리고 모순투성이의 세상살이에서 현자는 우리에게 양극단을 선택하는 대신에 '중용'(moderation)의 덕을 추천하고 있는 것입니다. 흔들리는 세상에서 균형을 잃지 않고 양극단으로 흐르지도 않고, '알맞게' 자리를 잡고 그 자리를 '꾸준히' 지키고 앞으로 나아가는 삶의 행인(行人)이 되기를 권고하고 있는 것입니다.

지금까지 살아오면서 가장 힘들었던 것들 중에 하나가 '중용'이었습니다. 알맞게, 꾸준하게 주어진 삶을 살아내는 것 말입니다. 장소적으로도 그렇고 시간적으로도 그렇습니다. 인간관계에서도 그렇고 신앙생활에서도 그렇습니다. 절제하고 인내하면서 삶의 한계 내에서 살아가는 법을 배워가야겠습니다. 똑바로 걷되 우아하게 걷는다는 것이 결코 쉽지 않다는 것을 절감하면서 말입니다.

79
보이는 게 전부가 아니지!

아주 오래된 친구 서넛이 만났습니다. 46년만이니 세상이 많이 바뀐 세월입니다. 그땐 컴퓨터도, 핸드폰도, 카페도, 지하철도, 맥도날드도, 컬러텔레비전도 없었던 시절이었습니다. 20대 초반의 풋풋한 젊은이들이 이젠 60대 중반을 넘어가는 할아버지들이 되어 만났습니다. 기쁨과 어색함이 비대칭으로 맞물리듯이 누가 먼저 할 것 없이 서로 얼싸 안았습니다. 한참 후 서로의 얼굴들을 물끄러미 쳐다봤습니다. 세월의 흔적들이 여기저기 보였습니다. 나도 그랬고 친구들도 그랬을 것입니다. 걸음걸이에서, 말하는 억양에서, 커피 잔을 쥐는 손놀림에서, 자글자글한 눈가 주름살에서, 얼굴에 피어오르는 검버섯에서, 쭈글쭈글한 손등에서, 약간 휘어진 허리에서, 처진 어깨에서 삶의 무게와 고단한 여정이 물씬 묻어났습니다.

만남 내내 한 친구의 모습이 내 마음에 걸렸습니다. 조금 전 만나기로 한 장소에서 기다리고 있는데 그 친구가 저만치 걸어오는 모습이 보였습니다. 걷는 모습이 뭔가 조심스러워 보였습니다. 오랫동안 입원했다가 방금 퇴원해 그동안 보지 못한 햇살을 어떻게 대해야 할지 몰라 두리번거리며 어설프게 걷는 어떤 중늙은이 같았습니다. 최근에 다른 친구를 통해 그 친구의 근황을 듣기는 했지만, 오늘 정작 그 친구를 마주하고 앉으니 내 마음엔 애잔함과 쓸쓸함에

촉촉한 이슬비가 내리는 듯했습니다. 하기야 오늘 날씨가 그랬으니 말입니다.

그 친구는 지난 18년 동안 일주일에 두 번씩 병원에 누워 투석을 해야 했습니다. 그 일로 시력을 거의 상실했습니다. 물체의 형체만 알아볼 뿐입니다. 49살에 발병한 이후로 지금까지 정말 힘겹게 살아왔습니다. 자신의 혈액을 투석기에 통과시켜 혈액을 걸러 낸 다음 그 혈액을 자신의 혈관에 다시 넣어주는 것이 투석입니다. 말이 투석이지 일주일에 두 번씩 창백한 병원 침대에 누워 투석해야 하는 자신의 처지가 오죽 원망스러웠을까요. 말의 실타래를 풀어가면서 "삶의 한창 때에 왜 이런 일이 나에게?"라는 말에 이르러 잠시 말을 더듬었습니다. 친구의 아내와 어린 두 딸이 짊어져야 할 삶의 무게가 내 어깨마저 짓누르는 듯했습니다. 친구는 이렇게 살아야 하는 이유를 더듬어 찾아보려고 무던히도 애를 썼지만 찾지 못했을 때의 좌절감과 내적 분노로 스스로 목숨을 끊으려는 충동을 느끼기도 했다고 합니다. 아무리 신앙을 고통 속에 대입시켜 보려 해도 현실적인 좌절과 분노는 사라지질 않았다고 하는 친구의 말을 듣는 동안 나는 잠시 카페의 천장을 넋을 잃은 사람처럼 멍하니 올려다보았습니다.

"그런데 말이야, 친구야!" 말을 이어가던 친구가 천장을 보고 있던 나를 불렀습니다. 물론 그 친구는 내가 천정을 보고 있는지를 정확하게 볼 수는 없었겠지만, 그 소리에 나는 정신이 바짝 들었습니다. "응"하고 대답했습니다. "그런데 말이야, 그 후로 언젠가부터 나는 내가 앞을 볼 수 없다는 사실이 내게 축복으로 다가오고 있다는 것을 보게 되었어. 이전에 깨닫지 못한 놀라운 사실은, 바깥세상을 볼 수 없게 되자 비로소 내 내면 세상이 보이기 시작한 거야! 참 희한하지? 보이는 세상을 보지 못하게 되자 보이지 않는 세상을 보게 된 셈이야. 그 세상에서 나는 신비롭게도 하나님의 임재와 사랑을 깊이 느끼게 되었다네." 나는 그 친구의 말에 더 거들 말이 없었습니다. 기껏해야 "응, 친구야. 보지 않았으면 좋을 몹쓸 광경들이 너무 많은 이 세상을 안 보고 사는 게 좋을지도 모르지"라고 궁색한 맞장구를 쳤을 뿐이었습니다.

눈을 떴지만 보지 못하는 사람보단 앞을 보지 못하지만 앞을 볼 수 있는 친구가 오늘따라 더 복 받은 사람처럼 보이는 것은 어째서일까요? 보이는 현상세계를 볼 수 없기에 보이지 않는 세상을 볼 수 있도록 하신 하나님이 오늘따라 정의롭고 긍휼하신 분처럼 느껴졌습니다.

친구의 손을 잡고 카페의 계단을 내려왔습니다. 헤어지며 다시 손을 잡았습니다. 온기가 서로의 몸속으로 투석되는 것 같은 이상야릇한 느낌이었습니다. 다른 친구가 그 친구의 집까지 동행해 주겠다며 친구의 손을 넘겨받았습니다. 보이는 세계 말고 보이지 않는 세계를 볼 수 있는 사람은 정말 행복한 사람이라는 생각이 하루 종일 내 머릿속을 떠나지 않았습니다.

80
연필로 쓰는 이야기

대부분의 사람들도 마찬가지겠지만 내 경우도 연필로 글을 쓴 지는 아주 오래 되었습니다. 지금이야 컴퓨터 앞에서 자판을 두드리며 글을 쓰지만 어렸을 때부터 내 젊은 날에도 연필은 필수였습니다. 1980년 미국 유학 시절에도 연필은 필수였습니다. 당시에는 컴퓨터라는 것이 없었기에 학교에 제출하는 페이퍼는 전동타자기로 쳤습니다. 그러나 타자기로 치기 전 원고는 언제나 연필로 작성하였습니다. 연필로 작성한 원고를 옆에 앉아 있던 아내에게 주면, 아내는 전동타자기로 타이핑했습니다. 그런 식으로 공부했습니다. 당시 한국에서는 공병우 식 한글 수동타자기가 있었지만 미국에 가자마자 본 타자기는 전동식 타자기였고, 엔터키만 누르면 묵직한 활자 막대기가 자동으로 움직이는 광경이 환상적이었습니다.

그 후 1980년대 중반에 들어서면서 개인 컴퓨터를 사용하게 되었습니다. 개인 컴퓨터도 무한 발전을 거듭했습니다. 286, 386, 486, 펜티엄 등 그 후 모델들은 따라잡지 못했습니다. 이렇게 하여 연필은 고대적 유물로 머릿속에서 잊히게 되었습니다. 오늘 연필에 관한 짧은 글을 쓰려고 책상 주위를 살펴보는데 볼펜은 눈에 띄어도 연필은 보이지 않습니다. 하기야 1985년 이후로 지금까지 글을 쓰기 위해 연필을 사용해 본 적이 없네요. 이 사실에 자못 깜작 놀랍니다.

논문이든, 설교든, 편지든, 책이든 언제나 컴퓨터 앞에 앉아 자판기를 두드립니다. 그 오랜 세월 동안 자판기를 두드렸지만 처음부터 제대로 타이핑하는 법을 배우지 못했기에 독수리 타법으로 기를 쓰며 칩니다. 오랜 시간 타자를 하다 보면 어깻죽지가 쑤시고 손가락 마디 끝이 아픕니다. 뭐든지 제대로 배워야 한다는 사실을 값비싸게 배우고 있는 셈입니다.

잊고 있었던 연필을 새롭게 이해하게 된 것은 얼마 전 소설가 김훈 선생의 강연을 듣고 나서였습니다. 연필과 연필깎기와 지우개가 자신의 작품을 쓰기 위한 유일한 세 가지 도구라고 하였습니다. 컴퓨터로 글을 쓰는 것이 아니라 연필로 글을 쓴다는 말에 정신이 번쩍 들었습니다. 그리고 나는 나름대로 "육필원고"라는 말의 뜻을 되뇌어 보았습니다. 몸으로 쓰는 원고, 한 자 한 자 꾹꾹 눌러서 쓰는 글, 혼신의 힘을 다해 쓰는 작품, 심혈을 기울여 써내려가는 이야기로 바꿔 말할 수 있을 것입니다.

지금 이 글을 쓰면서 나는 자판기를 두드립니다. "그렇지. 두드리는 것이지 꾹꾹 눌러 쓰는 것은 아니지!" 물론 컴퓨터로 글을 쓰면 여간 편리하지 않습니다. 자판 위의 몇 가지 기능을 익히면 글을 쉽게 고치고, 지우고, 옮겨 싣고, 퍼오고, 퍼가고, 보내고, 가져오고, 저장하고, 앞뒤로 바꾸고, 끄집어내고, 덮어씁니다. 활자를 키우기도 하고 줄이기도 하고 다양한 글씨체로 멋을 낼 수도 있습니다. 심지어 색상도 입힐 수 있습니다. 행간도 행렬도 일괄적으로 맞추거나 고칠 수도 있습니다.

연필로는 그럴 수가 없습니다. 구도자의 심정이 아니면 연필로 글을 쓸 수 없습니다. 글자 말고 글말입니다. 구도자처럼 연필로 글을 쓰면 언제나 느립니다. 힘이 듭니다. 천천히 가야 합니다. 한 자 한 자 꾹꾹 눌러 써야 합니다. 온몸으로 써야 할 겁니다. 온몸이 욱신거립니다. 잠시 허공을 바라보며 생각들을 질서 있게 줄을 세웁니다. 하나씩 불러내어 손끝에서 공책(空冊)으로 옮겨 가게 합니다. 공책이 가득 차게 됩니다. 깊은 생각들, 사람들 이름, 온갖 이야기들, 인간사 등이 공책을 가득 메웁니다. 글이 살아서 움직입니다. 그 속에 사람들이 살고 있기 때문입니다. 사람들의 이야기들이 들려옵니다.

아주 어렸을 적, 아마 서너 살이 되었을 때 어느 비오는 날 저녁 아버지는 일에서 돌아오시면서 연필 한 다스와 공책을 사 가지고 오셨습니다. HB연필이었을 겁니다. 내 등 뒤로 오신 아버지는 어린 아들을 품으시면서 조막만한 내 손을 움켜잡으셨습니다. 함께 공책에 글자를 쓰기 시작한 것입니다. 글을 쓴다는 것이 얼마나 신기하고 놀라운 경험이었는지! 그 후로 연필을 잡을 때마다 그 어린 시절이 떠올랐습니다. 내 등과 아버지의 가슴 사이에서 느껴지는 이상야릇한 포근함과 따스함, 삐뚤빼뚤 거리는 내 연필 잡이 놀림을 꼭 움켜잡고 함께 네모반듯한 도형 안에 기억 니은 디귿을 꾹꾹 눌러 집어넣는 기막힌 기술, 빼곡히 들어찬 공책의 글자를 보며 안도감과 성취감에 기뻐했던 일들이 새록새록 떠오릅니다.

얼마 후 출판사에 근무하는 후배로부터 예기치 않은 택배를 받았습니다. 호기심에 천천히 뜯어보았습니다. 처음 보는 순간 "이게 뭐지?" 하면서 자세히 살펴보았습니다. 포장된 연필 세 자루였습니다. 지우개가 달린 연필 세 자루!

내가 어렸을 때는 보통 HB연필을 사용했습니다. HB는 Hard Black의 약어로 연필심이 단단하고 까만 연필입니다. 오늘 내가 받은 연필의 브랜드는 아주 유명한 Blackwing 602입니다. 1934년에 미국에서 시작된 이 "전설의 연필"은 당시 한 자루에 50센트에 판매되었다고 하는데, 지금은 한 다스 12자루에 20달러에 판매된다고 합니다. 미국의 유명 인사들이 사용했다고 광고를 하는데, 그들 가운데는 아마 여러분도 아는 유명인들이 있을 겁니다. 존 스타인백(John Steinbeck, writer, 소설가), 척 존스(Chuck Jones, animator, 감독), 스티븐 손드하임(Stephen Sondheim, composer, 작곡가), 페이 터너웨이(Faye Dunaway, actor, 영화배우), 레나드 번스타일(Leonard Bernstein, composer, 작곡가), 유진 오닐(Eugene O'Neill, playwright, 극작가), 아론 코플랜드(Aaron Copland, composer, 작곡가).

앞으로 글을 쓸 때 오늘 받은 연필을 사용하지는 않을 것입니다. 어차피 자판기를 두드려야 하기 때문입니다. 그러나 연필은 자판기 옆에 놓을 작정입니다. 어린 시절 처음 글자를 배우고 쓸 때를 기억하며, 글을 쓸 때는 연필로 한 자 한 자 꾹꾹 눌러 써야 한다는 것을 기억하며, 정성을 들여 육필원고를 쓰듯이 글을 써야 한다는 가르침의 상징으로 옆에 두렵니다. 자판기로 글을 쓰다가 지워야 할 때는 delete 자판을 사용하기 전에 먼저 모니터 위로 "후~~" 하고 바람을 불어 지우개 찌꺼기를 털어버리는 예식을 하겠다고 다짐해 봅니다. "쓰다가 틀리면 지우고 쓸 수 있다는 건 퍽 좋은 일인 듯합니다."

*****

추신: 성경에 '연필'(鉛筆)에 관한 문구가 있는지 궁금할 것입니다. 있기는 합니다. 물론 히브리어 원문 비평과 해석문제는 차치하고서라도 '연필'에 대한 언급은 있습니다! 고난을 겪는 욥은 자신이 처한 혹독한 처지와 답답한 심경을 이렇게 표현한 적이 있습니다.

나의 말이 곧 기록되었으면, 책에 씌어졌으면, 철필과 납(연필)으로 영원히 돌에 새겨졌으면 좋겠노라!(욥 19:23-24).

철필로 쓰는 글, 연필(납)로 쓰는 글, 이게 온 몸으로 쓰는 글입니다!

81
차간(車間) 거리를 확보해야 합니다!

　교통질서만 잘 지켜도 내 생명과 타인의 생명을 보호할 수 있습니다. 정지선, 신호등, 보행자 인도, 스쿨 존 등을 잘 지키십시오. 음주운전 하지 마십시오. 그건 살인행위나 다름없습니다. 졸지 말고 한눈팔지 마십시오. 운전 중에는 다른 짓하지 마십시오. 카톡, 문자보기와 발송, 영상보기와 촬영 등은 하지 마십시오. 무엇보다 방어운전을 하십시오. 충돌과 추돌은 순식간에 일어날 수 있기 때문입니다.

차로(車路)

　"차간 거리 확보"라는 말을 들어보셨지요? 앞차와 너무 가까워도 너무 멀리 떨어져도 안 됩니다. 적당한 거리를 확보하고 운전해야 한다는 말입니다. 근데 차간 거리 조정이 어디 운전에만 해당하는 말인가요? 사람 사이에도 마찬가지가 아닐까 합니다. 사람은 본래적으로 사람들 사이에 있는 존재입니다. 그래서 한자어로도 인간(人間)은 "사람 사이"라는 말입니다. 모든 사람은 사람들 사이(간격)에 있습니다.

　문제는 사람끼리 너무 가깝다 보면 반드시 추돌 사고가 난다는 것입니다.

친숙하다는 이유로 선을 넘다가는 때론 대형사고가 납니다. 그렇다고 사람을 멀리하면 그것은 무인도에 사는 것이지 결코 사람으로 사는 것도 아닙니다. 사람들에게 다가가는 일은 물리적이라기보다는 언어적입니다. 언어를 통해 가까이 혹은 멀리 거리를 둡니다.

언로(言路)

교회의 목사로서 나는 종종 교회 안은 복잡한 '말길'(言路)과 같다는 생각을 합니다. 말(言)에도 길이 있다는 것입니다. 말이 가는 도로가 있다는 것입니다. 좁은 길, 넓은 길, 구부러진 길, 자갈길, 비포장도로, 고속도로, 흙길, 잔디밭 길, 논두렁 길, 샛길, 우회도로 등 말이 가는 길은 다양합니다.

그런데 교회의 말길(言路)은 모두 개인 자동차를 몰고 나와 달리는 고속도로와 같습니다. 최저속도를 지켜야 함에도 어떤 사람은 너무 천천히 갑니다. 그러다 급히 오는 사람에 추돌사고를 당하고 목을 가누지 못하게 되는 경우가 있습니다. 어떤 사람은 성질이 급하여 다른 사람의 말길(言路)을 추월하다 전복되는 사람도 있습니다. 말을 멈춰야 함에도 그냥 슬그머니 말을 흘려 다른 사람에게 피해를 입히는 경우도 있습니다. 가깝다는 이유로 이 말 저 말 속내까지 다 내보이다가 결국 부메랑이 되어 자승자박(自繩自縛)하는 꼴이 되는 경우도 있습니다.

교회 안의 말길(言路)이 복잡한 이유는 이해관계 계산법에 따라 친소(親疏)관계가 복잡해졌기 때문입니다. 친소관계는 고등방정식과 같아서 풀어내기가 여간 어렵지 않습니다. 게다가 사람들 사이의 친소관계는 늘 유동적이며 변화

무쌍합니다. 어제까지만 해도 가깝던 사이가 잘못된 뉴스나 소문 때문에 소원해지거나 분노의 진원지가 되기도 합니다. 갑자기 끼어들어 판을 깨는 일 역시 대부분 신중하지 못한 말길(言路)을 달리다가 일어나는 중형사고입니다.

왜 이런 사고들이 일어나는 것일까요? 모두 '차간 거리 조절'에 실패했기 때문입니다. 말(言)의 속도 조절에 실패했기 때문입니다. 성급한 말, 과격한 말, 분열을 조장하는 말, 함부로 내뱉는 말, 개념 없는 말, 거친 말, 쓸모없는 말, 더러운 말, 소문에 편승하는 말, 까칠한 말, 독한 말, 상처에 소금 뿌리는 말, 술 취한 말, 아첨하는 말, 일관성이 없는 말 등이 상대방과의 거리에 상관없이 달리다 보니 서로 충돌하고 삶이 뒤집히기도 하고, 뒤에서 갑작스레 받기도 하고 받치기도 하고, 화상을 입기도 하고, 평생 깊은 상처를 지니고 살아야 하기도 하고, 분노가 치밀어 오르기도 하고, 복수심에 영혼을 불태우고 언어를 날카롭게 갈아 비수로 사용하려고 작심을 합니다.

차간 거리를 확보하세요!

아무에게나 너무 친하다고 경계를 넘어 가까이 가지 마십시오. 이것이 "사랑은 무례하지 않는다"는 말의 뜻입니다. 사람과 추돌하지 마십시오. 사람과 충돌하지 마십시오. 그렇다고 사람과의 거리를 너무 멀리 두지 마십시오. 마귀는 그 틈새를 뚫고 들어옵니다. 점점 더 멀어져서 상대방에 대한 의심의 눈초리가 자리 잡게 됩니다. 어쨌든 적당한 거리를 두고 서로 안전하게 가십시오. 길게 보면 이것이 질서 있고 편안한 말길(言路)입니다. 안전한 차간 거리를 확보하십시오. 지혜가 필요할 것입니다. 하나님께 지혜를 구하십시오. 그분께서 안전거리 인식 능력을 주실 것입니다.

82
죽음, 낯선 친구

출생과 죽음은 삶의 처음과 끝입니다. 출생은 인생 안으로 들어오는 대문입니다. 죽음은 인생을 떠나 나가는 뒷문입니다. 화려한 시작과 초라한 끝입니다. 주변에 아기가 태어났다는 소식을 듣습니다. 축하의 인사를 전합니다. 환한 얼굴로 기뻐합니다. 누군가의 부모가 세상을 떠났다는 소식을 듣습니다. 조문하러 갑니다. 뭐라고 말하기가 그렇습니다. 가만히 있다가 돌아옵니다. 출생은 어색하지 않은데 죽음은 왜 이리도 어색하고 낯선지요.

죽음은 언제나 낯선 얼굴로 다가옵니다. 한 번도 같은 얼굴인 적이 없습니다. 매번 이상하고 낯설고 서먹합니다. 어두운 망토를 걸친 이방인의 가려진 얼굴을 어둠 속에서 힐끗 쳐다보는 기분입니다. 죽음은 매우 낯이 설면서도 우리 주변에서 흔히 볼 수 있는 친숙한 이웃과 같습니다. 참으로 모순입니다. 부조리입니다.

경험해 보지 못한 죽음

최초의 인간이었던 아담에게 하나님은 에덴 정원의 수많은 먹거리를 다 허락하시면서도 정원 한복판에 심겨진 선과 악을 알게 하는 나무의 열매에는 손을 대지 말하고 하셨습니다. 먹는 날엔 반드시 죽는다고 말씀하셨습니다. 참으로 이해하기 힘든 말씀입니다. 상상해 보십시오. 그 말을 들은 아담의 입장에서 죽는다는 것이 무엇인지, 죽음이 무엇인지 어찌 알 수 있겠습니까? 한 번도 경험해 보지 못한 죽음을 어떻게 이해할 수 있단 말입니까?

언제인지는 몰라도 아담의 성장한 두 아들 사이에 비극이 일어났습니다. 큰아들이 작은아들을 살해한 것입니다. 최초의 죽음이 발생한 것입니다. 문제는 사람이 죽는다는 것에 대해 전혀 사전적 이해와 경험이 없었던 아담의 입장에서 '죽음'은 정말 생소하고 낯설었습니다. 땅 바닥에 누워 있는 아벨, 아무 말도 하지 않는 아벨, 아무런 반응도 없는 아벨, 어제까지만해도 아버지에게 인사하던 아벨, 그러나 지금은 움직이지 않습니다. 불러도 대답이 없습니다. 비로소 아담은 이 현상을 어렴풋이 이해하기 시작하였을 겁니다. "반드시 죽으리라!"고 하신 하나님의 말씀을 말입니다.

매장이든 화장이든 지금의 우리는 시신을 어떻게 처리하는지 잘 알고 있습니다. 그러나 그때 아담은 아들 시신을 어떻게 처리해야 할지도 몰랐겠지요. 한 번도 매장이나 화장을 본 일도 없는 아담에겐 아벨의 시신 처리 역시 낯설고 어색했을 것입니다. 하늘의 독수리가 시체를 먹도록 그냥 내버려 두었을지도 모를 일입니다.

아벨과 헤벨

사람이 죽어야 한다면 먼저 온 사람이 죽어야 하는 것 아닙니까? 그러나 인류 최초의 사람인 아담보다 그의 아들 아벨이 먼저 죽었습니다. 올 때는 순서대로 왔지만 갈 때는 순서대로 가지 않는다는 소박한 진리가 입증되는 최초의 증거였습니다. 아들 아벨의 죽음 앞에서 아버지 아담은 "삶의 헛됨과 모순"을 몸으로 체득하게 됩니다. 삶은 순간적이고 찰나적이어서 바람에 나는 겨와 같고, 허무하기 이를 데 없음을 최초로 보여 준 사람이 아벨입니다. 아담이 아닙니다!

아벨! 놀랍게도 '아벨'과 히브리어 철자가 같은 단어가 구약 전도서의 주제어로 35번 정도 등장하는데 바로 '헤벨'입니다. 덧없음, 어리석음, 부질없음, 헛됨, 모순, 안개, 수증기, 숨결 등으로 번역되는 단어가 헤벨입니다. 전도서 안의 지혜자인 코헬렛은 "인생은 헤벨이다!"라고 말합니다. "아벨은 그의 이름이 곧 자신의 역사입니다. 그는 무의미하게 죽은 성경의 민물입니다. 코헬렛은 아벨을 상기시킴으로써 죽음은 누구에게나 언제든 가능한 일임을 일깨우고, 따라서 우리가 어리석게 살거나 '갑자기 준비도 없이' 죽지 않게 해 주려고 합니다"(엘렌 데이비스, 『하나님의 진심』 p.159).

죽음을 기다리며

죽음은 그리 멀리 있지 않습니다. 언제나 우리 주변에 서성거립니다. 요양병원에 가 보십시오. 산다는 것은 생명과 죽음의 경계선을 거니는 위험천만한 여정입니다. 어두운 그림자가 드리우다가 햇살이 비추고, 햇살이 따스하게 느껴지더니만 어느새 어둑하고 쓸쓸한 그림자가 길게 드리운 것을 보고 깜짝 놀랍니다. 언젠가는 흙으로 돌아가는 날이 온다는 생각에 잠시 가던 길을 멈추어 봅니다. 그리고 겸손한 마음으로 하늘을 올려다봅니다. '겸손'(humility)이라는 영어단어가 땅을 뜻하는 라틴어 휴머스(humus)에서 왔다는 것을 모른다 하더라도, 사람을 뜻하는 '아담'이라는 히브리어가 땅(흙)이라는 히브리어 '아다마'와 유사하다는 것 정도를 알면 우리는 진심으로 "겸손한 삶"을 살아갈 수 있지 않을까요? 우리 모두는 흙으로 돌아가기 때문입니다. 아니 반드시 돌아갈 것입니다! 그날이 오기 전에 흙으로 사람을 지으신 창조주를 기억하십시다(전 12:1 참고). 이것이 지혜로운 삶입니다.

83
버릇들이기

오랫동안 쌓인 습관을 우리말로 버릇이라 합니다. 버릇은 쉽게 바뀌거나 고쳐지지 않습니다. 이를 두고 "세 살 버릇 여든까지 간다" "제 버릇 개 주겠냐?"에서부터 "참 버르장머리 없다!"는 한숨 섞인 말도 있습니다. "버릇이 잘 들어야 한다" "그 버릇을 고쳐야해!"라는 어른들의 말씀도 이제는 듣기가 어려운 세상이 되었습니다. 각자만의 버릇이 아무런 사회적 제약 없이 나타납니다. 좋게 말해서 "개성이 강하다"라고 완곡하게 말하기도 하고, 어린아이의 경우는 "기를 죽여서는 안 돼"라고 말합니다.

버릇을 속되게 버르장머리라고 합니다. 버릇에 낮추어 말하는 접미사인 머리를 붙인 것입니다. 안달머리, 인정머리, 주변머리가 그런 것입니다. 버릇없이 굴 때 버르장머리 없다고 합니다. 주로 어른들이 젊은이들이나 어린애들이 함부로 굴 때 하는 말입니다. "돼먹지 않았다"는 말도 하는데, 이 말은 공동체에 속한 일원으로서 다른 사람들을 아랑곳하지 않고 함부로 행동하거나 말하는 막무가내 인간을 욕하는 말입니다. 돼먹지 않은 것의 최상급은 막돼먹은 것입니다. 한자어로 무례(無禮)하다는 것이지요. 사람 사이에 지켜야 할 최소한의 예의(禮儀)가 없다는 말입니다.

태어날 때부터 인간 사회 안으로 들어온 이상 사람은 다른 사람과 관계를 맺고 살기 마련입니다. 영국의 시인 존 돈(John Donne)의 저 유명한 문구 "아무도 섬이 아니다"(no man is an island)를 들먹이지 않더라도 우리는 그 사실을 몸소 경험합니다. 어깨를 부대끼며 살아갑니다. 비좁은 공간에서 자리를 잡으려고 비벼대고 앉아봅니다. 한편 다른 사람의 도움 없이 살 수도 없습니다. 알던 모르던 사람들은 이리저리 연결되어 있습니다. 4차 산업 시대를 연 컴퓨터의 인터넷(internet)이란 말도 망사처럼 그물처럼 서로 엮여져 있다는 뜻이고, 최근의 Facebook이나 twitter 등을 가리켜 "사회관계망"(SNS, Social Networking Service)이라 부르는 것을 봐도 사람은 원하든 원하지 않든 서로 연결되어 있는 사회적 존재(social being)임을 반영합니다.

고린도전서 13장은 유명한 '사랑 장'이라 불립니다. 기독교 사랑에 관한 마그나카르타라 생각하면 좋습니다. 그러나 꼭 집고 넘어가야 할 사항이 있습니다. 바울이 고린도교회에게 보낸 첫 번째 편지의 13장은 단순히 사랑에 관한 송가(song of love)가 아닙니다. 두 연인 사이나 남편과 아내 사이에서 일어나는 낭만적 사랑의 표본을 제시하는 것이 아닙니다. 이 사랑 장은 신앙공동체 속에 서로 다른 성격과 재능과 은사를 가진 사람들이 함께 조화롭게 어울려 생산적으로 역동적으로 평화(샬롬)를 만들어 내는 일에 관한 장입니다. 그중 한 구절을 곱씹어 보십시오. "사랑은 무례히 행하지 아니하며." 무례란 꼴사납게 굴거나 꼴불견이거나 같잖게 행동하거나 말하는 것입니다. 볼썽 사나운 모습입니다. 답지 않게 굴거나 행동하는 것입니다. 말이든 행동이든 함부로 하는 사람입니다. 다른 사람들에게 혹은 공동체에게 유익을 주지 않는 일이 사랑이 없다고 하는 것입니다. 사랑은 무례하지 않는다는 말 다음에 이어서 나오는 말은 "자기의 유익을 구하지 아니하며"입니다. 자기만을 생각하지 않는다는 뜻입니다. 자기중심성에서 벗어나는 것입니다. 한마디로 사랑은 "못된 버릇"이 없어야 된다는 것입니다.

버릇은 훈련을 통해 들게 되어 있습니다. "버릇 들다"((Habit Formation)라고 말하지 않습니까? 몸에 배게 된다는 뜻입니다. 제2의 본성이 된다는 것입니다. 그렇다면 어디에 좋은 버릇이 생겨야 할까요? 세 가지 곳에 좋은 버릇이 들도록 훈련이 필요하지 않을까 합니다.

첫째는, 마음 버릇입니다. 마음보가 좋아야 합니다. 마음을 쓰는 속 바탕이 깨끗해야 합니다. 마음을 쓰레기장으로 만들지 마십시오. 악한 생각, 부정적인 생각, 독기, 앙심, 복수, 시기와 질투, 교만과 이기심, 탐욕, 분노, 탐색과 같은 더러운 것들로 마음을 쓰레기 집하장으로 만들지 마십시오. 마음의 적폐들을 청소해내고 좋은 것들로 채우십시오. 성경에서 권고하는 것들, 정의, 공의, 화평, 평화, 화해, 사랑, 인애, 진실, 긍휼, 희생, 온유, 가난한 마음 등으로 채워야 할 것입니다.

둘째는, 말버릇입니다. 이것은 바깥으로 표현되는 것이기에 길들이는 데 강력한 훈련이 필요할 것입니다. 시편을 읽어 보면 애통하고 탄식하는 기도시가 많습니다. 억울한 일을 당하거나 상대방으로 고통을 당하기 때문에 드리는 기도입니다. 그들에게 그런 치명적 상처를 내는 대적자의 공격무기는 놀랍게도 "혀"입니다. 혀와 말은 치명적 무기(deadly weapon)라고 성경은 반복해서 말합니다. 한 치도 안 되는 혀가 온몸을 불사른다는 야고보 사도의 촌철살인을 기억해보십시오. 파괴하는 언어가 아니라 사람을 세워 주는 언어, 낙심하게 하는 말이 아니라 격려와 위로와 용기를 북돋아 주는 말이어야 합니다. 적시 적소

(適時適所)에 던지는 말은 사람의 영혼을 상쾌하게 만듭니다. 하나님께서 세상을 무엇으로 창조하셨는지를 기억하십시오. 말씀으로 창조하셨습니다. 하나님의 말씀은 "창조하는 말씀"(creative word)이었습니다. 우리가 하나님을 가장 잘 닮을 때는 말과 언어로 아름다운 세상을, 평화로운 인간관계망을 만들어 갈 때입니다. 이것이 "창조적 언어"(creative word)의 위력입니다.

셋째는, 몸 버릇이라고 불러보겠습니다. 얼굴 표정에 환한 버릇이 들게 하십시오. 몸동작이 위협적이지 않거나 무례하지 않도록 하십시오. 인상을 쓰거나 찌푸린 얼굴보다는 상냥하고 친절한 표정의 미소 짓는 얼굴 말입니다. 얼굴과 손과 발과 몸동작으로 감정을 표현하는 것이 몸짓언어(Body Language)입니다. 의사전달이 잘되기 위해서 언어훈련이 필요하듯이, 몸가짐, 얼굴 표정, 손동작, 몸짓 등에 좋은 버릇이 들도록 해야 합니다.

버릇은 '습관'(habits)입니다. 습관은 훈련을 통해 들게 되어 있습니다. 좋은 습관들이기, 착한 버릇들이기를 통해 제2의 본성(second nature)이 몸과 영혼에 배어나기를 기도해 봅니다. "성령님이시여, 오셔서 우리를 도와주소서."

84
깨어 일어나라, 그가 오신다!

대강절(待降節) 유감

"그러나 그날과 그때는 아무도 모르나니 하늘의 천사들도, 아들도 모르고 오직 아버지만 아시느니라. 노아의 때와 같이 인자의 임함(παρουσία, coming)도 그러하리라. 홍수 전에 노아가 방주에 들어가던 날까지 사람들이 먹고 마시고 장가 들고 시집 가고 있으면서 홍수가 나서 그들을 다 멸하기까지 깨닫지 못하였으니 인자의 임함(παρουσία, coming)도 이와 같으리라……그러므로 깨어 있으라. 어느 날에 너희 주가 '임할는지'(come) 너희가 알지 못함이니라. 너희도 아는 바니 만일 집 주인이 도둑이 어느 시각에 '올 줄'(coming)을 알았더라면 깨어 있어 그 집을 뚫지 못하게 하였으리라. 이러므로 너희도 준비하고 있으라. 생각하지 않은 때에 인자가 '오리라'(come)"(마 24:36-38, 42-44)

날짜를 계산하려면 달력을 봅니다. 달력으로 한 해의 시작은 1월입니다. 그러나 크리스천들이 사용하는 달력(Christian Calendar)은 대체적으로 12월에 시작하는 대림절, 혹은 대강절, 혹은 강림절로 불리는 절기로 시작합니다. 대림절(待臨節)은 "임함을 기다리는 절기"라는 뜻이고, 대강절(待降節)은 "내려옴을 기다리는 절기"라는 뜻이고, 강림절(降臨節)은 "내려옴을 기념하는 절기"입니다. 모두 '내려오다', '오다', '오심', '임하다', '도착하다'를 뜻하는 헬라어 파루시아(παρουσία)에서 나온 용어들입니다. 한글로는 '기다림'의 요소를 가미해서 '대'(待) 자를 덧붙인 것입니다.

'오심, 임하심'에 해당하는 신약성서의 헬라어는 "파루시아"(παρουσία)입니다. 이 단어는 모두 24번 나오는데 그중 예수 그리스도의 "다시 오심"(Second Coming of Christ)을 가리키는데 18번 사용되고 있습니다(마 24:3,27,37,39; 고전 15:23; 살전 2:19, 3:13, 4:15, 5:23; 살후 2:1,8,9; 약 5:7,8; 벧후 1:16, 3:4,12; 요일 2:28 참고).

4세기 초엽인 313년 로마의 황제 콘스탄티누스가 기독교를 공인하게 된 후 4세기 후반에는 성경(구약의 히브리어 성경과 신약의 헬라어 성경)이 로마제국의 언어인 라틴어로 번역되었습니다. 라틴어 번역은 당시 교황의 명을 받들어 성 제롬(St. Jerome)이 번역했는데 이전에 이미 있었던 번역본들을 개정하기도 했지만 대부분은 제롬이 새롭게 번역했습니다. 이렇게 나온 라틴어 성경은 흔히 라틴어로 "불가타"(vulgata), 영어로 "벌게이트"(Vulgate), 그리스어로 "보울가타"(βουλγάτα)라 부르는데, 그 뜻은 "일반적으로 사용되는"입니다. 즉, 불가타는 "보통 사용되는 번역본"(versio vulgata)의 준말입니다.

헬라어 "파루시아"(παρουσία)를 라틴어 역본에선 "아드벤투스"(Adventus)로 번역했고, 이 라틴어 아드벤투스에서 유래한 영어가 Advent(애드벤트, 대림절)입니다. 모두 '옴, 도착, 임함'의 뜻을 지니고 있는 단어입니다. 고전 헬라어에서 파루시아는 종종 "공식적 방문"(official visit)을 가리키기도 했습니다.

아마 이 정도면 올해는 12월 3일 주일부터 4주 동안 계속되는 대림절의 의미를 생각하는데 충분한 자극제가 되리라 생각합니다. 즉, 대림절(advent season) 기간을 성탄절에서 절정을 이루게 될 "왕의 오심"(Coming of King)을 집중적으로 생각하는 절기입니다. 아무런 환영의 나팔소리도 없이 조용히 이 세상으로 오시는 그분과 그분의 나라의 오심을 묵상하는 계절입니다.

대림절에 우리는 2천 년 전에 이 땅에 오신 그분의 오심을 기다리는 것이 아닙니다. 이미 오셨는데 기다린다는 말은 어불성설이겠죠. 우리가 기다리는 '오심'(Advent)은 장차 그분이 만유의 주, 만왕의 왕으로 "다시 오실 것"(advent)을 기다리는 것입니다. 그분의 온전한 오심을 희망하는 것입니다. 달리 말해 대림절(Advent season)은 찬란한 미래의 도래(오심)를 희망하는 절기입니다. 무슨 근거로 희망이 가능합니까? 이미 '오셔서'(advent) 그의 백성과 제자들에게 "내가 너희와 영원히 함께한다"는 약속을 하셨기에, 그 약속이야말로 미래에 대한 우리의 희망을 지탱시켜 주는 원동력이 되는 것입니다.

희망을 짓누르는 우리 주변의 환경들을 보십시오. 환멸(幻滅)을 느끼게 하는 어둠의 시대입니다. 앞이 캄캄하여 미래에 대한 희망을 꿈꿀 수 없는 세상입니다. 두려움, 불확실성, 근심과 염려, 질병과 죽음, 불안과 걱정, 갈등과 전쟁 등 주위를 둘러보면 환멸(disillusionment)이 가득합니다. 희망을 질식시키는 현실입니다.

이럴 때일수록 "파루시아"(parousia), "애드밴투스"(Adventus), "임재"(Presence), "오심"(Coming), "도래"(Arrival), "다가옴"(Nearness)에 대해 깊이 묵상해 봅시다. 예수님이 이 세상에 오셔서 하신 첫 외침이 무엇이었습니까? "회개하라. 천국이 가까이 오고 있다!"가 아니었습니까? 하늘 왕국이, 하나님의 나라가 오고 있다는 외침이었습니다. 그러므로 천군천사를 거느리고 이 세상 안으로 진입(advance)하고 있는 하늘 왕국(천국)과 하늘 왕국(천국)의 대왕께 두 손을 들고 항복하라는 요청입니다. 예수님이 우리에게 가르쳐 주신 기도문의 핵심 역시 "하나님의 나라가 오시옵소서!"라는 것 아닙니까!

대림절, 대강절, 강림절, Advent Season에 교회들은 "왕의 귀환", "왕국의 옴", "하나님 나라의 도래" 등과 같은 성경의 웅장한 주제들을 다시금 곱씹어야 할 것입니다. 쇼핑, 휴가계획, 산타크로스, 캐럴, 선물교환, 화려한 외출 등이 대림절을 질식시키지 못하도록 하십시오. 조심하십시오. 깨어 정신 차리십시오. 여러분과 저는 그리스도의 "오심(파루시아)"의 날과 때를 알지 못하기 때문입니다. 일어날 때입니다. 자다가 깰 때입니다. 일어나 일하러 가십시오. 여러분의 선행의 빛을 비출 때입니다. 여러분이 준비한 희망의 촛불들을 드높일 때입니다. 주위가 어둡고 캄캄할수록 여러분이 들고 있는 촛불은 더욱 환하게 주변을 비출 것입니다. 이게 대림절 정신입니다.

85
회중 찬송의 회복은
예배 회복으로 가는 첫걸음이어라!

아마 이 글을 보는 사람들 대부분은 목회자나 신학생들일 것입니다. 교회에서 교인들의 신앙을 세워 주고 양육하는 일에 매진하는 일을 하는 분들입니다. 참 수고가 많습니다. 그들의 생각 언저리에는 교인들이 말씀을 잘 들으면 신앙이 굳건해질 수 있다고 생각하여, 자기들이 연구하고 열심히 준비한 설교를 통하여 교인들이 신앙적으로 양육되어질 것이라고 생각합니다. 물론 맞는 말입니다. 선포되는 하나님의 말씀을 통해 양육되지 않고서 신앙의 양육을 위한 어떤 다른 길이 있을 수 있겠습니다.

문제는 여기서 생겨납니다. 목사나 전도사들은 교인들에게 말씀을 "가르치려 들 때"가 많다는 아쉬운 현실입니다. 자기들의 전공인 말씀해석과 설교에 자긍심이 넘치다 보니 때론 "말씀에 굳건히 서야 합니다!" "말씀에 귀를 기울이십시오!"라면서 교인들을 윽박지르기까지 합니다. 성경에 대해 무식하면 천국입시에 떨어질 수 있다는 식으로 말입니다. 드문 경우이기를 바라지만 고압적으로 교인들에게 "말씀 중심"을 외치면서 실상 본인들은 별로 말씀의 체화된 삶과는 거리가 멀다는 사실을 모르면서 말입니다. 교인들은 다 알고 있는데 정작 당사자들만 모르면서도 본인들은 마치 신앙에 굳건히 서 있기나 한 것처럼 말입니다.

성경을 자세히 연구하는 성경학자로서, 또한 교회에서 하나님의 말씀을 전하는 설교자로서 평생을 살아온 나는 종종 이런 생각을 합니다. '영혼 없이 외치는 100편의 설교보다 한 편의 생생한 회중 찬송이 얼마나 내 신앙에 힘을 주며, 때론 얼마나 강력한 위로와 위안을 주는지 측량할 수 없습니다!'라고 말입니다.

교인들이 강단에서 선포되는 설교자의 말씀 선포를 통해 은혜를 받고 힘을 얻는 일도 있지만, 신앙공동체 회중들이 함께 찬송할 때 얻는 "하늘 위로"는 더할 나위 없는 은혜의 폭포일 때가 있습니다. 알다시피 예배는 하나님과 그의 백성간의 쌍방적 요소를 지니고 있습니다. 달리 말해 위에서 내려오는 하나님의 말씀 선포인 설교가 있다면, 그 하나님에 대하여 응답하고 반응하는 찬양과 기도가 있습니다. 이 점에서 우리는 예배의 "공동체성"을 잊어서는 안 되겠지요.

이런 쌍방적 통로가 예배의 중요한 모습임에도 불구하고 우리 한국 개신교회의 예배들은 교파를 막론하고 소위 말씀 중심이라는 미명아래 – 사실 이것은 목사들 주도의 예배, 설교자 주도의 예배의 특징 – 교회구성원 전체가 하나님의 백성으로서 하나님을 찬양하고 그분에게 함께 기도하는 신앙 표현의 사회성을 상실하고 있는 것은 아닌지 걱정스럽습니다.

언제부터인가 한국 교회에선 회중찬양도 예배의 변두리로 밀려났습니다. 온 성도들, 회중 전체가 목소리를 높여 함께 하나님을 찬양하거나 그들의 애환과 고통을 곡에 실어 하나님께 함께 호소하는 "회중 찬송"이 실종된 것입니다. 오히려 찬송을 특정한 개인이나 그룹에게 맡기는 요상한 일들이 일어나고 있습니다. 구약이나 신약 전체를 놓고 볼 때 하나님의 백성들은 모두 함께 하나님의 위대하신 일들을 찬양하고 기뻐했습니다(예, 홍해를 건너자마자 홍해 반대편에서 이스라엘 온 회중은 함께 찬송하였다. 출 15:1-18, 일명 모세의 노래; 신약성경에 들어있는 그리스도 찬미시들, 예, 골 1:15-20; 빌 2:6-11).

1980년대에 한국 교회에 불어 닥친 "경배와 찬양"은 찬양사역자 혹은 예배사역자란 독특한 직함을 만들어 내었고, 각 교회마다 앞다투어 찬양과 경배팀들을 구성했습니다. 그들은 예배당 앞에 나와 찬양을 인도하며 소위 현대적 예배(사실 미국의 대중적인 복음주의 교회들)를 시연하려고 애를 썼습니다. 찬양의 리듬감에 청년들은 열광하였고, 인도자들은 때론 발라드풍의 감성적 체임버 뮤지션들처럼, 때론 거룩한 디스코텍의 리더들을 방불케 하였습니다. 한편 조금이라도 나이가 있는 중장년층 교인들은 예배자가 아닌 공연장의 관람객으로 무력감과 자괴감을 느끼기도 합니다. 도무지 따라 부를 수가 없습니다. 숨도 차고, 뭔 그리 엇박자 곡들이 많은지요. 발라드 가수들이 혼자 부르기에 적합한 곡들, 어느 한 개인이 특(별찬)송으로 부르기에 적합한 그런 곡들이 대부분이었고, 시간과 세월의 검증을 받기에는 너무 급변했습니다. 이러다 보니 예배의 공공성은 사라지고 음악적 재능이 있는 특정 사람들의 공연이나 연주가 되어버린 경우도 종종 있습니다. 아마 지금도 그럴지도 모릅니다. 세대 간의 단절이 심한 사회에서처럼 찬양의 경우 교회 내에서도 세대 간의 단절이 심화되는 것입니다.

지금 이야기하고자 하는 바는 공공 예배에서의 회중들의 적극적인 참여입니다. 특별히 찬송의 경우가 그렇다는 것입니다. 이런 의미에서 한국 교회는 회중 찬송(congregational song)의 회복이 시급하다는 말입니다. 예배시간에 온 회중들이 함께 전심으로 같이 찬송을 부른다는 뜻의 회중 찬송입니다. 목회자들이 신학을 공부한 사람들이기에 자기들이 하는 설교의 중요성은 강조하면서도, 신앙생활에서의 특히 공중 예배에서의 찬송의 중요성에 대해서는 신학적으로(!) 문외한들이 많기 때문에 걱정스러울 뿐입니다. 예배신학에서 말씀선포와 함께 찬양이 얼마나 중요한지를 다시금 인식한다면 찬송 부르는 일에 대해 결코 방관하지 말아야 할 것입니다.

사실상, 성가대는 미국에서 수입한 상품입니다. 유럽의 교회들은 특정한 사람들이 찬양을 한다는 전통보다는 모든 회중들이 함께 노래한다는 좋은 전통을 갖고 있습니다. 물론 성가대나 경배와 찬양팀 무용론을 주장하는 것은 아닙니다. 그러나 이제는 특정한 그룹들(성가대나 찬양과 경배팀이나 찬양사역자들)에게 전속되었던 찬양과 찬송을 회중에게 되돌려야 할 때입니다. 예배에서 회중들은 함께 목소리를 높여 찬양해야 할 것입니다. 회중 찬송, 회중 찬양. 신앙의 공동체성의 표현입니다.

교회의 영성 회복은 예배의 회복에 있고, 예배의 회복은 회중 찬송의 재발견에 있다고 나는 믿습니다. 믿어지면 "아멘"하십시오!

86
교회를 떠나는 다양한 이유들

오죽하면 그동안 다니던 교회를 떠나려고 하겠습니까? 고민하며 갈등하는 긴 밤을 보냈을 것입니다. 이게 옳은 결정일까 잘못된 결정일까? 내 욕심 때문인가, 아니면 도저히 견딜 수 없는 괴로움 때문인가? 어떻든 좋습니다. 떠나려는 결정을 내렸다면 그 결정을 슬픈 마음으로 기꺼이 존중하겠습니다.

그런데 떠나려는 이유가 무엇인지 생각해 본 일이 있나요? 여러 가지로 무한 상상해 봅니다. 목사의 설교 때문일 수도 있을 겁니다. 너무도 식상한 그 설교를 먹고는 도저히 영적으로 생존하기조차 어렵다는 판단이 생겨서 일 수 있을 겁니다. 교회 구성원들 사이가 칸 막이가 있는 것 같고, 서로에게 냉담하고 전체적인 분위기가 착 가라앉아서 숨이 막힐 것 같아 뿌리를 내릴 수 없다고 판단이 될 경우도 있을 겁니다. 교회의 기득권층들이 있어서 보이지 않는 억압과 눌리는 감정을 느끼는 경우도 있을 겁니다. 통제되지 않는 몇몇 사람이 전체의 물을 흐리고 있는데 교회에선 그런 사람들을 그대로 방치하거나 어찌할 수 없다는 식으로 내버려두는 경우도 있을 겁니다. 신앙의 본질적인 것들보다는 어떤 형식이나 전통에 집착하여 소모적인 논쟁에 휘말려 있는 경우도 있을 겁니다. 목회자의 과도한 권위주의나 교회재정을 개인 쌈짓 돈처럼 생각하고 본인은 신앙적으로 양심에 따라 사용한다면서도 무책임하게 권한을 휘두르는 것일 수 있습니다. 창립 멤버들이 터줏 대감 역할을 하며 천국의 문지기 노릇을 하는 경우가 꼴불견이라서 떠나고 싶을 수도 있을 겁니다. 교회가 너무 커서 어마어마한 회사처럼 모든 것이 아주 세밀하게 정확하게 운영되는 것 같은데 전혀 교회냄새가 나지 않는 경우도 있을 겁니다. 아니면 떠나려는 사람의 주관적 판단에 따라 자기 마음에 안 들기 때문에 떠나려고 하는 수도 있을 겁니다. 교회가 제공하는 프로그램들이 너무 빈약하여 자기나 자기 자녀들에게 아무런 유익을 주지 못하기 때문이라고 생각해서 떠나려고 마음먹을 수도 있습니다. 사소한 일들로 감정이 상해서 더 이상 그 교회에 나가기가 싫어서일 수도 있습니다. 다른 사람들의 부정적 언사나 악의적 소문에 휘둘려 자기도 모르게 영혼이 피폐해져서 떠나려고 마음을 먹고는 떠나려는 이유를 정당화하기 위해 좋지 못한 말을 은근히 퍼뜨리면서 떠나는 경우도 있습니다.

자기가 바라고 원하는 방식대로 교회가 뭔가를 주거나 제공하지 않는다는 생각이 들면 떠날 수도 있습니다. 자신의 사회적 신분이 그 교회의 평균적 신분과 잘 맞지 않는다는 생각이 들면 떠날 수도 있습니다. 가 보니 특정지역 출신들이 대다수를 이루어 끼리끼리 교회 생활하는 것을 보고 외계인이나 이방인처럼 생각이 들어 떠나려는 경우도 있습니다. 평소에 개인 경건생활에 게으르다 보니 자신의 영적 건강이 너무 허약해져서 허언증을 앓거나 늘 부정적 언사를 발설하다가 스스로 떠나게 되는 경우도 있습니다. 다른 교회 있을 때 얻지 못한 특정한 교회 직분 감투를 얻어 보려고 은근히 기대하며 이 교회에 와서 열심히 애를 썼지만 아무래도 끝이 보이지 않을 것 같아서 일찌감치 떠나려고 작정하는 경우도 있습니다. 자신을 알아주기를 바라면서 은근 교만하여 왔는데 아무도 신경 쓰는 것 같지 않을 때 떠나고 싶을 겁니다. 목회자의 도덕성과 윤리성이 최소한의 사회적 기준에도 못 미친다는 생각이 들 때 그곳에서 자신의 영혼을 맡기고 싶지 않을 것입니다. 교회가 외형적으로 재정적으로 너무 영세하여 그곳에서 계속 교인 노릇하다간 희생만 할 것 같을 때 떠나고 싶을 것입니다. 설교자가 너무 기복적 설교만해서 식상했을 수도 있지만 제대로 먹이는 데도 불구하고 자극적이지 않다고 해서 실증을 느낄 수도 있을 겁니다. 패거리 문화에 물들어 교회 안에서 패가 갈려 심할 경우 극한 물리적 언어적 법률적 폭력으로 난장판이 되어 떠나고 싶은 경우도 있을 것입니다. 표리부동 (表裏不同)한 지도자들이나 동료 크리스천들 때문에 상심해서 일 수도 있을 겁니다. 따라야 할 롤 모델이 없어서, 스스로 마음이 강퍅해져서, 떠나고 싶은 핑계를 찾다 보니 그럴 수도 있을 것입니다.

물론 먼 곳으로 이사를 해야 하기 때문에 교회를 떠나야 할 경우도 있습니다. 마지막 경우를 제외하고는 뭔가 석연치 않은 이유들 같습니다. 물론 그럼에도 못 떠나는 이유는 더 은밀하고 복잡할 수도 있을 겁니다. 어쨌거나 누구의 잘잘못을 떠나서 그리스도의 몸을 이룬 교회 구성원들은 이와 같은 다양한 이유들에 대해 스스로 묻고 스스로 답하는 시간을 가진다면 좋을 것입니다. 교회를 떠나는 것이 신앙을 잃어버리는 첫걸음일 수도 있다는 것을 기억해야 할 것입니다.

역사상 지상 교회가 온전했던 경우는 한 번도 없었습니다. 앞으로도 그럴 것입니다. 상처투성이인 교회, 상처투성이인 그리스도의 몸, 그럼에도 영광스런 몸이기도 합니다. 왜? 교회는 궁극적으로 부활하신 그리스도가 거룩한 하나님의 성령을 통해 임재하신 곳이기 때문입니다. 주일마다 전 세계의 모든 그리스도의 교회는 "우리는 거룩한 공교회를 믿습니다"라고 고백합니다. 절망 가운데서 소망을 담아 드리는 일인칭 신앙고백입니다.

*****

추신: 지금 다니는 교회에 대해 불만이 가득한 어느 교인이 정중하게 그가 존경하는 어느 목사님에게 물었답니다. "교회를 떠나고 싶습니다. 아니 정말 좋은 교회, 이상적인 교회가 있는 곳으로 이사 가고 싶습니다. 혹시 그런 교회가 있으면 알려 주시겠어요?" 그러자 그 목사님이 반색을 하면서 대답해 주었습니다. "예, 물론이죠. 그런 교회가 있습니다. 제가 그 교회 주소를 알려드리겠습니다." 그 말에 너무 기쁘고 놀라서 그 교인이 말합니다. "예, 어서 알려 주세요. 그 교회 주소를!" 그러자 그 목사님이 그 교회가 있는 주와 도시 이름과 거리 명까지 자세하게 알려 주는 것이었습니다." 듣고 보니 지금 살고 있는 곳에서 아주 먼 곳은 아니었습니다. "예, 고맙습니다. 어서 이사 갈 준비를 하겠습니다." 그러자 목사님이 이렇게 말했습니다. "예, 정말 좋은 교회입니다. 이상적인 교회입니다. 당신을 만족시킬 교회입니다. 그런데 한 가지는 기억하세요. 당신이 그 교회에 발을 딛는 순간 그 교회는 불완전한 교회가 될 것입니다."

87
4대강의 근원을 찾아서

인류의 기원에 대한 창조기사에서 나는 하나님의 4대강 사업을 봤습니다! 에덴동산을 관통하며 왕의 정원을 넉넉하게 적셔 풍요한 곡식과 열매를 생산하던 그 강에서 발원하여 인간 역사 속으로 흘러가는 4대강이 있었습니다(창 2:10 참고). 아마도 동서남북으로 흘러 인류 전체에 풍요를 가져다주었을 것입니다. 참고로 에덴은 어원학적으로 '풍요'를 뜻합니다. 그러나 실제로 히브리 성경에서는 "기쁨과 즐거움"을 뜻하는 용어입니다(창 18:22).

고대문명은 강에서 시작되었습니다. 인간은 강에서 문명을 키워 나갔습니다. 그러나 문명에 자아도취 되다 보니 인간은 그 강들의 근원에 대해서는 별로 관심이 없었습니다. 그저 풍요를 만끽하고 자만(自滿, self-complacence)하다 보니 자만(自慢, self-pride)하기 시작했습니다. 그들은 그 4대강의 근원(水源, ad fontes)에 대해서는 아득하게 잊고 있었습니다. 그러던 어느 날 다니엘이란 현자(賢者)는 그의 신실한 제자들을 4대대로 편성하여 4대강의 근원을 찾아 탐험길에 올랐습니다. 1대 대장으로 도웅이, 2대 대장으로 성후니, 3대 대장으로 맹중이, 4대 대장으로 용수니가 자원했습니다. 그리고 모두 4대강의 근원에서 만나기로 약속을 했습니다. 잃어버린 성배를 찾아 나선 중세의 기사들처럼 그들은 우여곡절 끝에 마침내 4대강의 근원지에 동시에 도착하였습니다.

그리고 그곳에 당도하여 보니 "기쁨의 정원"이란 팻말이 보였습니다. 아하, 이 세상 모든 인간과 그들이 세운 문화가 근본적으로 잃어버리고 살았던 곳, 다름 아닌 "기쁨의 정원"(에덴의 정원)에 도착한 것이었습니다. 그리고 그들은 그곳의 주인이 차려 놓은 "왕의 식탁"(King's Table)에 초대를 받아 저 아래 4대강 주변 어디에서도 발견할 수 없었던 "기쁨"이란 영생수를 마시게 되었습니다.

"기쁨이여!" 사귐의 기쁨, 교제의 기쁨, 그분과의 식탁 사귐을 통한 "기쁨"(에덴)이야말로 우리가 이 세상에서 궁극적으로 추구하는 성배(聖杯, Holy Grail)가 아니겠습니까? 그렇습니다. 인간의 4대강 사업은 언제나 실패로 돌아갑니다! 4대강의 수원(水源, ad fontes)으로 돌아가야 할 것입니다. 거기서 우리는 에덴정원의 주인이시며 그 왕국의 왕이신 그분을 알현하고, 그분과의 친밀한 식탁교제를 통해(Holy Communion) 영생수를 마시게 될 것입니다.

그 에덴(기쁨)의 수원지를 그리워하며 아직도 4대강 주변에 서성거리는 우리 그리스도인들이 고백하고 노래해야 할 찬송과 기도가 있습니다. 시편 42장 1절입니다.

하나님이여 사슴이 시냇물(ad fontes, 水源)을 찾기에 갈급함같이
내 영혼이 주를 찾기에 갈급하니이다.

영원한 기쁨(에덴)의 근원이시며 에덴의 수원(水源)이신 여호와 하나님을 갈망하며 그분의 품안으로 귀가하기를 소원해 봅니다. 4대강에서 놀지 말고 그 근원(根源)을 찾아 길을 떠나 보십시오. '기쁨'(에덴)보다 더 소중한 선물은 없기 때문입니다.

88
샬롬과 안녕

종종 기독교인들은 히브리어 "샬롬"이란 용어를 사용합니다. 서로 만나 인사할 때 "샬롬!"이라고 합니다. 우리말로는 "안녕"(安寧)에 해당하는 단어입니다. 안녕은 걱정이나 탈이 없고 몸이 건강하고 마음이 편안한 상태를 가리킵니다. "안녕하시지요?"라고 묻는 것은 "샬롬이 있기를 기원합니다" 라는 뜻입니다. "안녕히 가세요"라는 말을 영어로 표현하자면 "Go in Peace"일 것입니다. 이 경우도 히브리어 성경에는 "샬롬"이란 단어를 사용합니다. 예수님이 부활하신 후 제자들에게 찾아와서 하신 말씀, "너희에게 평강이 있을지어다"는 히브리어로 "샬롬 레켐"으로, 우리말로 "안녕하기를 바란다"라는 기원입니다.

히브리어 샬롬은 의미상 포괄적인 단어로 평화, 번영, 안녕, 평강, 번성, 건강 등 다양하게 번역됩니다. 저명한 유대인 랍비로서 음악가이자 이야기꾼이기도 한 슐로모 칼레바흐(Shlomo Carlebach)가 샬롬이란 단어의 뜻에 대해 재미있게 가르쳐 준 내용이 있어 여러분에게 소개합니다.

샬롬(שלום)은 세 개의 히브리어 자음인 "쉰", "라메드", "멤"으로 구성되어 있습니다.

(1) 샬롬을 이루는 첫 번째 길은 마치 첫 번째 자음인 "쉰"(ש) 글자의 양쪽 가지들 가운데 있는 가지처럼 둘을 하나로 함께 묶어 주는 것입니다.

(2) 두 번째 자음인 "라메드"(ל)는 가장 키가 큽니다. 샬롬은 가장 높은 곳에서부터 가장 낮은 곳까지 두루 퍼지도록 해야 합니다.

(3) 세 번째 자음인 "멤"(מ)은 꼭 닫혀 있는 모양입니다. 샬롬은 온전해야 합니다. 틈새가 있어서는 안 됩니다. 균열이 있어서도 안 됩니다. 가득하고 충만해야 합니다.

여러분 모두가 "안녕"하기를 바랍니다. 여러분 모두에게 "샬롬"이 있기를 기원합니다.

89
목사와 사모의 자기소개 유감

　내가 알고 있는 사람들이 대부분 신학을 공부한 사람들이라서 그들에게 몇 마디 쓴소리를 해야겠습니다. 유무선 전화로나 이 메일로 자기나 자기 아내를 소개할 때 조금만 신경을 써 주었으면 좋겠다는 말입니다. 자기를 소개할 때, 그리고 상대방이 자기보다 윗사람인 경우는 더더욱 그렇습니다. "자기 이름 세 글자면 충분하다"는 말입니다. 예를 들어, "저는 류호준입니다"면 족합니다. 굳이 상대방에게 "류 목사입니다!" "류 박사입니다!" "류 교수입니다!"라고 말하지 말라는 것입니다.

　또한 종종 신학생들의 경우도 그렇고 목회자들의 경우도 그렇지만, 자기의 아내를 소개할 때도 제발 "우리 사모입니다!" 혹은 "우리 사모가 이렇게 말했습니다!"라고 말하지 않았으면 좋겠습니다.

　옛날 스승과 제자 사이에서, 제자가 스승을 다른 사람에게 소개할 때 "사부"(師父)라고 불렀습니다. 존경하는 스승을 아버지처럼 모신다는 뜻이지요. 따라서 자기가 존경하는 스승의 부인을 "사모"(師母)라고 부른 것입니다. 사부가 되었든 사모가 되었든 모두 "존경"의 대상입니다. 알다시피 존경은 받는 것이 아니라 버는 것입니다(Respect is something to be earned, not to be received). 다른 사람들이 여러분을 존경해서 부를 때만 가치가 있고 빛나는 호칭이 "사부님", "사모님"입니다.

그런데 자기 아내를 가리켜 우리 사모라고요? 그건 아니지요! 사모라는 호칭을 당연시 여기는 목사나 신학생, 그것도 이제 갓 신학교에 들어온 젊은이가 자기 아내를 가리켜 "우리 사모"라고 할 땐 상당히 좀 그렇습니다. 교회에서 50-60대 이상의 장로님이나 권사님들이 20-30대의 젊은 사역자들의 부인에게 "사모님"이라고 부를 때 무슨 마음으로 그렇게 부르는지 조금이라도 생각한다면, 사역자들은 좀 더 겸손하고 온유하게 주님의 일에 임할 수 있을 겁니다. 굳이 아내를 다른 사람에게 소개해야 한다면 그저 "저의 처입니다!" 정도면 좋을 것입니다.

서양 교회의 예를 들자면, 목사들도 자기를 다른 사람들에게 소개할 때 그저 "저는 아무개입니다!"(My name is George)라고 하지 "나는 목사 아무개입니다!"(My name is Reverend George King)라고 하지는 않습니다. 또한 서양 교회에선 한국처럼 "사모"라는 근엄하고도 존경스러운 호칭은 없습니다. 그저 "목사의 부인"(minister's wife 혹은 pastor' wife)이 전부입니다. 그러므로 한국에서 목사와 목사 부인 된 것을 감사하게 생각하고 제발 겸손하게 자기를 낮추며 말하고 행동하는 방식을 배우면 좋겠습니다.

90
비유: 유턴 교습소

하나님께서 지상에 운전교습소를 설립하시고 소장으로 베드로를 임명하셨습니다. 과장으로는 바울이 임명되었습니다. 지상의 다른 운전교습소들에서는 직진, 우회전, 좌회전, 평행주차, 브레이크 밟기, 신호등 주기, 속력내기, 속도 조절, 정지선 지키기 등과 같은 것들을 골고루 가르쳤습니다.

그러나 이 운전교습소에서는 오로지 한 과목만을 반복해서 숙달시킵니다. 그 숙달 과목 이름은 "U-Turn"이었습니다. 수업시작 전에 "유턴!"이라고 구호를 제창하고 실습할 때도 오로지 "유턴"만을 연습합니다. 하루 수업을 마치고 떠날 때도 소장에게 "유턴하겠습니다!"라고 외칩니다. 그리고 그다음 날 교습생은 어김없이 그 교습소로 돌아옵니다.

아마도 지상 교회는 교인들에게 "유턴"을 반복해서 가르치는 곳이겠지요. 그래서 심지어 주일 예배를 마치고 집으로 돌아가는 교인들에게 목사는 "유턴하세요"라고 권면합니다. 물론 이 말이 이중의미를 담고 있다는 것을 그 교회 교인들은 잘 알고 있습니다. 그리고 신실한 교인들은 유턴을 일주일 내내 연습하다가 일주일 후에 정확하게 교회로 유턴합니다.

그러고 보니 지상 교회는 지상에 지점을 둔 하늘 운전교습소인 셈입니다. 그것도 "유턴 전문 교습소!" 다시 생각해 보니 교습소 소장님도 과장님도 아주 비싼 수강료를 내고 유턴을 배운 분이었습니다. 그래서 그들은 유턴 전문가들이었나 봅니다.

신자 여러분, "U-Turn"이 몸에 배이도록 연습해 보십시오. 유턴이 자연스러울 때까지 연습해 보십시오. 제2의 본성(second nature)이 되도록 해 보십시오. 유턴의 원조이신 예수 그리스도를 모델로 삼아 보십시오. 그는 하나님과 함께 계셨던 "선재하신 하나님"이시지만, 그 자리를 내어놓고 십자가에 죽으심으로써 지옥의 바닥까지 내려가셨습니다. 그러자 그의 아버지께서 그를 그곳에서 들어 올려 다시 자신의 하늘 오른편 보좌에 앉히셨습니다. 이거야말로 완전 U-Turn입니다(빌 2:6-11). 유턴은 그냥 되는 것이 아니라 죽음이라는 엄청난 값을 치름으로써 가능했던 것입니다. 본회퍼의 말대로 "십자가 없는 거듭남"은 "값싼 은혜"(cheap grace)일 뿐입니다.

"유턴"(U-Turn)을 성경의 용어로 바꾸자면

히브리어로는 "테슈바"(תשובה)
헬라어로는 "메타노이아"(μετάνοια)입니다.
"유턴"(U-Turn)은 "뉴턴"(New Turn)입니다.

유턴은 모두 "회개" "회심"을 가리키는 말입니다만, 내가 볼 때 가장 좋은 표현은 "전향"(轉向)일 겁니다. "전향"(轉向)의 사전적 의미는 크게 두 가지입니다. 첫째는, 방향을 바꾸다. 둘째는, 종래의 사상이나 이념을 바꾸어서 그와

배치되는 사상이나 이념으로 돌아간다는 뜻입니다.

놀랍게도 현대 교회의 교인들 가운데 상당수가 "미전향 그리스도인들"이라는 것입니다. 교회에 나왔어도, 교인으로 등록했어도, 교회의 직분을 얻었어도, 교인생활을 오래했어도, 하나님의 다스림(통치)으로 전적으로 전향(轉向)을 하지 않은 사람들이 의외로 많다는 사실입니다. 한마디로 "미전향 그리스도인들"이요 "미전향 장기수들"입니다.

내가 그들을 가리켜 "장기수"(長期囚)라고 부르는 이유는, 그들이 마귀가 지배하는 세속의 가치관 아래 갇혀 살아온 지가 오래되었기 때문입니다. 이러한 "미전향 장기수"(an unconverted long-term prisoner)를 다른 말로는 "실천적 무신론자들"(practical atheists)이라 부릅니다. 입으로는 "주여! 주여!"를 부르고 주일마다 사도신경으로 신앙고백을 하고, 심지어 멋진 신학을 배우고 신학도와 목회자가 되었어도, 하나님의 실질적인 다스림을 무시하고 자기 마음대로 규칙을 정하여 사는 자율적 그리스도인들이 실천적 무신론자들이며 미전향 장기수들인 것입니다.

다시 유턴으로 돌아가, 고스톱 판에서 "죽어도 고고!" "못 먹어도 고고!"를 외치는 것은 스스로를 죽음으로 몰고 가는 황소고집입니다. 북 이스라엘의 단과 벧엘 지역의 신전들에 황소상을 두었다는 사실 정도만 알면 더 이상의 설명은 필요 없으리라 생각합니다(왕상 12:26-30). 그것도 금으로 도금한 황소상입니다. 출애굽기 32장에 기막히게 출연한 그 금송아지 말입니다!

91
신학대학원 장학금 유감

　한국의 신학대학원들에는 두 가지 종류가 있습니다. 하나는 공립형 신학대학원이 있고 다른 하나는 사립형 신학대학원이 있습니다. 전자는 교단이 이사를 파송하여 운영하는 신학대학원이고 후자는 개인이 세워 이사회를 구성하여 운영하는 신학대학원입니다. 예를 들어, 수도권을 중심으로 총신대 신학대학원이나 장신대 신학대학원, 고신대 신학대학원, 합동신학 대학원 대학교, 서울신학대학원, 감신대 신학대학원, 연세대 연합신학대학원, 서울 성경대학원 대학교, 침례신학대학원 등은 공립형 신학대학원이지만, 백석대학교 신학대학원, 웨스트민스터 신학대학원 대학교, 국제 신학대학원 대학교, 에스라 성경 대학원 대학교 등은 사립형 신학대학원입니다.

　어느 형태가 좋고 나쁘고의 문제는 아닙니다만, 각 형태의 장단점들이 있는 것만은 사실입니다. 공립 대 사립, 물론 두 형태 모두 학교로서 "공공성"을 가져야 합니다. 심지어 사립형이라도 학교는 공공성과 투명성을 지녀야 하는 것이 당연한 일입니다.

　오늘의 주제는 신학대학원생들을 위한 장학금 모금에 관한 것입니다. 먼저 장로교 계통의 신학대학원에 국한하여 말하겠습니다. 주지하다시피 장로교회는 독특한 교회 정치 형태를 따르고 있는 개혁신학 전통의 교회들입니다. 장로교회는 지역교회의 당회와 지역교회들의 모임으로서의 노회, 그리고 노회들의 모임으로서 총회가 있습니다. 당회, 노회, 총회 기관 중에 장로교회의 중심은 노회(Presbytery)입니다. 따라서 장로교회는 당회도 총회도 아닌 노회가 모든 행정의 구심점이 됩니다. 심지어 목사도 노회에서 안수를 받고 소속 개 교회에 임직을 하게 되어 있습니다. 지역 교회 목사의 목사로서의 자격증빙서류(credential) 역시 노회에 있습니다.

이런 이유 때문에 교단에서 목회자를 배출하려면 먼저 지역 노회에서 그 교단의 목사가 될 만한 사람들을 선발하여 해당 교단 신학대학원에 천거하고 거기서 신학교육을 받도록 합니다. 장로교 계통의 신학대학원은 노회가 신학생을 교단 신학대학원에 위탁시켜 교육하는 제도입니다. 신학대학원은 노회에서 보낸 사람을 다시 선별하여 일정기간(보통 3년 과정의 목회학 석사[M.Div.]) 신학 훈련을 시키게 됩니다. 신학대학원의 교수들은 교단의 목사를 양성한다는 사명감을 갖고 장로교 개혁신학을 통전적으로 구비하도록 서로 협력을 아끼지 않아야 합니다. 신학생들 역시 재학 중에는 절대로 신학을 편식하거나 한 분야만을 집중하지 말아야 합니다. 이런 의미에서 나는 신학대학원 시절에 학생들이 학회 활동을 하는 것을 장려하지 않습니다. 성경 신학, 역사 신학, 조직신학과 윤리학, 실천신학과 선교학과 교육학 등 모든 분야를 골고루 탐색하여 건전한 개혁신학의 기초와 뼈대를 놓도록 해야 할 것입니다. 물론 모든 각 분과 신학들을 포괄하는 "하나님 왕국 신학"(Kingdom Theology)을 개혁−장로교신학의 근본으로 삼아야 하는 것은 말할 것도 없습니다. 이런 점에서 모든 신학교수들은 동의하고 공감대를 형성하여 신학생들로 하여금 졸업할 때 즈음되면 같은 기상을 가진 개혁파 목회자(Kingdom co-worker)로서 발을 내디뎌야 할 것입니다.

다시 돌아가, 노회가 신학생들을 교단 신학대학원에 위탁하여 교육시키는 것이 장로교 신학교육의 특징이라면, 노회는 그들이 신학대학원에 보낸 신학생들이 공부를 잘할 수 있도록 영적, 정신적, 도덕적, 재정적 지원을 아끼지 말아야 합니다. 단순하게 말해 교단의 목사를 양육하는 일이기 때문에 마땅히 그들을 도와야 하는 것입니다. 이제 재정에 관한 문제로 국한해서 말해 봅시다.

신학교육에 오래 종사하다 보니 종종 동문회 등에서 장학금을 만들어와 전달하는 경우를 보았습니다. 전체 신학대학원 학우들의 채플시간에 장학금을 전달하곤 합니다. 물론 감사한 일입니다. 종종 사진 찍기를 좋아하는 동문회 임원들의 경우, 장학금 전달식은 아주 중요한 자리이기도 합니다. 어쨌건 그렇게 전달되는 장학금 액수는 몇몇 학생들에게 돌아가곤 합니다. 공정해야 할 장학금 혜택 역시 담당자들의 사려 깊지 못한 판단 때문에 일부 특정 학생들에게만 주어지고 대다수 나머지 학생들은 전달식의 관람자나 들러리 정도가 되는 경우도 있습니다. 내가 경험한 경우를 보자면, 이삼백 만원이나 많아야 몇백 만원 정도였습니다. 그것도 동문회 임원들이 서로 각출하여(때론 회장이라는 명예에 상응하는 도덕적 값으로!) 어렵사리 만든 돈입니다.

제발 이런 힘든 일(생색내기용 혹은 면피용 장학금 전달식)은 하지 않았으면 좋겠습니다. 그럼 대안이 있느냐고 묻는다면, "예, 있습니다!"라고 말씀드리겠습니다. 다음과 같은 대안을 제시해 보겠습니다.

공립형 교단신학대학원은 노회로부터 위탁받아서 신학생을 교육시킨다고 앞서 말씀드렸습니다. 거꾸로 말해 노회는 그들이 보내는 신학생들의 영적 정서적 재정적 도움을 주어야 한다고 말씀드렸습니다. 자, 여기서부터 상상력을 발휘해봅시다.

각 지역교회에서 주일에 교회 재정담당 위원들이 헌금바구니를 계수하면서 단돈 "만 원"(10,000원) 한 장을 옆에 제쳐 놓는 일이 그리 어려운 일입니까? 아니지요! 단돈 만원 한 장을 옆에 빼놓는 일은 그리 어렵지 않을 것입니다. 그건 조금만 신경을 쓰면 됩니다. 그렇다면 한 달이면 한 교회에서 4만 원은 아주 쉽게 모을 수 있을 것입니다. 자, 한 노회에 대충 잡아 50교회라고 한다면, 한 달에 노회 단위로 200만 원이 아주 쉽게 모아질 것입니다. 한 학기 6개월을 모은다면 한 노회에서 신학생을 위한 장학금으로 1,200만 원이 모아집니다. 와우! 큰 소리로 "신학교 주일을 지킵시다!"라고 현수막으로 광고하거나 "어려운 신학생을 도웁시다!"라고 교단지에 말하지 않고도 한 노회에서 한 학기에 1,200만 원을 모으게 됩니다. 계산이 빠른 분들은 일 년이면 2,400만 원이 나오는 것을 알아차릴 것입니다. 자, 적어도 한 노회에서 일 년에 큰 소리 내지 않고 조용히 걷을 수 있는 신학교 신학생 장학기금으로 2,400만 원이 적립됩니다.

자, 각 장로교 교단은 노회 수가 얼마나 됩니까? 대략 50개 노회라 합시다. 계산하자면 일 년에 한 교단에서 신학생 장학기금으로 1,2억 원입니다! 12억 원이란 말입니다! 이게 작은 금액입니까?

다시 돌아가 각 노회는 학 학기에 지 교회들에서 모금한 1,200만 원을 가지고 신학생 기금 위원회(student fund committee)를 구성하여 소속 노회에서 위탁한 신학생들을 면담하여 그들의 영적 정신적 가정적 재정적 상황을 깊이 파악한 후, 도와줘야 할 금액을 정하는 것입니다. 물론 한 학기를 마치면 신학대학원에서는 노회에서 위탁한 신학생들의 성적표(!)를 해당 노회로 보내면(돈을 준 당사자가 최소한 가져야 할 권한!) 그 노회의 목사님들은 "혹시 어려운 일은 없었는지?" "학교생활은 잘하고 있는지?" "가정적으로 힘든 일은 없는지?" "제대로 소명 의식을 갖고 있는지?" "무슨 일로 어떤 과목은 과락을 하게 되었는지?" 등 다양한 멘토링을 제공할 수 있어야 합니다. 군기를 잡거나 위계질서용 갑질을 해서는 안 될 것입니다.

이렇게 하면 신학을 공부하는 신학생도 자신들이 교단이라는 공동체 안에서 하나님 나라를 위해 동역하는 일원임을 인식하고, 또 나중에 자신도 목회자가 된 후에 새내기 신학생들을 양육하고 돕는 일에 발 벗고 나설 수 있는 동기를 갖게 될 것입니다. 이렇게 될 경우, 신학생들이나 현장 목회자들은 공립형 신학대학원에 대한 애교심도 더욱 커질 것이고(우리 학교야!), 신학 교수들 역시 교단의 목회자를 양육하는 막중한 책임감을 느낄 뿐 아니라 자신들도 교회의 일원임을 기억하게 될 것입니다. [참고로 개인이 소유하고 있는 사립형 신학대학원의 경우는 이와는 전혀 다를 수 있기에 여기서는 더 논하지 않겠습니다.]

얼마 전 세상을 떠난 설교학자 프레드 크래독(Fred B. Craddock) 박사가 어디선가 들려준 예화가 떠오릅니다.

어느 날 어떤 사람이 예수 그리스도를 영접하고 너무 감격한 나머지 예수께 나아와 1,000달러를 감사헌금으로 바치려고 하였습니다. 그러자 예수님이 극구 사양하셨습니다. 그러자 그 사람은 예수님께 받아 주시기를 강권하였습니다. 한참을 망설이던 예수님이 그 사람에게 이렇게 부탁을 하셨습니다. "고맙게 받기는 하겠지만 한 가지 부탁을 하겠네. 들어주겠나?" "뭐든지 말씀하십시오." "다름 아니라 은행에 가서 1,000달러를 10센트짜리 동전과 5센트짜리 동전으로 바꿔다 줄 수 있겠나?" "아이고 그것쯤이야. 물론이죠." 그 사람은 곧 바로 은행으로 달려가 1,000달러를 모두 동전으로 바꿔왔습니다. "주님, 여기 있습니다. 시키시는 대로 했습니다." 그러자 예수님이 조용히 말씀하셨습니다. "조금 미안하긴 한데, 지금 이 동전을 내가 다 받아 가지고 가기에는 힘들거든." "말씀만 하십시오. 뭐든지 순종하겠습니다." 그러자 예수님이 이렇게 말씀하셨습니다. "이 1,000달러 어치 동전을 다 자네 집으로 가져가게. 그 대신 내게 매일 10센트짜리 동전 하나와 5센 트짜리 동전 하나를 가져다주게나."

이 예화는 이렇게 끝을 맺습니다. 계산에 능숙한 사람이라면 그 사람이 1,000달러를 15센트씩 나누어 매일 예수님께 가져오려면 적어도 18년 이상 매일의 자그마한 헌신이 필요하다는 것을 알게 될 것입니다! 1,000달러를 일시불로 헌금하는 것은 그리 어렵지 않습니다. 18년 이상을 매일 15센트씩 나누어 지속적으로 헌금하는 것이 얼마나 어려운지는 여러분의 경험이 증명해 줄 것입니다.

"아주 작은 실천이 큰 변화를 가져온다!"는 소박한 진실을 잊지 말아야 할 것입니다. 한 주일에 만원씩 각 교회에서 모은다면 일 년에 천문학적 금액이 된다는 사실을 왜 모를까요? 이런 게 하나님 나라를 위해서 일하는 자그마한 실천입니다! 지금까지 "공립형" 신학대학원 장학기금 유감이었습니다.

92
인간론을 배우는 곳

오래전 신학교를 다닐 때였습니다. 당시 나는 미국 캘빈신학교 목회학 석사 (M.Div.)과정 중이었습니다. 때는 조직신학 수업 중 인간론(doctrine of humanity)을 배우고 있던 참이었습니다. 인간론을 가르치는 선생님은 코넬리우스 플랜팅 가(Cornelius Plantinga Jr.)였습니다. 인간에 대해 이런저런 이야기를 하다가 불쑥, "장차 목회자가 될 여러분에게 충고 하나를 하겠습니다"라고 하는 것이었습니다. 왠 뜬금없이 목회에 대해 말씀을 하려고 하시나 하고 궁금했습니다. 분명 인간론과 관련하여 말씀하시려는 것임에 틀림없었습니다.

"장차 목회자가 되면, 바쁜 목회생활 중에라도 종종 시간을 내어 두 곳을 방문해 보시기 바랍니다." 두 곳이라? "하나는 Public Cemetery고 다른 한 곳은 ICU입니다." "목회자로서 여러분은 그곳에서 뼛속 깊이 인간론을 배울 수 있을 겁니다." 수십 년이 지난 지금에도 그 두 단어가 내 뇌리 속에 살아 꿈틀거립니다. 오늘도 그런 날 중에 하루입니다. 그 선생님이 말씀하신 두 곳은 공동묘지(Public Cemetery)와 중환자실(Intensive Care Unit)입니다!

인생의 "덧없음"과 "무력감"을 절실하게 가르쳐 주는 교실입니다.

- 인간은 "죽을 수밖에 없는 존재"(Mortal Being)임을 말없이 웅변적으로 선포하는 묘지들
- 차디찬 기계소리만이 삑삑거리며 들려오고 사람의 얼굴과 팔을 뒤덮고 있는 각종 호스들 사이에 무력한 기도만이 허공을 맴도는 중환자실의 깊은 어둠
- 이보다 더 인간론을 뼈저리게 배울 수 있는 곳이 세상에 어디 있을까?

사람은 죽음 앞에서 비로소 겸손을 배우게 됩니다. 늙어감, 병듦, 죽어 감, 죽음을 통해 우리는 흙으로 우리를 빚으신 창조주 하나님, 죽음의 웅덩이에서 우리를 건져내시는 구속자 하나님을 어렴풋이 바라봅니다. 그리고 옛적 신앙의 선배들이 고백했듯이 우리도 이렇게 고백합니다.

"생사고락 간에 당신에게 가장 유일한 위안이 되는 것이 무엇입니까?"
"죽음과 삶에 있어서 나는 내 것이 아니라 나의 신실하신 예수 그리스도의 것이라는 사실이 나에게 가장 강력한 위안이며 위로입니다."(하이델베르크 신앙문답서 제1항 질문과 대답)

흙덩어리인 나를 당신의 손에 드립니다. 나를 빚어 주소서. 아멘

93
심중소회(心中所懷)

개혁파 신학자로서 나는 지난 25년을 백석대학교 신학대학원이라는 개혁파 복음주의 신학교에서 신학을 가르쳐왔고 지역교회에서 담임목사로 봉직해 왔습니다. 창밖으로 보이는 숲길엔 봄비가 추적추적 내리며 약간 찬 기운의 바람이 옷깃을 파고 듭니다. 오늘따라 지나온 교수 생활과 목회생활을 뒤돌아보며 여러 가지 남다른 소회가 마음속 이리저리로 돌아다니는 것을 느낍니다. 그중 가장 아쉬운 점은 내가 속해 있는 한국의 복음주의 교회들과 신학교들의 일그러진 얼굴들이 떠올랐기 때문입니다. 기억에서 사라지기 전에 그 얼굴들의 모습들을 순서 없이 생각나는 대로 기록해 봅니다. 일종의 심중소회(心中所懷)입니다. 심중소회란, 마음속의 생각과 느낌입니다.

신앙의 개인화, 자기중심적 신앙, 종교적 열정의 강조, 영혼 없는 전통주의의 고수, 교회 내에서의 유교적 관료주의, 구원의 사회성에 대한 무지와 외면, 감정 중심의 은혜, 목회자 중심의 교회사역, 개 교회 성장 중심, 사회적 이슈에 대한 외면, 교단 내의 소모적 주도권 싸움, 비효율적인 교단 운영, 도덕성의 저하, 신앙과 생활의 이원론적 사고, 일상 속의 신앙에 대한 무관심, 유형교회와 하나님나라의 혼동, 신론보다는 인간론 위주의 신학, 신학의 이데올로기화, 치졸한 교권 싸움, 물신숭배의 저변 확대, 자기-의로 가득한 원리주의자들, 사회로부터 지탄받는 도덕성, 무지한 성경주의자들, 성경에 대한 무지, 성경적 원리보단 전통적 습관과 관행의 우선시, 기복적 신앙형태, 건강과 번영의 신학, 시대착오적 성경해석, 실천적 신앙인의 희소성, 생존을 위한 교회사역, 갈등과 분열을 조성하는 교리주의자들, 교조주의적 신학, 자기만족적 믿음, 자기도취적 신앙, 신학적 지식과 윤리의 결별과 괴리, 교회와 사회를 위한 신학의 부재, 삶으로 살아내는 신학의 부재, 탁상공론식의 신학활동, 강단과 회중석의 간극, 온갖 형태의 우상숭배, 졸부들에 의한 신학교 설립과 운영, 개인우상화 신학, 신의 일식현상, 예배의 공연화, 가벼워진 예배, 고장이 난 도덕적 센서, 값싼 은혜, 구원의 개인화, 믿음의 공로사상, 시대적 정신에 야합, 편의주의, 사라진 제자도, 국가와 사회를 위한 기독교적 비전의 부재 등등.

이상의 목록들을 종합해 보자면, 한마디로 하나님 나라의 가장 중요한 기초석인 "정의와 공의"에 대한 외침과 가르침이 복음주의 교회들과 신학교들 안에 거의 전무했다는 사실이 드러납니다. 이 사실이 내 가슴에 커다란 아픔을 가져다주었습니다. 나는 지난 25년 동안 신학교에서 "하나님의 정의와 공의"에 대해 이야기하는 것을 들어본 일이 거의 없습니다. 정의와 공의를 실행하는 데 애를 쓰는 일말의 노력도 보지 못했습니다. 이것이 가장 슬프고도 애통한 비극입니다. 신자들 마음에, 신학생들 가슴속에, 신학교와 교회들 안에, "하나님의 정의와 공의"에 대한 깊은 이해들이 자리 잡게 된다면 지금과는 전혀 다른 얼굴들을 갖게 되리라 믿는데 말입니다.

> 사람아, 하나님께서 너희에게 요구하시는 것이 무엇인지 아느냐? 그가 너희에게 요구하시는 것은 세 가지니, 첫째는 정의롭게 행동하는 것이고, 둘째는 친절과 배려와 신실한 마음으로 다른 사람들을 대하는 것이고, 셋째는 겸손하게 너희 하나님과 함께 인생길을 걸어가는 것이다(미 6:8).

94
복음(福音)에 놀라본 일이 있던가요?

그리스도인들이 자주 사용하는 단어들 가운데 "복음"이란 용어가 있습니다. 기독교의 핵심 메시지가 "복음"이 아니면 뭐겠습니까? 종종 "복된 음성" "좋은 소식" "반가운 소식" "기쁜 소리"라고 번역된 "복음"(Good News, Evangelium, Εὐαγγέλιον, 유앙겔리온)은 그 자체가 전무후무한 문학적 장르가 되었습니다. 우리가 신약성경에서 만나는 4복음서를 기억해 보십시오. "마태가 전하는 복음서", "마가가 전하는 복음서", "누가가 전하는 복음서", "요한이 전하는 복음서"입니다. 복음서라는 독특한 장르는 성경 이외에 고대 어느 문헌에서도 어느 곳에서도 찾아볼 수 없습니다.

그런데 복음서를 생전 처음으로 읽어 보았을 때의 느낌이 어떠했습니까? 최초의 독자들 말입니다. 1세기의 최초의 독자들뿐 아니라 복음서를 처음으로 읽고 들었을 때의 여러분과 저 말입니다. 솔직하게 말해서 여러분과 제가 정말로 처음 읽는 책처럼 낯설게 복음서를 읽었더라면, 어떤 반응을 보였을까요? 아마 경이와 경탄과 탄성과 충격과 놀라움과 믿어지지 않는다는 반응이었을 것입니다. 아니 읽는 내내 그러한 반응이 아니었다면 그건 새빨간 거짓이었을 것입니다. 이게 뭔 말입니까? 복음서 안에는 우리가 도저히 상상하기 어려운 일들, 우리가 도무지 믿을 수 없는 사건들이 수록되어 있기 때문입니다.

예를 들어, 복음서 안에 "기적 이야기들"이 얼마나 많이 나옵니까? 정말로 많습니다. 복음서들은 기적 이야기로 도배를 했다고 해도 과언은 아닐 것입니다. 중풍병자가 고침을 받고 자기 발로 뚜벅뚜벅 걸어갔다? 나병 환자의 피부가 어린아이의 보드라운 살로 변했다? 구운 생선 두 마리와 마른 떡 다섯 조각으로 오천 명의 사람들이 먹고도 넉넉하게 남았다? 죽은 지 삼일 정도 된 시체가 무덤에서 걸어 나왔다? 새벽녘에 어떤 사람이 갈릴리 호수 위로 걸어서 오더라? 12년 동안 툭하면 지혈이 되지 않아 혈루병으로 고생하던 여인이 어느 도인과 같은 사람의 옷자락을 만졌더니 깨끗하게 나았다? 발이나 손을 닦으려고 담아 놓은 항아리의 물이 갑자기 변해서 기막힌 최상급의 포도주가 되었다? 앞을 보지 못하는 시각장애인의 눈에 침으로 흙을 이겨 발랐더니 비늘 같은 것이 생기면서 눈을 뜨게 되었다? 죽었다가 삼일 만에 살아났다? 구름을 타고 하늘로 두둥실 올라간다? 이런 목록은 기차처럼 길게 늘어날 것입니다.

정말 믿겨지지 않는 일들, 입이 다물어지지 않는 일들, 눈과 귀를 의심하게 하는 일들, 소름끼치는 일, 아이들을 위한 동화나 요정 이야기에나 나올법한 일들로 가득한 이야기책이 "복음서"라는 것입니다. "으악!" "헉" "헐!" "와우!" "으흠…" "글쎄…" "정말?"과 같은 영탄사를 사용하지 않고서는 달리 반응할 수 없는 사건들입니다. 이게 복음입니다! 충격과 경탄, 멘붕과 경이, 기쁨과 눈물, 갈증과 희망을 자아내는 복음입니다.

최초로 복음을 들었던 사람에게 복음은 전복(顚覆)적이었습니다. 복음은 그들이 알고 있던 세상과 세계를 뒤집어놓는 초강력의 전복적 힘을 갖고 있다는 말입니다.

근데 비극은 이런 복음이 지금 우리에게 닳고 닳아빠진 문고리 정도가 되었다는 것입니다. 그러나 실상을 열어보자면 복음이 닳고 닳아빠진 것이 아니라 복음에 친숙하다는 미명 아래 우리 자신이 닳고 닳아빠지게 된 것입니다. 우리 가운데 얼마나 많은 사람들이 복음에 대해 놀라거나 자신의 귀를 의심하거나 너무 기뻐서 눈물을 짓거나, 그런 세상의 도래에 대해 갈망하거나 그 아름다움을 헤아려본 일이 있을까요?

슬프게도 우리는 다 늙은 개들, 묵은 닭들이 되어 버린 것입니다. 놀라지도 기뻐하지도 의심하지도 자신의 허벅지를 꼬집어보지도 하늘을 쳐다보고 눈물 지어보지도 않는 메마르고 강퍅하고 뻑뻑한 고깃덩어리가 되어 버렸습니다. 오호 통재입니다.

복음, 유앙겔리온, 좋은 소식, 기쁜 소식, 충격적인 소식, 도무지 믿겨지지 않는 이야기를 접했던 사람들은 엉엉 울기도 하고, 깔깔대고 웃기도 하고, 무릎 꿇고 기도하기도 하고, 고개를 길게 빼고 기대하고 바라보고, 손을 모으며 설레기도 해 보고, 아득한 날들을 헤아려 보기도 하고, 목마른 사슴처럼 갈망해 보기도 하고, 허공을 향해 소리쳐 보기도 하고, 발을 동동 구르며 기다려 보기도 했습니다. 왜 그렇습니까? 복음 때문입니다.

이런 복음에 대해 우리는 결국 믿음으로 "아멘!"이라고 응답하게 됩니다. 아멘이라고요? 예, 아멘은 "아~~ '멘붕'입니다!"라고 고백하는 외침입니다. 복음 유감이었습니다.

95
길(道)의 사람들과 교구(敎區)와 순례자들

여러분, 예수님을 따르는 자들에게 붙여진 최초의 명칭들 중에 하나가 무엇인줄 아십니까? "길(道)의 사람들"(Those of the Way)이었습니다(행 9:2 참고). 예수님이 "나는 너희들이 걸어가야 할 바로 그 '길(道)이라"고 하셨다면 그를 따르는 자들이야말로 "그 길(道)의 사람들"인 것은 자연스런 명칭이었을 것입니다. "기독교"라는 말이 있기 전 "길(道)교"라는 말이 먼저 있었던 것입니다!

그렇습니다. 크리스천들은 '비아톨'(viator)들입니다: 길 위의 사람들입니다. 거주지가 없는 사람들입니다. 주소가 없는 사람들입니다. 지나가는 여행객들입니다. 잠시 머무르는 나그네들입니다. 순례자들입니다.

그런데 이러한 "그 길(道)의 사람들"이 길을 가다가 잠정적으로 정착하려고 할 때, 그들이 무엇이 되었는지 압니까? "교구"(敎區, parish)가 되었습니다. 무슨 말입니까? 영어에 Parish라는 단어는 보통 교회의 지역단위를 가리키는 "교구(敎區)"라고 번역합니다. 영국에서 "교구목사"(parish minister)라 함은 우리로 말하자면 지역교회의 담임목사(Pastor)라는 뜻입니다.

언어학적으로 흥미로운 사실은 이 단어(parish)는 13세기 후반에 처음으로 영어권에서 사용된 것으로 나타났는데 단어의 족보를 따지자면 영어 parish는 고대 프랑스어 paroisse에서 나왔고, 고대프랑스어 paroisse는 라틴어 *paroecia* 에서 나왔고, 라틴어 *paroecia*는 고대 그리스어인 παροικία(파로이키아)에서 유래하였습니다. "파로이키아"(παροικία)는 "변두리에서 사는 사람, 이방인, 타지인, 체류자"를 뜻하는 헬라어 πάροικος(파로이코스)의 명사형으로 "타국에 머물다" "이국에 체류하다" "낯선 땅에 잠시 살다"라는 뜻입니다. 즉, "교구"(parish)란 단어는 "한 지역사회 가운데 사는 이방인들의 모임"(a body of aliens in the midst of a community)을 가리키는 용어입니다. 달리 말해 교구는 천성을 향해 길을 떠난 순례자들과 나그네들이 이 땅의 사람들 속에서 따로 자기들끼리 모인 것을 가리킵니다. 즉, 교구는 여러분과 제가 순례자들로서, 나그네들로서, 이 땅에 살지만 이 땅에 속하여 살지 않는 체류자의 신분으로 주일마다 모이는 "지역교회"를 뜻합니다.

이처럼 여러분이 다니는 교회는 순례자들, 이방인들, 나그네들이 그들의 길이신 주님을 따라가면서 이 세상에서 체류하고 있는 곳입니다. 우리 크리스천의 현재 상태를 "이방인"(alien), "외국인"(foreigner), 혹은 "나그네"(sojourner), "순례자"(pilgrim)로 인식하는 것은 성경의 오래된 전통입니다. 히브리서 11장이 언급하고 있는 허다한 사람들, 아벨, 에녹, 노아, 아브라함, 이삭, 야곱 등 믿음으로 이 세상을 살아가면서 하늘 위로를 받으며 산 사람들입니다. 그들은 모두 "길" 위의 사람들이었습니다.

이 사람들은 다 믿음을 따라 죽었으며 약속을 받지 못하였으되 그것들을 멀리서 보고 환영하며 또 땅에서는 외국인과 나그네임을 증언하였으니 그들이 이같이 말하는 것은 자기들이 본향 찾는 자임을 나타냄이라(히 11:13-14).

우리 크리스천의 정체성은 무엇입니까? 지금 어디로 가고 있습니까? 왜 우리는 정기적으로 모입니까? 스스로에게 반복적으로 던져야 할 질문입니다. 그러므로 사랑하는 동료 나그네들이여, 나그네가 잠시 머무르는 이 세상이 아무리 멋지고 좋다 하더라도 우리들의 영구한 거주지(본향)로 바꾸려는 어리석음을 범해서는 안 될 것입니다. 믿음의 순례길에서 한 사람의 낙오자도 없도록 서로 격려하고 지친 어깨를 두드려 주고 용기를 북돋아 주어 모두 요단강 선착장에 안착하기를 소원합니다.

96
썩는 냄새 진동하는 한국 교회의 생태계

하나님의 뜻을 추구하는 정상적인 그리스도인들이라면 자신의 영적 건강을 위해서 매일 기도하고 정규적으로 성경을 공부합니다. 아니 그렇게 해야 합니다. 기도를 통해 자신을 만나고 기도를 통해 하나님께 시선을 고정합니다. 동시에 하나님의 뜻을 알기 위해 그분의 말씀인 성경을 깊게 공부합니다. 주님의 말씀은 내 발의 등이요 내 길의 빛이기 때문입니다. 한편 개인으로서가 아니라 시민으로 살아가야 하기에 우리가 사는 세상에 대한 올바른 인식이 있어야 할 것입니다. 우리가 지금 살고 있는 세상은 정상적인 세상이 아닙니다. 비정상적인 세상이며 타락한 세상입니다. "타락한 세상"(fallen world)이란 어떤 세상입니까? 창세기 3장 이후로 우리 인류는 원래의 좋은 상태에서 추락(fall)하였습니다. 선한 창조의 질서가 일그러지고 왜곡되었다는 것입니다. 개인뿐 아니라 사회와 세상 모두가 역기능하게 된 것입니다. 비정상 사회, 비정상 세상이 된 것입니다. 이것이 타락한 세상 안에서 살아야 하는 우리들의 "삶의 한계"입니다.

I

그렇다면 영적 건강을 위해서 우리는 무엇을 해야 합니까? 여러 가지가 있겠지만 오늘의 초점은 "죄 죽이기"와 "자기 부인"입니다. 그리스도인들은 먼저 개인차원에서 날마다 "죄 죽이기" 훈련을 해야 합니다. 세례를 통해 이미 그리스도와 연합(union with Christ)하여 그리스도인이 된 사람들은 그리스도를 따라가는 길(Nachfolge)에서 수행해야 할 가장 중요한 일이 이것입니다. 우리의 정체성에 혼란을 주고, 죄책감을 갖게 하고, 각종 감언이설로 정죄하는 악마의 시험과 유혹에 대항하여 "우리는 죄에 대해 이미 죽은 자다!"라고 선언하며 마귀로부터 오는 죄에 대한 강한 유혹들을 죽이는 것입니다. "날마다 내가 죽노라!"라고 한 바울 사도의 말씀이 이런 뜻일 것입니다. 자기부인과 죄 죽이기는 고된 훈련을 요구합니다. 하루 이틀에 걸쳐 할 수 있는 일이 아닙니다. 아마 평생 동안 계속되어야 할 영적 훈련입니다. 죄 죽이기는 동시에 고통을 수반합니다. 자신과의 싸움이기에 고통은 격해집니다. 죄 죽이기는 훈련에 한 치의 소홀함도 없이 치열하게 임해야 합니다. "너희가 죄와 싸우되 피 흘리기까지 하지 아니하였다!"라고 한 히브리서 저자의 탄식을 기억해 보십시오.

우리나라의 모든 목회자들로부터 일반 그리스도인에 이르기까지 십자가 보혈의 은혜를 힘입어 자신에게 엄습해 오는 죄를 죽이는 훈련으로 매일 하루를 시작한다면 어떨까요? 슬픈 현실은 최근에 벌어지고 있는 수치스러운 한국 교회의 자화상을 볼 때 대부분 목회자 때문에 생겨난 불행이라는 사실을 부인할 사람은 없다는 것입니다. 성경을 자세히 살펴보면 하나님의 일에 대해 거침돌이 되었던 자들은 놀랍게도 평신도들이 아니라 종교지도자들이었다는 사실이 두드러집니다. 구약에선 기득권에 찌들은 제사장들과 거짓 예언자들이 그랬고, 신약에서는 주로 바리새인들, 사두개인들, 율법사들, 산헤드린의 지도자들이 예수님의 사역에 마귀 짓을 했습니다. 그들이 누굽니까? 신학을 가장 많이 아는 정통주의자들이요 입만 열면 하나님의 이름과 하나님의 뜻을 들먹이면서도 그들의 삶은 탐심으로 물들었던 자들입니다. 종교적 제도가 부여한 권위를 자신의 개인적 영리영달과 인기를 위해 마음껏 행사하였던 자들이 아니었습니까?

오늘날은 어떻습니까? 성직자라 불리는 목회자들은 교인들에게는 말할 것도 없고 일반 세속인들에게 마저도 존경은커녕 신뢰감도 받지 못하는 불신의 대상이 되어 가고 있습니다. 최근 몇 년 사이 세간의 이목을 집중시킨 목회자들이 누구입니까? 교회 내에서 성적 변태행위를 하는 치한들, 공적인 자리에서도 자연스럽게 거짓말을 물마시듯이 하는 거짓말쟁이들, 고발과 고소를 전문적으로 일삼는 일부 교단의 한심한 목사들, 명예와 돈을 탐하는 속물 지도자들, 교단의 각종 자리들을 놓고 벌이는 더러운 돈과 선거 관행들, 도가 지나친 교회당 건축으로 몰락하면서도 공금을 착복하는 파렴치한 인간들, 최근에는 회칼로 칼부림한 막무가내 인간들이 있습니다. 이들이 종교지도자들이라고 자처하는 사람들이 아닙니까? 도대체 목사들은 뭐하는 사람들입니까? 왜 이 지경에 이르게 되었습니까? 배움이 없는 자들의 소행이라고요? 아닙니다. 학식과 학벌과는 거의 상관이 없습니다. 많이 배운 자건 대충 목사직을 꿰찬 사람이건 타락의 길에서는 차별이 없습니다. 문제는 목사로서가 아니라 한 명의 그리스도인으로서 날마다 자기를 죽이는 일에 아무런 훈련을 하지 않았기 때문입니다. 자기를 부인하고 죄를 죽이는 매일의 십자가 사건에 올인하는 길만이 한국 교회의 미래가 있지 않을까 합니다.

Ⅱ

한편 영적 건강은 혼자만의 일은 아닙니다. 그리스도인은 이미 공동체 안에서 살고 있는 지체이기 때문입니다. 또한 그가 살고 있는 세상 역시 비정상이기 때문에 사회와 세상 속에서 올바로 걸어가기가 만만치 않습니다. 그렇다면 부패하고 타락한 세상의 질서에 대응해야 하는 그리스도인들은 어떤 입장을 가져야 할까요? 전통적으로 한국의 복음주의 내지 보수주의적 교회들은 개인 경건에 많은 강조를 두었습니다. 물론 그런 경건도 상당부분 자기중심적이고 내세지향적입니다. 어쨌든 신앙인 각자가 세속에 물들지 않고 살아가는 것을 중요한 과제로 삼았습니다.

그러나 비록 타락했다 하더라도 이 세상은 아직도 하나님께서 자신의 주권을 되찾아오시기를 원하는 영토입니다. 하나님의 정의롭고 공의로운 다스림이 온 천하에 편만해야 할 영토가 바로 우리가 사는 "세상", 타락한 세상입니다. 그러므로 성경적 가르침에 충실한 그리스도인들은 왜곡되고 불의한 이 세상을 그대로 방치해서는 안 될 것입니다. 세상의 모든 영역에서 창조주 하나님의 선하시고 정의로우신 뜻이 실현될 수 있도록 온갖 노력을 다해야 할 것입니다. 이것이 책임성 있는 그리스도인들이 이 세상에 대해서 가져야 할 입장입니다. 물론 정의로운 세상을 만들어 가는 일에 그리스도인들 사이에 입장과 방법이 다를 수는 있습니다. 그럼에도 그들은 연대하여 이 세상을 지배하는 공중의 권세 잡은 악한 영들과의 전쟁에 임해야 할 것입니다. 결코 적군 앞에서 최근의 교회들이 보여 주고 있는 "오합지졸(烏合之卒)"이나 "자중지란(自中之亂)"과 같은 어리석은 모습을 보여서는 안 될 것입니다. 아쉽게도 우리나라 교회들의 모습이 이러지 않나 하는 생각이듭니다. 어쨌든 "교회는 하나님이 만드신 세상을 위하여 타락한 세상에 대항하여야 합니다!"(*contra mundum pro mundo*, "against the world for the world")

"교인들이여, 정신을 차리십시오!"

"교회여, 일어나 다시 빛을 발하라!"

97
성경을 작은 교리서로 축소하지 마세요!

"교리를 위해 성경이 존재하는 것이 아니라 성경을 위해 교리가 존재한다." 성경과 교리의 관계는 매우 오래된 신학적 주제입니다. 특별히 신학 논쟁들 중 불편한 논쟁이 성경신학과 조직신학과의 관계입니다. 아쉽게도 한국의 개신교회, 특별히 개혁 신학적 전통의 장로교회는 16세기의 종교개혁운동(실제로는 교회개혁운동)을 "이신칭의(以信稱義)"라는 신학적 구호로 축소 환원하는 경향을 보여 왔으며 이러한 현상은 지금까지도 계속되고 있습니다. "믿음으로 의롭다 함을 받는다"는 구호가 잘못되었다는 말입니까? 그건 아닙니다. 100% 맞는 말입니다. 그리고 지금도 우리 신앙의 뼈대를 이루고 있습니다. 그러나 "이신칭의" 교리가 성경 전체에서 가장 높은 독보적 주봉인가요? 그건 아니라는 말입니다.

종교개혁운동은 하나님의 자기계시의 원천이 오로지 성경에 있으므로 성경으로 돌아가자(*ad fontes*, "수원[水源]으로!")는 교회개혁운동이었습니다. 당시의 기독교회였던 가톨릭교회가 성경 이외에 다른 권위들을 말하자 종교개혁자들은 "아니오!"라고 강하게 부정하였습니다. 이렇게 하여 그들은 종교개혁운동의 유산을 "성경 중심"(*Sola Scriptura*)으로 남기게 된 것입니다.

사실을 말하자면 성경 전체를 통하여 하나님께서 그의 백성 - 구약에선 이스라엘 민족을 중심으로, 신약에선 교회공동체 - 에게 나타내고자 하시는 자기의 뜻과 계획(경륜)은 '이신칭의' 교리보다 더 크고 포괄적입니다. 물론 신자 각 개인들은 다른 인간적 노력이나 공로를 쌓아서 하나님의 자녀가 되는 것이 아니라 오직 하나님이 예수 그리스도를 통해서 이루시고 베푸시는 구원의 은혜를 온전히 믿음으로만 받아들여야 한다는 '이신칭의' 교리를 폄하하거나 왜곡하려는 것이 아닙니다. 그러나 성경의 광대한 가르침을 단순히 개인적 차원의 '이신칭의' 교리로 축소하거나 환원하려는 경향은 삼가야 한다는 말입니다.

게다가 "이신칭의" 교리에서 "오직 믿음"(*sola fide*)의 요소를 잘못 이해하여 "오직 믿음"이 열불을 가리지 않고 열정적으로 믿으려고 애를 쓰는 인간적 노력을 의미한다면, 이것이야말로 믿음만능주의의 해악이 아닐 수 없습니다. 모름지기 한국 교회 안에는 믿음만능주의가 저변에 깔려 있습니다. 특별히 1970년대부터 시작한 경제발전과 함께 "하면 된다!"는 자아확신이 사회 전반에 퍼지면서 교회도 "하면 된다!"는 자기주술형적 구호제창과 함께 교회의 양적성장이라는 놀라운 성공을 이룬 것도 사실입니다. 한국 교회의 열정 자체를 평가절하하려는 것은 아닙니다. 그러나 기독교 신앙의 믿음과 긍정의 힘을 동일시하였던 경향은 부인하지 못할 것입니다. 게다가 믿음만을 강조하는 목회자들의 강단에서의 외침이 교회 일을 열심히 하는 식의 믿음 강조로 잘못 전개되어 평신도들안에서는 믿음이 천국에서의 상급 규정의 척도나 심지어 행위구원을 위한 도구로 생각되고 있다는 슬픈 현상을 부인할 수 없게 되었습니다.

앞에서 잠깐 언급한 것처럼 믿음을 강조하는 현상은 언제나 기복 신학적 천국관과 밀접한 연관이 있습니다. 달리 말해 열심을 내어 교회 생활을 잘하는 신자들에겐 믿음이 있으면 천국에 가서 많은 상급을 받게 된다는 것을 의미합니다. 물론 여기서 천국이라 할 땐 죽어서 가는 장소로서 천국을 말하곤 합니다. 그래서 일반적으로 사람들은 천국에 대해서 말할 때 "천국에 간다" "천국에 가고 싶다"는 말을 합니다. 그들에게 천국은 "가는 곳"입니다!

그러나 천국이 가는 곳일까요? 아닙니다! 성경 전체를 자세하게 보면 천국은 "가는 곳"이 아니라 "오고 있는 것"입니다. 세례자 요한이 이 세상에 와서 한 최초의 말씀이 무엇이었으며, 그가 가리켜 오시리라고 했던 메시아 예수님께서 이 세상에 오셔서 하신 첫 마디 말씀이 무엇이었습니까? "회개하라, 천국이 가까이 왔다!"가 아니었습니까?

이 말씀의 의미는 "오고 있는 천국"에 관한 것이 구약성경에서 시작하여 신약성경에 이르기까지 모두를 아우르는 성경의 핵심적 가르침이라는 것입니다. 이 세상을 향해 오고 있는 하나님의 왕국, 하늘 왕국(천국)이 성경의 핵심 주제라는 말입니다. 여기서 하늘 왕국(천국)이나 하나님 왕국(나라)이나 같은 말입니다. 서로 다르지 않다는 사실을 기억해야 합니다. 예를 들어, 마태복음은 구약에서 누누이 강조하고 있는 하나님의 전 우주적인 통치와 다스림을 유대인들 독자들에게 가르쳐 주기 위해 "천국"(하늘왕국)이란 용어를 사용한 반면에 다른 복음서들은 이방인들에게 마태가 말하고 있는 동일한 하나님의 통치와 다스림을 "하나님 왕국(나라)"이라는 용어를 사용하여 가르치고 있을 뿐입니다. 유대인들에게 "하늘"은 곧 "하나님"을 가리키는 대명사였기 때문입니다. 따라서 하늘 왕국(천국)은 곧 하나님 왕국과 동의어입니다.

다시금 주의를 환기시키자면, "하나님의 왕국"이 "정의와 공의의 하나님"이 우리가 살고 있는 죄로 일그러지고 얼룩진 이 세상 속으로 오고 있다는 것입니다. 정의와 공의로 자신의 온 피조세계를 다스리기를 바라시는 하나님께서 죄와 불의로 하나님의 정의로운 다스림을 거절하고 배척하는 이 어둠의 세상 속으로 자신의 천군천사들을 대동하고 진군하여 오고 계시다는 말입니다. 달리 말해 하나님은 자신의 세상이 정의와 공의 위에 세워지기를 바라신다는 것입니다. 이 사실을 생각하고 구약성경을 읽기 시작한다면 창세기부터 말라기까지의 구약의 역사 전체가 제대로 보이기 시작할 것입니다.

성경은 처음부터 마지막까지 하나님의 왕권(Kingship)과 그의 왕국(Kingdom)에 관한 이야기를 담고 있습니다. 이런 이야기는 하나님의 통치를 거절하고 온갖 인간의 야망으로 자신들의 왕국을 세우려고 하는 이 세상과 대비하여 읽어야 하는 이야기입니다. 불의와 암흑, 분열과 교만, 욕망과 탐욕, 착취와 고통으로 점철된 악한 세대와 대비되는 하나님의 공의와 정의의 왕국이 이 세상 속으로 진입하여 들어오면서, 항복(회개와 전향)을 촉구하는 장엄한 나팔소리가 들려오는 곳이 성경입니다. 구약의 율법과 예언자들, 신약의 사도들과 제자들은 바로 이러한 장엄한 나팔수 역할을 한 사람들이었습니다. 교회 역시 하나님 왕국의 도래를 알리는 봉화산들이며 이 세상 속에 투입된 하늘 왕국의 전초기지(outpost)들입니다.

하나님의 정의로운 왕국에 투항하고 그의 신민과 백성이 되기로 작정한 사람들은 신약적으로 말해 세례식을 통해 새로운 왕에 대한 충성을 서약하고 신실하게 끝까지 그의 왕과 그의 왕국을 위해 목숨을 바칠 것을 선서합니다(참조, Sacrament). 이것이 믿음의 본질입니다. 왕이신 하나님의 정의로우심과 신실하심에 신실하게 즉각적으로 반응하는 태도가 믿음입니다. 변절(배도)하라는 유혹과 박해에도 불구하고 한 분 하나님만이 자신의 유일한 주님이심을 고백하고, 그분의 나라가 훈령으로 보내 온 가치들과 덕목들을 이 세상에서 구현해나가는 사람들이 신앙의 사람들이며, 언약백성들의 삶입니다. 그들이 삶은 전방위(全方位)적 유연성을 갖습니다. 하나님의 신실한 백성과 신민들로서 삶의 모든 방향과 국면에 대해 책임성 있게 응답하는 태도를 보입니다. 그것이 소금의 역할로, 빛의 역할로, 다리의 역할로, 화해의 전령 역할로, 때론 용맹스런 신앙의 전사로서의 역할로 나타날 것입니다. 마치 트랜스포머처럼 다양한 모습으로 변화하면서 하나님의 왕국을 옹호하고 확장하고 전향자를 받아들이고 상처 입은 자들을 싸매고 약한 자들을 훈련시키고 궁극적으로 이 땅 위에 하나님의 왕국이 임하도록 애를 쓰는 것입니다. 시편의 한 문구에서처럼 "정의와 평화가 입을 맞출 때까지" 왕국의 일꾼들(Kingdom workers)로서 당당하게 오늘도 땀을 흘리는 것입니다.

오늘의 메시지는 단순명료합니다. 교리를 위해 성경이 존재하는 것이 아니라 성경을 위해 교리가 존재한다는 것입니다. 특별히 강조하고 싶은 것은 성경의 방대한 내러티브를 단순히 한두 가지 교리적 명제들로 환원 축소하는 일에서 벗어나자는 것입니다. 장엄하고 풍성한 큰 그림(하나님의 왕국)에 매료되어 상상력을 갖고 그 그림 속으로 들어가기를 권하는 바입니다. 교리는 신앙의 뼈대이지만 신앙 자체는 아닙니다. 교리는 성경에서 나온 이차적 진술들일 뿐입니다. 그러므로 먼저 그리스도인들은 성경 자체의 세계 속으로 들어가 그 세계가 보여주는 하나님의 정의로운 왕국과 공의로운 왕권에 대한 경외감을 갖도록 마음의 옷깃을 여며야 할 것입니다. 예수님이 가르쳐주신 기도문의 핵심이 "하나님의 나라(왕국)가 이 땅에 임하기를 소원하라"는 것이었다는 사실을 기억하면서 말입니다.

98
미셔널 교회

최근에 들어와 한국 신학계와 교계에 조금은 낯설은 용어가 자주 눈에 띕니다. 이름하여 "미셔널 처치"(Missional church)라는 용어입니다. 이 용어는 미션 (Mission)이란 용어 때문에 주로 선교학 분야에서 많이 논의되어 왔고, 또한 실제적으로는 교회적 상황과 밀접하게 관련이 있어서 현장의 "교회론"과도 연관이 있습니다. 또한 이 용어는 전통적인 교회인 "제도적 교회"(ecclesiastical church)와 대조적인 개념으로서 사용되고 있습니다. 일반적으로 "선교적 교회"라고 번역하는 모양인데 설명이 한참 필요합니다.

전통적인 교회론인 "제도적 교회"(ecclesiastical church)는 지난 2천 년 동안 서구의 기독교(christendom)를 대표하는 교회의 모습이었습니다. 천주교든 개신교든 상관없이 제도적 교회는 직제중심이고, 목회자 중심이었고, 가시적 교회 중심이었다 해도 과언이 아닙니다. 쉽게 이야기해서 기존의 교회가 중심이 되어 사람들이 교회로, 교회 안으로 들어오게 하여 그들을 복음으로 가르치고 양육시켜, 교회의 제도 안에 책임성 있는 멤버로 만들어 가는 일에 중점을 두었습니다. 이 일을 위해 교회의 모든 기관들과 제도들이 필요했습니다. 여기서 중요한 것은 교회가 먼저 있는 것이고, 그 교회로 사람들이 들어오도록 하는 순서였습니다.

이와는 반대로 "미셔널 교회"(missional church)는 기성 교회 안으로 사람들을 불러들여 그들을 가르치고 양육하는 것이 아니라, 복음을 듣지 못했거나 복음에 대해 알지 못하는 사람들을 향해 나아가 그들에게 복음을 전해서 교회를 만들어 가는 "교회론"이라 생각하면 좋을 것입니다. 이런 의미에서 한국에선 "미셔널 교회"를 문자적으로 "선교적 교회"라고 번역하는 것 같습니다. 선교하는 교회라는 뜻입니다. "선교적 교회론"에 대한 열풍이 불면서 선교하지 않는 교회는 교회도 아니라는 식의 과도한 발언들도 이어졌습니다. 특별히 교회성장 침체기에 들어선 한국 교회에서 교회침체 탈출 방편으로 "선교적 교회론"을 전통적인 "제도적 교회론"의 대안으로 제시하기도 합니다.

그러나 이러한 "제도적 교회론 대 선교적 교회론"의 프레임 논리는 정당하지도 성경적이지도 않다는 것이 나의 지론입니다. 먼저 용어 해설을 해 봅시다. "미셔널"(Missional)이란 용어의 "미션"(Mission)은 단순히 "선교"로 이해해서는 적절하지 않다는 것이 나의 주장입니다. 대부분의 사람들이 알고 있는 기초적 영어에 따르면 Mission을 기독교적 용어로 "선교(宣敎)"라고 해석할 수 있지만, 일반적 의미는 "사명(使命)"입니다. 맡겨진 임무라는 뜻입니다. 맡겨진 임무를 수행하는 것을 가리켜 미션(Mission)이라 부릅니다.

여기서 미션은 세 가지 요소를 담고 있는데, 첫째는 임무를 맡겨 주어 "보내는 자"(sender)가 있고, 그 임무를 맡아 실행하기 위해 "보냄을 받는 자"(sendee)가 있고, 마지막으로는 "임무 자체"가 있습니다. 이것을 성경 이야기와 기독교 신학에 적용한다면, 보내는 자는 하나님이시고 보냄을 받은 자는 예수 그리스도이고 임무 자체는 복음입니다. 그리고 임무가 실행되는 일에 적극적으로 개입하시는 분이 성령이십니다. 삼위일체적 작업이 기독교에서 말하는 "하나님의 사명"(라틴어 *Missio Dei*, 영어로 Mission of God)이라는 것입니다. 여기서도 *Missio Dei*를 "하나님의 선교"라는 말 대신에 "하나님의 사명"이라고 불러야 한다는 것이 나의 지론이기도 합니다.

그렇다면 "미셔널 교회"(Missional Church)를 어떻게 이해해야 하는가? 한마디로 "십자가의 복음"으로 돌아가야 한다는 초기 교회를 기억하게 해 주는 교회이어야 합니다. 성경 전체는 인간의 죄로 인해서 깨어진 피조세계를 회복하기 위한 하나님의 계획(경륜)이 주된 스토리라인을 이루고 있습니다. 일명 회복 프로젝트라고 부르는 피조세계와 인간 구원을 위해서 누군가를 보내야 했으며, 보냄을 받는 자들은 언제나 사명(mission)감을 가지고 그 일에 종사해야 했습니다. 구약의 예언자들이 대표적으로 하나님의 "보냄을 받은 자들"(sendee)이었습니다. 그들의 입은 자신들을 보내신 분의 복음을 말하였는데, 그들이 가지고 온 복음이란 집을 떠나 먼 곳에서 방황하는 이스라엘 백성들에게 그들의 영원의 집인 하나님께로 돌아오라는 외침이었고, 그 복음에 대해 어떻게 반응하느냐에 따라 이스라엘의 심판과 구원이 결정되었습니다.

그리고 구약의 이야기는 반역하는 이 세상을 향하여 하나님께서 자신의 아들을 최후의 통첩으로 보내신 성육신 사건에서 절정을 이룹니다. 아들이신 예수님은 이처럼 자기를 보내신 아버지 하나님으로부터 사명을 받아 이 세상에 오신 것입니다. 그 사명이란 죄악으로 인해 죽어 가는 사람들과 그들의 악한 습성으로 인해 망가지고 일그러진 피조세계를 온전하게 회복시키라는 것이었습니다. 이렇게 하여 성부 하나님은 성자 하나님이신 예수님께 사명을 주어 이 세상에 보내신 것입니다. 그리고 그 사명을 이루기 위해 예수님은 십자가에서 죽으시게 되었습니다.

지상에 계시는 동안 예수님은 제자들에게 다시금 사명을 주어 보내십니다. 제자들 역시 교회를 통해 다시금 예수님의 제자들을 세상으로 보내는 일을 계획합니다. 교회 역시 그의 구성원들에게 복음전파라는 사명을 주어 세상으로 보냅니다. 언제까지? 세상의 끝이 올 때까지! 어디까지? 땅 끝까지!

보다시피 성경의 거대 내러티브는 보내시는 이(sender)와 보냄을 받는 이(sendee), 그리고 그들에게 주어진 임무(mission)가 있으며, 이러한 운동과 움직임이 성경 전체에 걸쳐 감지되고 있습니다. 삼위일체 하나님의 동선(動線)이 선명한 자국을 남기고 있는 곳이 성경입니다. 이처럼 성경 전체의 내러티브는 "미셔널 교회론"을 지지하고 있습니다. 달리 말해 교회는 가만히 있어서 사람들이 교회 안으로 오기를 기다리지 말고(이것이 종종 제도적 교회가 잘못을 저지른 지점이다) 복음을 들고 이 세상을 향해 나가야 한다는 말입니다. 클럽 멤버처럼 끼리끼리 똘똘 뭉쳐서 자신들의 종교적 프로그램을 돌리고, 바깥의 사람들을 불러들여 제도적 교회의 덩치를 불려가지 말고, 그 구성원으로 하여금 복음이 절실하게 필요한 사람들에게로 나아가도록 밀어내 보내야 합니다. 사람들을 불러들이기 위해 내보내는 것이 아니라 아직도 구원의 복음, 십자가의 복음이 절실하게 필요한 사람들에게 나아가는 움직임이 미셔널 처치의 본질입니다.

따라서 교회는 교회의 근본적 사명(mission)이 무엇인지 반복해서 기억해야 합니다. 자기를 불러서 사명을 주어 보내시는 분이 성부 하나님이요, 그 사명을 죽기까지 성취하시려 했던 보냄을 받은 분 성자 예수님이 "미셔널 처치"의 모델입니다. 신약의 복음서 가운데 요한복음은 "보내는 자와 보냄을 받은 자"의 관계를 가장 분명하게 알려 줍니다. 그리고 보냄을 받아 이 세상에 오신 예수님은 계속해서 자기의 제자들을 다시 세상 속으로 보내십니다. 초대 교회가 숫자적 대부흥을 경험하면서 가만히 안주하여 있으면서 내부적으로는 제도적 갈등이 있게 되자, 하나님은 로마제국으로부터의 '박해'라는 강력한 바람개비를 동원하여 제도화되고 있던 교회를 지중해 연안으로 흩어지게 하셨습니다. 디아스포라 교회를 만드신 것입니다.

달리 말해 구심력과 원심력이 물체의 균형과 중심을 잡게 하듯이, 교회 역시 예수 그리스도의 복음을 구심점으로 삼아 교회 바깥의 세상으로 향해 나아가야 한다는 뜻입니다. 어떤 세상이냐고요? 하나님이 이처럼 사랑했던 세상, 그래서 자기의 외아들을 죽기까지 내어 주실 만큼 사랑했던 세상입니다. 하나님은 자기가 만드신 세상을 결코 포기하지 않으실 것입니다. 하나님은 자기가 그렇게도 사랑했던 사람들을 결코 포기하지 않으실 것입니다. 이렇게 하여 세상 끝 날에 하나님은 온전히 회복된 자기의 세상을 갖게 되실 것이고, 그 세상을 영원토록 즐거워하실 것입니다.

"미션"(Mission)을 단순히 신학의 한 분과인 선교학에서 독점적으로 사용하는 개념으로만 축소 환원하지 맙시다. 미션은 성경 전체와 신학 전체가 옹호하고 지원하는 방대하고도 광대한 성경신학적 개념입니다. 삼위일체 하나님의 구원사적 운동과 움직임과 동선을 가장 잘 압축하고 있는 주제개념입니다. 따라서 교회는 성경의 가르침에 따라 복음을 우선시해야 합니다. 하나님은 그 복음이 자신의 세상 속에 온전하게 전달되기 위해 누군가를 보내시고, 보냄을 받은 자는 죽기까지 그 사명과 임무에 충성을 다할 때, 비로소 지상 교회는 자연스레 자신의 사명을 다하게 됩니다. "미셔널 처치"(missional church)는 "사명"(Mission)을 다하려는 교회입니다! 복음을 찾아가기 위해 교회가 어떤 형태를 가져야 할까 하는 논의는 이차적인 문제이어야 합니다! 카페교회니 가정

교회니 일터교회니 감옥 선교니 같은 논의는 모두 사명완수를 위한 원칙 아래서 논의되어야 할 방식의 문제이기 때문입니다. 따라서 "미셔널 처치"는 전통적인 "제도적 교회"와 대척점에 있는 것이 아닙니다. "제도적 교회"(ecclesiastical church) 역시 이 십자가의 복음 전파 사명을 기억할 때만이 자기 위주의 고착화된 기구로 전락하지 않을 것입니다.

99
크리스천들의 회향병(懷鄕病)

예수 그리스도께서 나타나실 때에 너희에게 가져다 주실 은혜를 온전히 바랄지어
다(벧전 1:13).

1세기경 핍박과 시련으로 사방에 흩어져서 살아야만 했던 그리스도인들,
우리는 그들을 디아스포라라고 부릅니다. 그들은 지중해 연안을 중심으로 유
랑민처럼, 방랑자들처럼, 임시체류자들처럼 고단한 삶을 살았습니다. 그들에
게 무슨 희망이 있을 수 있었겠습니까? 희망을 상실하고 살기에 너무도 적격
이었던 고단한 삶이었기 때문이었습니다.

그런데 그들에게 사도 베드로는 소망을 끝까지 붙잡고 있으라고 권면합니
다. 어떤 소망이기에 끝까지 붙잡아야 한다는 것입니까? 사도 베드로가 가르
쳐 주는 "산 소망"(Living Hope)은 그리스도가 나타나실 때 그들에게 가져다 주
는 은혜를 간절하게 바라는 것이었습니다. 우리의 간절한 바람과 소망을 다른
곳에 두지 말고 온전히 그 은혜에 맞추라는 것입니다. 어떤 은혜입니까? 거룩
하고 성스럽고 신비로운 은혜입니다. 그런 은혜를 동경하고 갈망하라는 초대
입니다. 달리 말해 베드로는 우리에게 이렇게 말하고 있는 것입니다. "신성(神
聖, holiness)을 그리워하고 동경하고 사모하고 열망하라" 는 것입니다. 그는 지

금 "종말론적 동경"에 대해 말하고 있는 것입니다. "종말론적 동경"(escatological yearning)이란, 예수님이 하늘에서부터 이 땅의 우리에게 가져다주는 은혜를 사모하며 기다리는 삶의 모습을 말합니다. 베드로가 말하고 있는 종말론적 동경은 하늘에 대한 향수(鄕愁) 혹은 회향병(懷鄕病) 즉 고향에 대한 그리움을 앓으면서 이 땅위에 진정으로 거룩하고 성스런 그 무엇을 찾고 있는 영혼들을 염두에 두면서 하는 말입니다. 그렇다면 무엇이 이 땅위에서 진정으로 거룩하고 성스런 그 무엇이란 말입니까? 그 무엇은 마침내 경외와 경탄과 놀람으로 우리에게 깊은 영감을 주고 우리로 고향을 기억나게 할 그 무엇입니다.

- 찬란한 석양의 장엄한 일몰을 보면서 한 번이라도 그 경이로운 신비 속으로 들어가고 싶은 갈망으로 눈물 젖어본 일이 있습니까?
- 새근새근 잠자고 있는 갓난아기의 얼굴을 들여다보며 생명의 부드러움과 그 온화함에 놀라본 일이 있습니까?
- 아주 가까운 친구들과 함께하는 저녁식사 시간이 마치 마법에 걸린 듯한 시간처럼 느껴져 어느덧 헤어질 시간이 되자 너무 아쉽고 서운했던 적이 있습니까?

글쎄요, 물론 이런 좋은 시간들과 좋은 시절은 언제나 끝이 나게 되어 있을 것입니다. 자녀들은 자라서 부모의 품을 떠납니다. 석양은 언제나 어둠으로 바뀝니다.

그러나 그런 시간과 장소에서 "얼마동안이라도" 하늘이 우리의 삶 속으로 들어온다는 것입니다. 우리가 살면서 찾고 갈망하고 희망하고 있는 것은 다름 아닌 바로 이러한 거룩한 순간들로 이어지는 길입니다.

흩어진 사람들, 그래서 천성을 향해 순례의 길을 떠난 사람들은 이 지상에서 거룩한 순간들, 성스러운 순간들에 접속하면서 하늘을 미리 맛보며 살아가는 길 위의 사람들입니다. 그들 모두 어느 것으로도 위로받을 수 없는 회향병의 비밀을 품고 한 걸음씩 영원한 고향, 아버지의 품 안으로 가고 있는 사람들입니다. 그 순례 길 위에 하나님의 가호가 있기를 빌어마지 않습니다.

100
상심증후군(傷心 症候群) 유감

미국 심장학회에 따르면 "상심증후군"(傷心症候群, Broken Heart Syndrome)이라는 것이 있다고 합니다. "상심증후군"은 죽음, 이별, 불안과 같은 극도의 정서적 스트레스에 직면했을 때 나타나는 신체 증상을 말합니다. 예를 들어, 너무도 사랑했던 배우자가 죽으면 남겨진 배우자도 시름시름 앓다가 곧바로 죽는 경우입니다.

한자어로 "상심"(傷心)은 상한 마음입니다. 그런데 마음이 상했다는 것이 무엇일까요? 몸이 상했다는 말도 있지만 마음이 다쳤다는 뜻은 무엇일까요? 마음과 연관이 있는 용어로는 "가슴" "심장" "속"이 있습니다. 마음은 뭐고 가슴은 뭐고 속은 뭐고 심장은 뭘까요? "가슴이 아프다" "심장이 깨지다" "속이 상하다"라는 말도 사용합니다.

상한 마음은 육체적 기관이 아닌 사람의 정서적 기관에서 나타는 현상을 가리키는 것 같습니다. 그래서 우리는 심정(心情)이라는 용어를 사용합니다. 심정이란, 마음에 품은 정서적 생각과 감정이란 뜻입니다. 한편 영어로 심장(心腸)을 Heart라고, 가슴은 Breast라고 부르는데 모두 육체적 기관을 지칭하는 단어들입니다. 그러나 한편 영어의 Mind는 육체적 기관을 가리키지는 않습니다.

영어의 Mind는 한국어로 "마음"을 뜻하기 보다는 "이성적(理性的) 정신"을 가리킵니다. 철학에서는 Mind를 "오성"(悟性)이라고 번역하는데, 사물에 대해 논리적으로 이해하고 판단하는 능력이라는 뜻입니다.

이러다 보니 관련용어들의 의미론적 관계를 따져보는 것과 각각의 용어들이 특정한 문맥에서 어떻게 사용되고 있는지를 살펴보는 것이 그 단어의 의미를 파악하는 데 매우 중요한 첫 걸음이라는 사실을 알게 됩니다. 소위 어휘의 미론(lexical semantic)과 문맥사용(context)의 중요성이 부각되는 순간입니다. 이것은 단순히 단어의 사전적 문자적 의미가 본문 안에서의 의미는 아니라는 말도 됩니다.

이상에서 말한 단어들, 즉 "속" "가슴" "마음" "심장" 등은 서로 다른 뉘앙스를 지닌 동류(同流)들이라 할 수 있습니다. "속이 타 들어간다" "속이 상하다" "속이 쓰리다" "가슴이 아프다" "가슴에 통증을 느끼다" "마음이 짠하다" "마음이 상하다" "심장이 터질 듯하다" "심장이 멎다" 등과 같은 문구를 곱씹어 보면 문제가 그리 간단하지 않다는 것을 알게 될 것입니다. 아마 언어의 다양한 맛과 멋과 힘을 경험하는 순간이기도 할 것입니다.

사람에게 있어서 "육체와 정신" "몸과 마음" "육체와 영혼"은 불가분리의 관계입니다. 물질적인 것과 비물질적인 것이 한 사람 속에서 어떻게 연결될까 하는 문제는 철학자들과 신학자들의 오랜 질문이기도 했습니다. 이 문제는 이미 의학계에서도 비상한 관심이 되었습니다. 예를 들어, 죽음을 어떻게 정의할까 하는 문제입니다. 심장이 멈추면 죽었다고 할까, 아니면 뇌가 더 이상 기능을 하지 못하면 죽었다고 판명할까 하는 문제입니다.

어쨌든 죽음은 이것들(영혼과 육체, 마음과 몸, 정신과 육체)이 서로 이별하면서 생기는 비정상적이고 이상한 현상입니다. 그래서 성경은 죽음을 가리켜 인간사의 자연스런 현상이라고 말하는 대신에 물리쳐야 할 대적이요 원수요 극복해야 할 장애라고 하는 것입니다. 죽음은 영혼을 기괴한 형태로 남겨 둡니다. 육체성 없는 영혼은 비정상이기 때문입니다. 그래서 신자들은 "몸의 부활"을 믿고 고백하는 것입니다. 영혼의 부활이 아닙니다! 몸의 부활을 믿는 것입니다.

영혼과 육체의 영원한 합일, 육체와 정신의 온전한 회복, 몸과 마음의 완전한 조합이야말로 우리 모두가 이 세상, 즉 깨어지고 일그러지고 고통하는 이 세상에서 열렬하게 갈망하고 소망하는 것입니다.

누군가를 너무도 사랑한 나머지 그 "사람"을 상실하게 될 때, 아니 그 "사랑"을 상실하게 될 때 사람들은 심각한 "상심증후군"을 앓게 됩니다. 마음이 상해서 죽기까지 합니다. 이것을 보면 사랑이 크면 심장도 깨어져(broken heart) 죽는다는 것을 알게 됩니다. 그러나 사랑은 죽음보다 강합니다. 죽음 너머까지 이어지는 것이 사랑이기 때문입니다.

아마 하나님의 사랑이 그런 것이고, 그래서 우리를 향한 그분의 사랑을 "고통 하는 사랑"이라 감히 부릅니다. 그분 역시 우리 때문에, 우리의 죄악 때문에, 죄악으로 인해 죽어 가는 우리를 보시고 몹시 마음이 상했습니다. 그리고 그의 아들인 예수님은 십자가에서 심장이 깨어져 죽으셨습니다. 그의 가슴은 부서지고, 그의 마음은 상했고 그의 심장은 깨어졌지만(Broken Heart), 그의 사랑만큼은 결코 "깨어진 사랑"(Broken Love)이 아니었습니다. 그분의 사랑은 "온전한 사랑"(Perfect Love)이었습니다.

하나님이 세상을 이처럼 사랑하사 독생자를 주셨으니 이는 그를 믿는 자마다 멸망하지 않고 영생을 얻게 하려 하심이라(요 3:16).

상심증후군! 죽지 않으려면 적당히 사랑해야 하나요? 그건 아닐 것입니다! 죽기까지, 죽도록 사랑해 봅시다. 그분이 그러셨던 것처럼.

101
두 명의 예수

바라바 예수

　예수라고 다 예수는 아닙니다. 구원자라고 해서 다 구원자는 아닙니다. 예수(구원자)도 가지각색입니다. 예수님이 살고 있던 당시에 유대 지방에는 예수라는 이름을 가진 사람들이 많았습니다. 그 중에도 가장 유명한 예수가 있었습니다. 그의 이름은 '예수 바라바'(마 27:17 참고)였습니다. 이 '예수 바라바'는 당시 유대를 강점하고 있었던 로마제국에 대항하여 반란과 폭동에 가담한 인물로서(눅 23:19; 요 18:40 참고), 유대인 사이에 영웅적인 인물이었습니다. 한글성경은 그를 '강도'라고 부르지만, 실제로 그는 강도(Robber)가 아니라 로마군에 저항하는 반군(Rebel) 지도자였습니다. 그는 성중에서 일어난 민란과 살인으로 옥에 갇힌 자였습니다(눅 23:19 참고). 그는 자기 민족을 로마의 압제로부터 구출하겠다는 숭고한 사명(?)에 자신의 목숨을 건 사람이었습니다. 칼과 창을 가지고 무력으로 유다 민족을 구원하겠다고 생각했던 사람이었습니다.

그리스도 예수

　한편 또 다른 예수도 있었습니다. '예수 그리스도'라는 분이었습니다. 그가 유다 땅에 처음 등장했을 때, 그도 '예수 바라바'처럼 매우 위험천만한 정치적인 선언을 하였습니다. 그리고 자신에게 맡겨진 그 숭고한 사명을 죽도록 완수하신 분이었습니다. 그는 지구에 입성하신 첫 일성(一聲)으로 "하늘왕국이 가까이 왔다. 너희들은 다 항복하라!"고 외쳤습니다. 그는 처음부터 그의 일생의 마지막까지 정치적 투사였습니다. 하나님의 왕국을 위해, 하늘의 왕국의 도래를 위해 마지막 피 한 방울까지 다 바친 충성스런 전사였습니다. 그는 자기 민족을 죄의 구렁텅이에서 구출하기 위해 공중의 권세 잡은 마귀의 왕국에 대항하고 전복하기 위해 하늘에서 투입된 전사였습니다.

빌라도의 고민

그러나 그는 당시의 로마 정부의 유다 총독인 빌라도의 우유부단한 입장으로 인해 희생을 당하게 됩니다. 빌라도가 볼 때 두 명의 예수 가운데, '예수 바라바'는 매우 위험한 인물이었습니다. '예수 그리스도'는 결코 위험한 인물이 아니었습니다. 기껏해야 그의 눈에 비친 예수 그리스도는 종교적 광기에 사로잡힌 사교(邪敎) 집단의 교주일 뿐이었습니다. 12명의 거룩한 거지들을 데리고 천하를 주유(周遊)하는 종교적 풍운아처럼 보였습니다. 그는 다른 예수(바라바)처럼 민중 봉기를 주도하거나 무력으로 로마 정권을 무너뜨리는 일을 주도하지도 않았습니다. 그래서 빌라도는 두 예수 사이에 고민을 하게 된 것입니다. 유대인의 명절이 되면 군중의 청원대로 죄수 한 사람을 놓아주는 전례가 있었는데, 요즘 말로 국경일이 되면 대통령이 감옥에 갇혀 있는 죄수들 가운데 얼마를 선택하여 사면을 시행하는 경우입니다. 빌라도는 사면 결정을 하면서 두 예수 사이에서 갈등하게 된 것입니다. '예수 바라바'인가? '예수 그리스도'인가?

그가 군중들이 그의 총독 관사 앞에 모여들었을 때 던진 질문이 이런 빌라도의 고민을 잘 드러냅니다.

> 너희는 내가 누구를 너희에게 놓아주기를 원하느냐? 바라바라 하는 예수냐? 그
> 리스도라 하는 예수냐?(마 27:17).

바라바 예수? 그리스도 예수?

어느 예수가 오늘날 우리들의 입맛에 맞는 예수인지, 고민스런 질문이기도 합니다. 빌라도는 로마제국이 자랑하는 최고의 명문 로마사관학교와 로마법학전문대학원에서 배운 대로 하면 그리스도 예수를 사면해야만 했습니다. 빌라도는 유대인들의 시기로 예수가 재판에 회부되었다는 사실을 잘 알았기 때문입니다(마 27:18 참고). 그러나 그는 민란이 두려워, 그리고 유대 민족에 대한 유화정책과 자신의 출세를 연결시켜 보면서 바라바 예수를 사면하였습니다. 그는 어리석게도 최소한의 '정의'(Justice)를 옆으로 제쳐놓는 일을 하게 됩니다. 이런 결정 때문에 그는 이천 년 이상 기독교회의 모든 신실한 그리스도인들의 입에서 주일 아침마다 "예수 그리스도는 본디오 빌라도에게서 고난을 받으셨습니다"라는 신앙고백을 통해 불명예스런 수치를 받게 된 것입니다.

그뿐 아니라 유수한 종교적 전통을 자랑하고 있었던 유대의 군중들 역시 바라바 예수를 그들이 당면한 정치·사회적 압제에서 해방시켜 줄 수 있는 구원자로 생각했습니다. 그들에게 그리스도 예수의 꿈은 그야말로 헛된 꿈처럼 아득하게 들렸을 것입니다. '죄', '하늘 왕국의 도래', '하나님의 왕국', '회개', '항복', '전향'과 같은 예수님의 용어들은 '저 세상적'이었지 결코 '이 세상적'이 아

닌 뜬구름 잡는 헛소리처럼 들린 것입니다. 그들은 하늘 왕국이 우리가 살고 있는 이 세상 속으로 돌입하고 있는 신적 실체(divine reality)인 것을 볼 수 없었던 영적 소경들이었습니다.

그렇습니다. 예수라고 다 예수는 아닙니다. 이 세상에는 '바라바 예수'도 있고 '그리스도 예수'도 있습니다. 상당히 많은 그리스도인들이 아직도 이 두 예수 사이에서 서성거리며 갈등하고 있는지 모를 일입니다. 잘못 내린 결정의 결과는 아주 치명적일 수 있습니다. 천추에 남는 불행한 문장 속에 당신의 이름이 들어갈 수 있기 때문입니다. "예수 그리스도는 OOO에게서 고난을 받으셨다!"라는 문장 속에!

Epilogue
나가는글

"때 저물어 날이 어두니"

누가복음 24장은 누가복음서의 마지막 장입니다. 끝인 셈이죠. 이야기의 결말을 담고 있는 장입니다. 그런데 누가복음 24장은 놀랄만한 이야기로 시작합니다. 천지 개벽과 같은 사건, 사람의 작은 머리로는 도무지 받아들일 수 없는 사건을 기술함으로 시작합니다. 죽은 사람이 살아났다는 기상천외한 충격적인 이야기입니다. 23장 까지 죽음을 향해 치닫던 이야기가 간밤에 죽음을 넘어 생명의 새로운 세계가 은밀하게 도래하기 시작했다는 것입니다. 마치 장독 위에 올려놓았던 반죽 그릇이 누룩 덕에 간밤에 밤새도록 은밀하게 덜그럭 거리더니 마침내 아침녘에 뚜껑을 밀치고 올라온 것을 본 한 어린아이의 눈에 비친 세상과도 같습니다.

주 예수의 시체가 보이지 아니하더라(눅 24:3).

새로운 세상이 도래했지만 이전 세상에 살고 있었던 대부분의 사람들은 이 사실을 알 수 없었습니다. 자기들이 알고 있었고, 그 위에 자기들의 삶 전체를 세워놓고 있었던 그 세상의 사람들에겐 더 이상 새로운 세상을 볼 수 있는 눈은 없었습니다. 그저 슬픈 빛을 띠고 낙심하여 자기가 살던 옛 마을로 돌아갑니다. 예루살렘에서의 모든 드라마는 비극으로 끝났기 때문이었습니다. 그들이 할 수 있는 것은 다시 고향 마을로 돌아가는 것이었습니다.

그 날에 그들 중 둘이 예루살렘에서 이십오 리 되는 엠마오라 하는 마을로 가더라 (눅 24:13).

쓸쓸하게 낙향하는 두 사람. 그런데 누군가 그들에게 "가까이 이르러 그들과 동행하기" 시작합니다. 이 낯선 사람은 적어도 이십 리 이상을 그들과 함께 길을 걸어가며 대화를 나눕니다. 두 사람이 겪었던 예루살렘에서의 비극이야기를 중심으로 대화를 나누고 있었습니다. 나사렛 출신의 예수라는 분의 비극적 처형에 대한 이야기였습니다. 그를 따랐던 이 둘은 비극적 결말에 충격을 받고는 슬픔가운데 낙향하고 있었던 것입니다. 이에 낯선 동행자는 그 이야기에 대한 해석을 자세하게 해줍니다. 메시아의 고난의 의미와 이유에 대한 사경회였던 셈이지요. 그것도 길 위에서 열린 사경회였습니다.

이에 예수께서 모세와 모든 선지자의 글로 시작하여 모든 성경에 쓴 바, 자기에 관한 것을 자세히 설명하시니라(눅 24:27).

그 낯선 동행자의 가르침에 깊이 매료된 두 사람은 그와 헤어져야 하는 것이 너무 안타깝고 서운했습니다.

때가 저물어가고 날이 이미 기울어졌기 때문입니다(눅 24:29).

함께 있을 시간은 점점 없어져가고 그분의 말씀해석의 심오함과 정밀함은 결코 놓치고 싶지 않았던 것입니다. 영적 갈증이 속으로 더욱 타 들어갔습니다. 그들은 그 낯선 동행자를 놓치고 싶지 않았습니다. 붙잡고 싶었습니다. 그래서 애원했습니다. "우리 집에 묵어 주세요!" "우리와 함께 있어 주세요." "우리와 함께 유(留)하사이다."(누가 24:29) 왜 이런 간청을 드렸던 것인가요? 이유는 이렇습니다.

저녁때가 되고, 날이 이미 저물었기 때문입니다.(새번역)

이젠 날도 저물어 저녁이 다 되었기 때문입니다.(공동번역)

for it is nearly evening; the day is almost over.

for it is toward evening, and the day is far spent.

"저와 함께 있어 주세요." "제 곁에 있어 주세요." "마지막 까지 제 곁을 지켜 주세요." "저 혼자 내버려두지 말아주세요"—모두 누군가 나와 함께 있어 주기를 간절히 바라는 어떤 외롭고 불쌍한 영혼의 탄원입니다.

- 천둥치는 여름밤에 혼자 잠을 자다 놀라 깨어난 어린아이의 외침일 수도 있겠지요.

- 타국에서 홀로 외로운 밤을 보내는 어떤 외국인 노동자의 한숨 섞인 노래일 수도 있겠지요.

- 요양원에서 자녀들을 그리워하며, 혹은 고통 속에 임종을 앞둔 어떤 암환자가 그의 배우자의 손을 꼭 잡고 절규하는 목소리일 수도 있겠지요.

- 때론 군중 속의 고독을 슬퍼하며 혼잣말로 하늘을 향해 애원하는 소리일 수도 있을 겁니다.

모두 누군가의 임재와 동행을 간절히 바라는 애원일 겁니다.

왜? 때는 저물어가는 저녁시간이고 날은 이미 기울어졌기 때문입니다. 단지 물리적 시간만을 이야기하는 것은 아니겠지요. 아니지요. 삶의 시간을 말하고 싶은 것입니다. 삶의 굴곡과 굴절, 오르락내리락, 슬픔과 기쁨의 날들, 구름 낀 날들과 화창했던 날들, 성공과 실패, 깔깔대는 웃음의 날들과 한없는 눈물을 쏟고 펑펑 울던 날들, 이 모든 것들이 결국 언젠가 마무리를 지어야할 때가 올 것입니다. 저녁은 올 것입니다. 날은 기울어가고 땅거미가 깊게 지면에 드리울 날이 시간이 오기 때문입니다. 혼자만 있어야 하는 시간입니다. 누구도 내 주변이 있지 못할 시간입니다. 아무런 도움도 위로도 위안도 발견할 수 없는 시간입니다. 그때 우리는 이렇게 하늘을 향해 외칩니다. "오, 주님, 때가 이미 저물고 날이 어둑해졌습니다. 제발 저와 함께 계셔주세요!"

스코틀랜드 출신의 영국 국교회 성직자이며 찬송작가이며 시인인 헨리 프랜시스 리티(Henry Francis Lyte, [1793 – 1847])가 있었습니다. 리티는 24살에 7살의 연상인 앤 맥스웰(Anne Maxwell)과 결혼하여 두 딸과 세 아들을 두고 행복하게 지냈습니다. 그러나 안타깝게도 리티의 건강 상태는 그리 좋지 않았습니다. 종종 천식과 기관지염으로 고생을 했고 때론 휴양지를 찾아 유럽 전역을 돌아다니기도 했습니다. 마침내 결핵은 그를 더 이상 사역할 수 없도록 침대에 가두어 놓게 되었습니다. 어느 주일 아침이었습니다. 이날은 그가 오랫동안 목사로서 사역했던 교회에서 고별 설교를 해야 하는 주일이었습니다. 이때 그에게 영감이 떠올랐습니다. 물론 시인으로서 목사로서 자기의 삶의 끝이 가까이 오고 있음을 직감하였습니다. 이때 작시한 것이 찬송 시 "Abide with me"("저와 함께 있어 주세요!")였습니다. 결핵으로 죽어 가는 침대에서 작사한 마지막 시가 되었습니다. 물론 그 자신에게 뜻깊은 시가 된 셈이지요. 결국 그는 54살에 지금의 프랑스 니스의 휴양지에서 임종을 맞게 됩니다. 인생의 황혼이 깃들고 "이젠 떠날 때가 가까이 오고 있음"을 직감한 연약해진 영혼이 하나님께 드리는 마지막 간청을 담고 있는 시입니다. 영혼의 울림이 있는 기도문이기도 합니다.

7연으로 구성된 이 시는 분명 누가복음 24장 29절에서 영감을 받았음에 틀림없습니다. 당시 영국인들이 사용하고 있던 흠정역(King James Version)의 번역을 그대로 따왔기 때문입니다.

Abide with us: for it is toward evening, and the day is far spent(Luke 24:29).

물론 여섯 째 연의 세 번째 시행은 고린도전서 15장 55절에서 인용한 것이 분명합니다.

사망아 너의 승리가 어디 있느냐?
사망아 네가 쏘는 것이 어디 있느냐?(개역개정)

죽음아, 너의 승리가 어디에 있느냐?
죽음아, 너의 독침이 어디에 있느냐?(새 번역)

O death, where is thy sting?
O grave, where is thy victory?(KJV)

그리고 이 감동적인 시는 얼마 후 영국 작곡가인 윌리엄 헨리 몽크(William Henry Monk)가 1861년에 작곡한 "저녁"(Eventide)이란 멜로디에 붙여 불리기 시작하였습니다. 여러분의 한국찬송가 481장에 수록되어 있는 곡과 가사가 바로 이 시입니다 ("때 저물어 날이 어두니"). 한국 찬송가위원회는 이 찬송을 "그리스도인의 삶: 미래와 소망"이란 항목 아래 집어넣었는데 아주 적절한 결정이라고 생각합니다. 원문시는 모두 7연으로 되어있으나 찬송가 편집을 위해 3연과 4연과 6연을 생략하고 나머지 4연을 찬송가 가사로 사용하고 있습니다. 아래는 원문의 7연을 이해하기 쉽게 번역하여 올립니다. 먼저 시의 제목과 성경 본문의 정황을 상상해보십시오. 그리고 가사를 반복해서 음미해 보십시오. 마음속에 영상이 떠오른다면 혼자 조용히 찬송을 읊조리거나 아니면 첨부한 유튜브 영상을 참조하십시오. 영적 유익을 얻기를 바랍니다.

Abide With Me

[1]

저와 함께 있어 주세요. 밤이 빠르게 찾아옵니다.

어둠이 깊어져갑니다. 주님, 저와 함께 있어 주세요.

날 돕는 자 더 이상 없고 위로도 떠나갈 때

어쩔 줄 몰라 하는 불쌍한 저를 도와주세요. 저와 함께 있어주세요.

Abide with me; fast falls the eventide;

The darkness deepens; Lord with me abide.

When other helpers fail and comforts flee,

Help of the helpless, O abide with me.

[2]

인생의 작은 날이 썰물처럼 순식간 빠져나갑니다.

이 땅의 기쁨들이 희미해져가고 그 영화들이 지나갑니다.

모든 것들이 변하고 썩어가는 것을 봅니다.

오, 변치 않는 당신이시여, 저와 함께 있어 주세요.

Swift to its close ebbs out life's little day;

Earth's joys grow dim; its glories pass away;

Change and decay in all around I see;

O Thou who changest not, abide with me.

[3]

간청하오니 짧은 한순간도, 지나가는 말 한마디도 아니기를,

주님, 당신께서 제자들과 함께 계셨던 것처럼

저에게도 친밀하고, 낮아지시고, 참으시고, 자유롭게 대해 주세요.

잠시 머물다가 가시지 마시고 저와 함께 있어 주세요.

Not a brief glance I beg, a passing word,

But as Thou dwell'st with Thy disciples, Lord,

Familiar, condescending, patient, free.

Come not to sojourn, but abide with me.

[4]

제 젊은 시절 당신은 제게 미소를 지으셨습니다.

당신께 반항하고 고집스럽게 비뚤어지고

종종 당신을 떠났지만 당신은 저를 떠나지 않으셨지요.

마지막 까지, 오, 주님, 저와 함께 있어 주세요.

Thou on my head in early youth didst smile,

And though rebellious and perverse meanwhile,

Thou hast not left me, oft as I left Thee.

On to the close, O Lord, abide with me.

[5]

흘러가는 매 순간마다 저는 당신의 임재가 절실합니다.

당신의 은혜 말고 무엇이 유혹자의 힘을 물리칠 수 있겠습니까?

당신 말고 누가 저의 인도자가 되어 제 곁에 있어 줄 수 있겠습니까?

구름 낀 날이든 화창한 날이든, 주님, 늘 저와 함께 있어 주세요.

I need Thy presence every passing hour.

What but Thy grace can foil the tempter's power?

Who, like Thyself, my guide and stay can be?

Through cloud and sunshine, Lord, abide with me.

[6]

당신께서 가까이 계서 저를 축복하신다면 어떤 원수도 두렵지 않습니다.

어떤 불행도 감당할 수 있으며 어떤 슬픔도 쓰리지 않을 것입니다.

죽음이 찌르는 것이 어디에 있는가? 무덤아, 너의 승리가 어디 있단 말인가?

당신이 저와 함께 있어 주신다면 저는 반드시 이길 것입니다.

I fear no foe, with Thee at hand to bless;

Ills have no weight, and tears no bitterness.

Where is death's sting? Where, grave, thy victory?

I triumph still, if Thou abide with me.

[7]

제가 눈을 감을 때까지, 당신의 십자가를 굳게 잡아주소서.

어둑한 어둠 속에 빛을 비춰주시고 하늘을 가리켜 저로 보게 해 주세요.

천국의 아침이 동터오면 땅의 헛된 그림자들은 사라질 겁니다.

살아서나 죽어서나, 오, 주님 저와 함께 있어 주세요.

Hold Thou Thy cross before my closing eyes;

Shine through the gloom and point me to the skies.

Heaven's morning breaks, and earth's vain shadows flee;

In life, in death, O Lord, abide with me.

---

* 스코틀랜드의 장엄한 풍광을 배경으로 왕립 스코틀랜드 근위대의 밴드(Pipes &Drums Royal Scots Dragoon Guards)의 연주로 들어보십시오(https://www.youtube.com/watch?v=oFHypH9j0EQ).